BIRTH OF ORIGINAL CHOU CITY ~
WHICH WAS DESTROYED MANY TIMES
CONQUEST OF ASIA BY THE MONGOLS-1200 A.D.
VISIT OF MARCO POLO
WHO BUILT PEKING AS IT IS TODAY-1421~
THE CHINGS TAKE THE CITY-1644
MING TOMBS
BELL TEMPLE
HEI SSU (BLACK TEMPLE)
TANG SHAN
YELLOW TEMPLE
KU PEI KOU JEHOL
ALTAR OF EARTH
STATION
BELL TOWER
TE SHENG MEN
AN TING MEN
TEMPLE OF CONFUCIUS
TUNG TZ'U
CHI SHUI TAN
TZ'U TANG
SHIH CHA HAI
MA HSIANG HUTUNG
RUSSIAN CHURCH
YUNG HO KUNG (LAMA TEMPLE)
HALL OF CLASSICS
HSI CHIH MEN TA CHIEH
HSI CHIH MEN
KU LOU TA CHIEH
TUNG CHIH MEN TA CHIEH
DRUM TOWER
IRON PRINCE ROAST
COCK FIGHTS
TE SHENG MEN TA CHIEH
AN TING MEN TA CHIEH
NINE DRAGON SCREEN
HSIN CHIEH KOU
K'UAN CHIEH
WHITE PAGODA TEMPLE
TEMPLE OF THE EMPERORS
SANDALWOOD BUDDHA
IMPERIAL CITY
FORMER GRANARIES
FRENCH MISSION
WHITE DAGOBA
PEI HAI
COAL HILL
LUNG FU SSU~FAIR AND TEMPLE
PEI T'ANG
LIBRARY
PEI TA
P'ING TSE MEN TA CHIEH
HSI SSU P'AI LOU
P'ING TSE MEN
FORBIDDEN CITY
CH'I HUA MEN TA CHIEH
MUNICIPAL OFFICES
TUNG SSU P'AI LOU
PEI TA UNIVERSITY
CH'I HUA MEN
TENG SHIH KOU
DOG TEMPLE (ERH LANG YEH MIAO)
CHUNG HAI
TUNG AN MEN
TUNG AN SHIH CHANG (MARKET)
HSI TAN SHIH CHANG (MARKET)
SHUN CHIH MEN TA CHIEH
MONGOL TEMPLE
LI HUNG CHANG'S ANCESTRAL TEMPLE
TAR OF THE MOON
YING TAI~ EMPEROR KUANG HSU'S PRISON
CENTRAL PARK
T'AI MIAO
HO YEN
MORRISON STREET (SHOPPING)
PU MO
HSI TS'UNG PU HUT'UNG
WO FO SSU
ALTAR

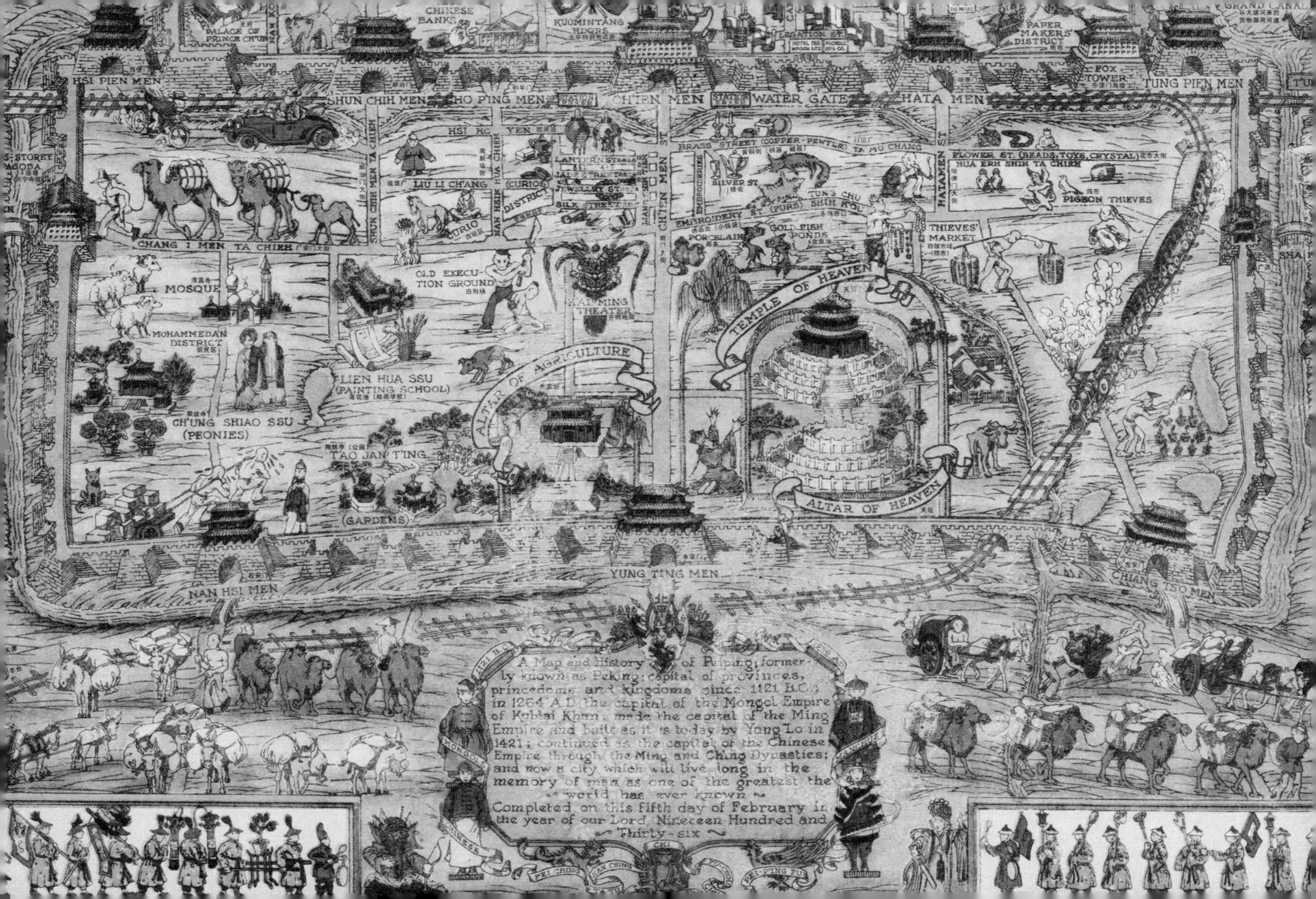

PALACE OF PRINCE CHUN
CHINESE BANKS
KUOMINTANG HDQRS
LEGATION ST.
PAPER MAKERS' DISTRICT
HSI PIEN MEN
FOX TOWER
TUNG PIEN MEN
SHUN CHIH MEN
HO P'ING MEN
STATION
CH'IEN MEN
STATION
WATER GATE
HATA MEN
HSI HO YEN
BRASS STREET (COPPER-PEWTER) TA MU CHANG
FLOWER ST. (BEADS, TOYS, CRYSTAL)
HUA ERH SHIH TA CHIEH
STOREY PAGODA
SHUN CHIH MEN TA CHIEH
LIU LI CH'ANG
(CURIOS)
NAN HSIN HUA CHIEH
CURIO DISTRICT
LANTERN ST.
JEWELRY ST.
SILK STREET
CH'IEN MEN ST.
EMBROIDERIES
SILVER ST.
TUNG CHU SHIH KOU
HATAMEN ST.
PIGEON THIEVES
EMBROIDERY ST. (FURS)
PORCELAIN
GOLD FISH PONDS
THIEVES' MARKET
CHANG I MEN TA CHIEH
MOSQUE
OLD EXECUTION GROUND
K'AI MING THEATER
TEMPLE OF HEAVEN
MOHAMMEDAN DISTRICT
LIEN HUA SSU (PAINTING SCHOOL)
ALTAR OF AGRICULTURE
CH'UNG SHIAO SSU (PEONIES)
T'AO JAN T'ING
(GARDENS)
ALTAR OF HEAVEN
YUNG TING MEN
NAN HSI MEN
CHIANG TSO MEN
1121 B.C.
1264 A.D.
A Map and History of Peiping; formerly known as Peking; capital of provinces, princedoms and kingdoms since 1121 B.C.; in 1264 A.D. the capital of the Mongol Empire of Kublai Khan; made the capital of the Ming Empire and built as it is today by Yung Lo in 1421; continued as the capital of the Chinese Empire through the Ming and Ching Dynasties; and now a city which will live long in the memory of man as one of the greatest the world has ever known ~
Completed on this fifth day of February in the year of our Lord, Nineteen Hundred and Thirty-six ~
MONGOL
MANCHU
CHINESE
PEI CHING
CHI
PEI P'ING FU

spot

context is all

SPOT 6
午夜北平
一樁十九歲英國女子的謀殺案如何糾纏著搖搖欲墜的舊中國
Midnight in Peking: How the Murder of a Young Englishwoman Haunted the Last Days of Old China

作者：Paul French（保羅・法蘭奇）
譯者：陳榮彬
責任編輯：冼懿穎
美術編輯：BEATNIKS
封面設計：莊謹銘
校對：呂佳真

法律顧問：全理法律事務所董安丹律師
出版者：英屬蓋曼群島商網路與書股份有限公司台灣分公司
發行：大塊文化出版股份有限公司
台北市10550南京東路四段25號11樓
www.locuspublishing.com
TEL：(02)8712-3898　FAX：(02)8712-3897
讀者服務專線：0800-006689
郵撥帳號：18955675　戶名：大塊文化出版股份有限公司

總經銷：大和書報圖書股份有限公司
地址：新北市新莊區五工五路2號
TEL：(02)8990-2588　FAX：(02)2290-1658
製版：瑞豐實業股份有限公司

初版一刷：2013年11月
定價：新台幣 350 元
ISBN：978-986-6841-48-4

國家圖書館出版品預行編目 (CIP) 資料

午夜北平：一樁十九歲英國女子的謀殺案如何糾纏著搖搖欲墜的舊中國 / 保羅・法蘭奇 (Paul French)著；陳榮彬翻譯. -- 初版. -- 臺北市：網路與書出版：大塊文化發行, 2013.11
336面；17X23公分. -- (Spot ; 6)
譯自：Midnight in Peking: How the Murder of a Young Englishwoman Haunted the Last Days of Old China
ISBN 978-986-6841-48-4(平裝)

1. 殺人罪　2. 個案研究　3. 北京市
548.692　102020070

午夜北平

一樁19歲英國女子的謀殺案
如何糾纏著搖搖欲墜的舊中國

Midnight in Peking

How the Murder of a Young Englishwoman Haunted the Last Days of Old China

PAUL FRENCH

保羅．法蘭奇——著　陳榮彬——譯

媒體讚譽

歷史學家法蘭奇在本書中以引人入勝的手法揭露了一樁發生在一九三七年，早已被世人遺忘的凶案，該案發生於北平（即今日之北京）遭日軍佔領之前夕。法蘭奇殫精竭慮地重建凶案之始末，並且描繪了所有嫌犯……法蘭奇的敘述值得一讀，其中不但有極具說服力的事證，也包含了他對中國歷史的敏銳掌握。

——《出版人週刊》（*Publisher's Weekly*）

法蘭奇以專業與熱忱處理其題材，他筆下那一個即將毀滅的城市饒富趣味，如實反映出它在戰時所瀰漫的複雜與緊張氛圍。這是一本一旦拿起來，你就捨不得放下的書！

——《圖書館期刊》（*Library Journal*）

精彩萬分的一本書……不曾有人用這麼棒的方式描繪過兩次世界大戰之間的中國。

——《華爾街日報》（*The Wall Street Journal*）

表現精彩，引人入勝……這可怕的故事所敘述的不只是一樁早已被人遺忘的凶案，也讓人見識到那位悲傷的父親有多麼不屈不撓。

——英國《書商雜誌》（*The Bookseller*）

法蘭奇先生不只成功地破了案，那一個光彩奪目但也邪惡橫行的時代在他筆下彷彿歷歷在目，讀者深知，那絕對不會是個無聊的時代。

——《經濟學人》（*The Economist*）

法蘭奇用一連串的刺激事件來描繪凶案，這種手法讓人聯想到葛雷安·格林（Graham Greene），特別是他的《第三人》（*The Third Man*）一書，同時他那精鍊而從不失焦的風格，則已被人恰當地拿來跟錢德勒相提並論。《午夜北平》的成就絲毫不遜於上述兩位大師。

——《獨立報》（*The Independent*）

這本書寫得有點像是一部以史實為根據的劇情式紀錄片，又有點像是結局以悲劇收場的歌劇……法蘭奇的敘述手法宛如阿嘉莎·克莉絲蒂。

——《金融時報》（*The Financial Times*）

法蘭奇以極為豐富的詳細史料來描寫兩次世界大戰之間那一個已漸漸被世人遺忘的北平……本書架構札實，呈現出一個引人入勝的悲慘故事。

——《科克斯書評》（*Kirkus Reviews*）

《午夜北平》不只是一個偵探故事，也是一部社會史，因此它時時不忘把敘述焦點擺在「誰殺了潘蜜拉？」這個問題上面。保羅·法蘭奇彷彿是個稱職而敏捷的導遊。

——《紐約時報》書評，評論者為知名史家史景遷（Jonathan Spence）

這是一個很棒的凶案故事，作者展現出高超的敘事技巧，而這本書被他寫得像是一本取材豐富的舊中國旅遊指南，則充滿了額外的樂趣。讀者們除了感激之外，夫復何求？

——《華盛頓郵報》書評，評論者為小說家約瑟夫·坎農（Joseph Kanon），《伊斯坦堡之旅》的作者

目次

獻給無辜的受害者

獻給潘蜜拉

關於《午夜北平》一書的撰寫

我是在一本傳記裡面發現潘蜜拉・威納（Pamela Werner），傳記的主角埃德加・斯諾（Edgar Snow）是一位美國記者，他的暢銷書《西行漫記》[1]在一九三〇年代末期讓世人認識了毛澤東這號人物。書中一個腳註寫道，潘蜜拉的凶案令埃德加之妻海倫感到極為緊張，因為其陳屍處就在斯諾夫婦的北平居所不遠處。海倫・佛斯特・斯諾（Helen Foster Snow）晚上獨自騎車返家時，常常經過那一帶。那一則腳註裡還提及有關狐狸精的傳說、那一群從事「性崇拜」活動的人、潘蜜拉之父長期擔任英國駐華領事，還有她的凶殺案始終未能偵破。

我放下那本書，睡著了，隔天一早浮現在我腦海的就是潘蜜拉・威納的凶案。如果你隨手拿來一讀的東西，到了隔天早上還能在你的腦海裡盤桓不去，那通常意味著你讀到了一個很棒的故事。

她的故事在我的腦海裡繚繞，於是我開始查找那個時代的報紙，我的足跡遍布了北京、上海、香港與倫敦各地的檔案室。我發現當年該案是由北平警方與一個駐華英國警探共同偵辦的，像這樣中西資深警探的合作經驗實在是史無前例，而且理應有其迷人之處。有一些報紙強烈暗示，英國使館的官員阻礙案件的調查——英王的政府不想在遠東地區失其體面，因此極力阻撓。根據潘蜜拉的驗屍報告指出，這是一個慘絕人寰的凶殺案，為此北平的中國社會與洋人圈裡謠言四起，全城本來就已經因為日軍即將發動攻擊而忐忑不安了，此時一股強烈的恐懼情緒更是在四處瀰漫了開來。潘蜜拉之死似乎象徵著接下來將有千千萬萬的人遭逢不測，在這樁慘案發生後，城裡的人都已經準備好要面對更糟的狀況了。

與這起凶案有關的一切細節是如此引人入勝：一個擁有輝煌過去的奇怪父親，晚上有狐狸精作祟的北平內城，於法不容的性事，一點點鴉片煙的氣味，四處流傳的醜聞，一個先前鮮為人知、無惡不作而墮落的北平底層社會洋人圈，高傲的英國外交官刻意阻礙此案之偵辦，再加上最後正義完全無法於結案時伸張。這一切都發生在已經無法避免戰事全面爆發的中國，而戰後又因為毛澤東的關係，東西方出現了完全無法填補的意識形態鴻溝。看來，早在很久以前，潘蜜拉．威納就已經被世人遺忘了。

某個寒冷的晨間，我待在倫敦北部的大英博物館報紙檔案室裡，偶然發現她的一張照片後，我就知道自己非把她的故事說出來不可。我開始寫東西。後來，我到位於丘村[2]的英國國家檔案中心（National Archives）去尋找一些資料，以補充先前研究的不足之處，意外地發現有幾十個箱子是一些一九四一年到一九四五年間從北平寄回國的信件，其中有一個尚未分類的檔案。裡面的信件在經過記錄與告知對方收到信件後就被歸檔了，然後完全遺忘。那一百五十頁的打字信件密密麻麻的，在頁邊空白處有撰信者加上去的手寫字句。

我費了好一會兒工夫才搞清楚那些東西是什麼：這是在官方的辦案工作停止後，由愛德華．威納（Edward Werner）自行調查而獲得的詳細資訊。當時北平已遭日軍佔領，但是威納的調查結果比過去警探們發現的還多，甚至能回答困擾他們的問題，解開煩人的疑惑，比官方的審訊會議更能釐清案情。透過這些塵封多年的信件，我才有辦法更清楚地了解潘蜜拉的凶案。

在撰寫這本書的過程中，我走遍了威納外交生涯曾待過的通商口岸，我也去過上海法租界的一條條暗巷，過去不知道有多少罪犯從那裡逃脫。我曾到天津去，那裡是潘蜜拉就讀寄宿學校的地方，也是其他醜聞的發生地。雖然中國的國都北京越來越浮華與現代化，但我當然必須花一點時間待在那裡，試著穿透其表面，尋找戰前與解放前的城市面貌遺跡——包括東交民巷、惡名昭彰的「荒地」、內城的一個個胡同，還有狐狸塔。特別值得注意的是，儘管過去三十年來，老北京被大規模地破壞重建，但潘蜜拉生前與故事發生時的那些重要地點大都還在。我還聯絡到這世上僅存的幾個還記得潘蜜拉的人，如今他們散居全球各地。我查證過有關本案的所有假消息與誤導案情的線索，還有英國政府發布的每一道多餘訓令。

後來我發現威納的結論是正確的，於是我利用他的發現，重建了他女兒生前最後一夜的遭遇，寫成了本書〈獲邀赴宴〉那一章。很重要的是，從一開始我就覺得我們不該遺忘潘蜜拉．威納，而且就算是遲來的正義，我們也應該還給她一個公道。

保羅．法蘭奇

二〇一一年二月於上海

譯註

1 *Red Star Over China*：此書有另一直譯譯名《紅星照耀中國》。

2 丘村（**Kew**）：位於倫敦市郊。

謝詞

我之所以能重建潘蜜拉·威納凶案的調查過程，是因為參考了當時的解剖記錄、媒體報導、北平警方的報告、蘇格蘭場的官員所寫的信件，還有戰後同盟國成立的戰爭罪行調查委員會遠東區法庭所取得或者製作的文件（這些文件的保存地在新加坡）。我參考的文件有許多來自於北平英國使館、天津英國領事館以及暫時設於上海的英國大使館，此外我還引用了許多人的回憶，他們都是在北平或者天津英國文法學校認識潘蜜拉的人。

愛德華·威納寄到倫敦給英國外交暨聯邦事務部的那些大量記錄，對我來講是最有幫助的，它們詳述了本案在一九三七年七月正式結案後，他自行調查的詳細過程。我之所以會偶然找到那些信件，是因為在位於丘村的英國國家檔案中心發現了一個尚未分類的檔案，它就混雜在幾十箱一九四一年到一九四五年間從北平寄回國的信件裡面。

過去承蒙老北京與老天津的許多專家與居民熱情地鼎力相助，特此將他們的名字羅列出來：艾瑞克．亞伯拉罕森、雅各．亞夫夏洛莫夫、麥克．艾吉許、茱莉亞．博伊德、露比．布貝胥科、鍾多拉、朗恩．德沃金、羅賓．法莫、吉姆．霍爾、艾德．朗法蘭可、葛雷格．雷克、戴斯蒙．鮑爾、R．史蒂文生．艾普頓、瓊安．沃德、亞當．威廉斯，以及法蘭西絲．伍德。在此要特別向丹尼斯總探長的媳婦黛安娜．丹尼斯表達感激之意。我也要向《北京城的多種風貌》（*Beijing: Portraits of a City*）的編者致謝——露西．卡芬德、彼得．高夫與雅麗珊卓．皮爾森提供我機會，為他們的選集先撰寫一篇以這個故事為主題的文章。

圖書館員的襄助是不可或缺的，我必須感謝下列惠我良多的單位人員：大英博物館中文圖書部、位於倫敦科林戴爾地區的大英博物館報紙檔案室、位於丘村的英國國家檔案室、上海圖書館徐家匯藏書樓、香港大學圖書館、位於劍橋市的邱吉爾檔案中心，以及倫敦大學的亞非學院。

我也很感激企鵝中國公司的每一位人員，特別是喬．露斯比——她是這個計畫的負責人，同時為了完成計畫也貢獻了許多時間與精力，還有她在企鵝中國的所有部屬，包括上海的曾麥克。企鵝圖書澳洲分公司的梅若荻絲．羅斯是我的編輯，她以外科醫生的手法把本書的原稿拆開，然後又重組在一起。雅雯．桑莫斯不辭辛勞地幫我校稿，讓我避免了許多可能犯下的錯誤。本書如果還有任何缺失，其責任應由作者承擔。

最後，一如既往，我必須感謝麗莎（許妮），她貢獻給我的從來就只有全力支持，希望有一天我能完全了解她的支持對我來講有多麼深遠的意義。

北平的狐狸精於白晝時會躲起來，窩著不動。但是到了晚上，牠們便在墓園與墳地裡不安分地遊蕩，掘出屍體，將骷髏頭頂在頭上。接下來牠們必須對著斗母尊敬地鞠躬，祂是北斗眾星之母，掌管那本記載著古代仙界長生不老祕方的生死簿。如果頭骨沒有滾下來，那麼狐狸精就可以再活一千年，期間必須透過使詐或者虛與委蛇等手段來獵食無辜的凡人，藉此滋補身體，維持元氣。把牠們選定的獵物騙到手之後，就讓他們精盡人亡。然後牠們的尾巴一甩，把地面打得發火，藉此消失於火光中，只遺留下一具屍體……

1 山雨欲來風滿樓

自十五世紀以來，北平[1]的東區就一直被一座巨塔守護著，它是「明城牆」（Tartar Wall）的一部分，其功能是用來防禦外人入侵城市。它被稱為「狐狸塔」[2]，人們相信該塔常有狐狸精出沒，基於此一迷信，晚上並不會有人待在塔裡。

天色轉暗後，這個地方便成為數以千計的蝙蝠棲息地，牠們住在狐狸塔的屋簷下，在月下飛翔，看來宛如一片片巨大陰影。入夜後，只有另外一種生物會在那裡出現，也就是嚎叫聲常令當地人睡不著的野狗。冬天清晨，冷風夾帶著來自鄰近戈壁沙漠的塵土，讓人的手眼感到刺痛。每年這個時候很少有人一大早就出門，大家寧願躲在溫暖的被窩裡。

但是，一九三七年一月八日的黎明前，人力車車夫拉車經過明城牆牆頭時（牆頭非常寬，足以讓人在上面行走或騎腳踏車），注意到狐狸塔的底部有燈籠的光影，幾個看不清的人影在晃動著。他們沒有時間，也不想停下來，於是繼續低頭跨步拉車，以免被出來作崇的狐狸精盯上。破曉後，又是寒冷的一天，狐狸塔又變得一片空蕩蕩。太陽漸漸露臉，蝙蝠群繞著天空飛了最後一趟，然後就躲回牠們的屋簷下了。但是，在路面與狐狸塔之間的荒地上，一群野狗（都是黃狗）好奇地在溝邊的某物四周繞個不停，聞來聞去。那是一具年輕女子的屍體，以極奇怪的姿勢躺著，而且已經結霜了。她衣衫不整，全身支離破碎。她的手腕上戴著一支名貴手錶，時間剛好停在午夜後不久。

那是俄羅斯聖誕節過後的清晨——因為根據舊日儒略曆（Julian Calendar）的曆法，俄國聖誕節比西方聖誕節晚十三天。死者年方十九，是於北平誕生與成長的英國女子潘蜜拉．威納。城裡的洋人本來就有如驚弓之鳥，此一凶案的消息傳開後，更是令其感到恐懼。

當時北平的人口約一百五十萬，其中只有兩千或者三千個洋人。他們的背景各自不同，有傲慢的外國領事與其手下的外交人員，也有一貧如洗的白俄人。白俄人為了躲避布爾什維克黨人發動的革命，從家鄉流亡至此，此刻可說是一群沒有國家的人。在這兩個極端之間，也有記者、少數的商人，還有一些從清朝以來就已經定居於此、覺得自己不可能離開的老中國通。有一些則是奇怪的旅人，他們長期滯留東方，想說來北平待個兩週，沒想到一住就是好幾年。有些人則是為了逃避歐洲與美國的經濟大蕭條，來此尋找機會與冒險。當然也少不了外國的罪犯、毒蟲與娼妓，在華北過著墮落的生活。

北平的大部分洋人都聚居在一個被稱為東交民巷的小小租界裡，歐洲列強與美、日等國都將其大使館與領事館設在該地——這也是地名中那個「交」字的由來。東交民巷只有兩平方英畝，與外界有嚴明之地域區隔，四處設有森嚴的大門與武裝哨站，人力車要進去之前會遭到勒令減速，檢查後才會放行。裡面有各種西式建築，西方人的商業與娛樂活動皆聚集於此，各種俱樂部、飯店與酒吧很容易讓人有一種置身在倫敦、巴黎或華盛頓的錯覺。

儘管在這與外界隔絕的東交民巷表面上看來很平靜，但長期以來，北平的中國與外國居民一直都生活在混亂與不確定的氛圍裡。自從清朝於一九一一年遭到推翻，這個城市便一再淪為殘暴軍閥的禁臠。蔣介石所領導的國民黨是中國名義上的統治者，但政府必須與之爭權奪利的，是那些擁有私人軍隊的軍閥，他們掌控了面積與西歐相當的大片國土。北平與大部分的華北地區是個政權不斷輪替的舞台，政府與許多軍閥爭相執政。

光是在一九一六到一九二八年間，至少就有七個軍閥入主北平，其後又離開。一旦征服了北平，每個軍閥都想要在各方面勝過前一個軍閥，把制服做得更精細，擁有的貂皮大衣與衣服上的穗帶也更多。他們都懷抱著皇帝夢，企圖改朝換代，每個人也都手握龐大私人部隊。曹錕是其中之一，他靠賄賂登上大位，把偷來的大批銀元付給官員——因為當時沒有任何一個中國官吏相信紙幣的價值。另一個軍閥馮國璋在以非法手段宣布自己當上中國總統之前，曾經是個妓院裡的小提琴手。他們與其親信用血腥的手段統治城市，搞得人心惶惶。

中國其他地方也各自有軍閥作亂，但是帶來最大問題的是所謂的「北洋軍閥」，而且北平是他們競相搶奪的目標。中國最富庶的城市是上海，其次依序是天津與北平。但是，北平與另外兩者不同之處在於，它並非所謂的「通商口岸」——也就是歐洲列強在十九世紀從清朝政府手中奪來的地方。在那些地方，洋人享有自治權，在其商業帝國背後撐腰的，是他們自己的警力與海陸軍。但北平此刻至少仍然是中國自己統轄的領土。但是，一九二七年以後北平就再也不是首都了。因為無法綏靖北洋軍閥的殘餘勢力，同時為了鞏固自己脆弱的領導權，蔣介石委員長於那一年將首都南遷到七百英里外的南京。那裡曾是他發動北伐戰爭的根據地，他原本企圖透過那次軍事活動，剷除北洋軍閥與剛剛成立、但是被他視為眼中釘的共產黨，完成統一中國的大業。但是他並沒有百分之百的成功。

當時治理北平的，是國民黨陸軍第二十九軍軍長宋哲元所領導的冀察政務委員會，宋將軍的軍威顯赫，儘管在這場各方角逐中國政權的爭奪戰中出現了新的競爭者——日本，他仍然效忠於南京政府。一九三一年，日本以其夢想已久的「大東亞共榮圈」理念做為掩護，入侵中國東北的滿洲。隨即加派該地區的駐軍，準備進一步南侵，奪取全中國。一九三五年，日本的佔領區往東已經與其另一殖民地韓國接壤，於是成立了冀東防共自治政府來進行統治。中國農民想要抵抗日人竊佔其土地的行徑，因此常與日本軍隊發生零星衝突。日本甚至派其奸細到更北邊的蒙古去煽動反中情緒。

宋將軍口頭上對日本人獻殷勤，但是不肯聽其要求，將北平交出去。然而，他手下的冀察政務委員會實在是太過軟弱而腐敗，根本無法抵擋步步進逼的敵軍。日軍持續包圍北平，一九三七年初，他們在距離紫禁城只有大約幾英里處設立了指揮營區。日軍每天都有挑釁的行為，而且已經切斷了所有進出北平的道路與鐵軌。日北的「浪人」——也就是軍方所雇用的流氓，公開地從滿洲國把鴉片與海洛因運進北平。這是東京政府所默許的行為，其目的是為了削弱北平的抗日意志，擾亂城內治安。在日軍的資助之下，他們的浪人密探與來自韓國的幫手一起兜售毒品的地方，是北平的「荒地」——那裡是廉價酒吧、妓院與鴉片煙館的集散地，與外國強權的根據地東交民巷只有一箭之隔。

東交民巷裡那些養尊處優的洋人不計一切代價，維持自己身為歐洲人的體面，完全不理會外面世界（也就是中國人所居住的北平、日本人所佔據的華北，還有北平以南，由國民黨統治，有四億人口的中國）已經有山雨欲來風滿樓之勢。嚴格來講，中國人是不能住在這個地方的，不過一九一一年時有許多富有的太監搬了進去——那一年，清廷垮台，這些過去帝后們的奴僕被趕出了紫禁城。到了一九二〇年代，也有許多軍閥搬進東交民巷。

在回想起當年東交民巷的盛況時，許多外國居民都把自己描述為籠中鳥，但如果那個有森嚴大門與守衛的地方真的是個籠子，也絕對是個鍍金的籠子，想打發時間的話，隨時有橋牌可以玩。東交民巷裡到處是俱樂部、大飯店與百貨公司。裡面有一間法國郵局，還有日本橫濱正金銀行、東方匯理銀行、俄亞銀行與香港上海匯豐銀行的宏偉大樓。

它可以說是歐洲的縮影，街道名稱都與歐洲有關，沿路都有通電的街燈。矗立於馬可波羅路（**Rue Marco Polo**）[3]與使館路（**Legation Street**）[4]路口的，是聖彌厄爾教堂（**St. Michael's Church**），而使館路上還有一家德國醫院，其護士都是由拿撒勒人教會修女擔任，她們拿給那些尊貴病人食用的，則是咖啡與德式咖啡蛋糕。那些歐式公寓裡的居民常去基爾魯夫百貨店（**Kierluff's**）購物，在那裡他們可以買到香水、罐裝食物與咖啡。賽納兄弟珠寶店（**Sennet Frères**）是公認華北最棒的珠寶店，哈同照相館（**Hartung's**）是最棒的相館，此外還有一家書店與烘焙坊，兩者的老闆都是法國人。東交民巷裡首屈一指的美容院當屬「維歐列」（**La Violette**），美容師都是白俄人。該區還有一支警力，以及一些軍營，駐紮著為數約五百名的外國部隊。東交民巷的八個門口都裝有厚重的鐵門，它們是該地區的入口，備有二十四小時的武裝衛兵站崗。中國如果要進去此一聖地，需要一個特別的通行證或者一封介紹信。每個人力車車夫的執照號碼都會被登記起來，乘客下車後就必須立刻離開。東交民巷外的北平一旦出現動亂的跡象，大門會立刻被關起來，絕對不會再像庚子事變時一樣，發生整個地區被圍困的危險情事。

拳民的記憶仍然像陰影一樣籠罩著東交民巷居民的內心。這些被稱為「拳民」的義和團團員於一九〇〇年湧入東交民巷，意圖將國都裡所有的「洋鬼子」屠殺殆盡，藉此顯示中國有能力反抗洋槍洋砲的入侵。在這之前，已有許多在偏遠地區工作的傳教士遭其斬首，當他們逼近北平時，人數越聚越多，其中一個原因是，有謠言指出他們各個身懷戰鬥絕技，刀槍不入。

東交民巷裡的外國居民遭到拳民圍困了五十五天。他們在外圍點火，以砲火往內攻擊，打算讓居民們因飢餓而投降。最後，英、美、日等國組成的八國聯軍解救了這場圍城危機。解圍之後，聯軍洗劫全城，到處破壞，北平人心惶惶。藉著洗劫而來的錢財，東交民巷被重建得比以往更為輝煌了，地區不但擴大，周邊的防衛也更加嚴密。儘管在大多數中國人的眼裡，東交民巷就像第二個紫禁城，而對於一九三〇年代住在裡面的外國居民來說，它則是個提供庇護的聖地，但是住在這幾乎令人引發幽閉恐懼症的小地方，如同一個來訪的記者所說的，有人不免覺得自己像是「水族箱裡的魚」，只能不斷「繞啊繞的……維持平靜的心情，呆滯的眼神」。

東交民巷就像是個「謠言交易所」。人們聊天時，一開始總是會說些「誰家的主廚最棒」與「誰在等待已久之後終於要返家度假了」之類的話題，但沒多久談話內容的水準就會變低，聊起了「誰跟誰在賽馬場上搞外遇」，「誰的老婆跟某個衛兵過從甚密」。有時候人們會暗示一些更不堪的事，一些不只是「不知檢點」的行為。有些人在東方就會背棄其道德標準，或者是連思考能力都沒了。並且，裡面有很多可以造謠生事的場所。只有洋人能進去的俱樂部與酒吧是陰謀與謠言的溫室。作風保守的「北京俱樂部」（Peking Club）充滿英式風味，只有穿禮服、打黑色領結的人才能進去。服務生拿著托盤遞上威士忌蘇打時不發一語，他們用厚重的絲絨窗簾遮住窗戶，彷彿東交民巷外北平城的雜音也被隔離了起來，俱樂部裡還有兩個月前的《泰晤士報》與《佩爾美爾街報》（*Pall Mall Gazette*）可以看。而在北京飯店的華麗酒吧裡，貴客們啜飲美酒，由一個全是義大利人組成的樂團演奏華爾滋舞曲，伴其起舞。

順利飯店（**Hotel du Nord**）與「荒地」相鄰，其水準較為低下，在它那擁擠的酒吧裡，可以喝到生啤酒、時髦的馬頸雞尾酒，以及沒有甜味的馬丁尼調酒。這裡的顧客通常比較喧鬧，用客氣一點的說法是較為「繁雜」，在白俄人組成的爵士樂團伴奏下，大家一起跳著狐步舞。再來，就是六國飯店了。六國飯店的位置在使館路與運河路路口的不遠處，它是一家帶有法式風格的大飯店，靠近北平最主要的火車站[5]，是個備受歡迎的酒吧與聚會地點，大家都知道其白天的顧客大都是外交人員，到了晚上則是有一些活潑的年輕人光顧。也有少數關係很好的中國人參雜在裡頭，或者是城裡富商那些剛從巴黎或倫敦返國的子女。如果想聊天，六國飯店向來也是個很好的地方。當樂團輕輕彈奏樂曲，為賓客的舞步伴奏時，你也可以在距離舞池很遠處找到桌位。很多人選擇在這裡跟那些見多識廣的頑固中國通見面。

但是，近來這些曾經門庭若市的飯店與俱樂部卻顯得有一點沉悶，甚至有時候生意很冷清。事實上，不管是六國飯店或其他夜店，其實都跟東交民巷本身一樣，都已經過時了。上海的酒吧比這裡的好，其他一切也都比這裡好多了。資金於是被帶往他處了，權力核心也已轉移，中國政府更早在十年前就突然遷都了。北平變成一個歷史遺跡，曾是國都的它此刻離日本的戰爭機器太近了。讓這個城市本身與其外國居民，還有那些俱樂部受害的，是歷史，還有其地理條件。

這些日子以來，人力車車夫們在尊貴的北京俱樂部外面空等，因為他們那些有錢客人都不來光顧俱樂部了，自然也不會從門口走出來。外交人員與中國通繼續在這裡待著，像鴕鳥一樣把頭埋進沙裡，希望國民黨政府與日本人都不要來煩他們，但是各國使館的人手已經開始縮減了。有辦法的洋人都已經撤走了：商人把妻兒送回家，或者送去相對來講比較平靜的天津或上海。中國的有錢人把家人往南送到廣東或者英國的殖民地香港。北平是已經保不住了，只是日本人還未出手把它奪下而已。更糟的是，有謠言指出，蔣介石正要跟東京達成協議。蔣介石剛剛打過一場漫長而慘烈的戰役，好不容易才成為國民黨領袖，其地位尚未穩固。除了日本人、軍閥與共產黨之外，他還必須消滅自己的政敵。許多人相信，為了避免自己受傷，他會犧牲北平：如果日本人可以駐足於長江以北，讓他保有長江到香港之間的一切，這結果是他可以接受的。過去東京政府在一九三五年佔領東北後，蔣介石發現自己不可能驅逐日本人，於是他也曾在實際上認可其佔領。中國人竊竊私語（因為沒有人知道自己的話會不會被旁人聽見，於己不利），認為他會出賣北平，而日本人則是會血洗全城。

城裡的居民覺得自己被背叛、被犧牲了。不管是在東交民巷內外，在一條條狹窄的胡同（即小巷）裡，或是在物價狂漲、主食供應量變少的擁擠市場上，到處都瀰漫著一股恐懼混雜著洩氣的氛圍。有人說，等日本人到了動手征服中國的最後關頭時，他們會對北平發動飢餓攻勢，迫使其投降。而最後關頭**已經**到了，問題在於他們何時會動手。過去北平與龐大內陸腹地之間的通商管道已經被切斷了。東交民巷外的北平城裡擠滿了從鄰近省分湧入，想要擺脫日本人、軍閥、貧困與天災的農民。他們在城裡漫無目的地遊蕩著，不知明天會發生什麼事。他們住在擁擠的屋子裡，因為天寒地凍，入夜後早早就上床睡覺了，只希望能夠再多活一天。

當巨災終於降臨時，中國為了存活而被迫參與一場爭鬥，自此拉開了二次大戰的序幕。但是至今北平的洋人仍然不安地沉睡著，儘管有人用酒精來逃避現實，也有許多人用賺取大量銀元來讓日子更快樂，但他們還是不免會感到驚慌。只要美國人與歐洲人的生活還有僕人伺候，有高爾夫球可以打，有賽馬可以看，週末可以到西山別墅去暢飲一堆香檳，他們在這城裡還是可以過著帝王般的生活。儘管山雨欲來，但許多北平的洋人早已愜意地做好了萬全準備。

這是潘蜜拉．威納凶殺案發生之前幾個月的情況。凶案發生後，人們繼續緝凶，就許多方面而言，此行動也可以說是老北平消逝之前那一段寒冷日子的寫照。

譯註

1 北平是北京的舊稱。北京最早於隋朝稱為北平，明朝建立後改為北京。直至北伐戰爭，國民政府遷都南京後，於一九二八年將北京更名為北平。一九四九年中華人民共和國成立，再把北平改稱為北京。

2 狐狸塔：即東便門東南角樓。

3 馬可波羅路：即今台基廠大街。

4 使館路：即今東交民巷。

5 應該是指位於城東的北京站，一九〇一年落成。

2 狐狸塔下的屍體

I

一名叫作常寶成的老人發現潘蜜拉．威納的屍體，並向警方報案。常寶成是個已經退休的老百姓（所謂「百姓」，指的就是北平的勞工階級），住在距離狐狸塔不遠處的胡同。那是一月八日禮拜五的寒冷清晨，當他發現屍體時，他正在城牆上散步，溜自己珍愛的鳥。

以籠畜鳥是北平自古以來即有的傳統，每天早上，像常寶成這樣的老人四處可見，他們總是手持一只刷了亮光漆的木製鳥籠，籠上罩著一塊藍色亞麻布。只要是北平居民，不管是中國人或洋人，對這些燕鳥的特殊聲音一定是很熟悉的，牠們被放了出來，繫在尾巴的笛子於晨間空中四處發出笛聲，飛越一條條胡同、紫禁城與狐狸塔，然後又乖乖地回到主人身邊。常寶成每天都到明城牆去抽菸、喝茶並且與人暢聊鳥經。他不怕冷，也不怕刺骨的強風。他是個土生土長的老北平人，對此已經習慣了。

那天清晨八點過後不久，他沿著明城牆往東走，到狐狸塔時，他注意到有兩個人力車車夫蹲在塔的下方，手指隔著一塊荒地的遠處，也就是塔底那一條四處散落著垃圾的溝渠。在早上這個時刻，此地跟往常一樣安靜，不管在那裡有什麼，行駛在內城南牆[2]邊的車子都不可能看見，因為從狐狸塔到前門[3]這一段大路，都是與城牆平行的。

常寶成靠過去看，他害怕那些黃狗，但是儘管他知道這些野狗聲名狼藉，令人害怕，但這位老人也知道牠們很少攻擊人類。跟許多北平人一樣，牠們也只是因飢餓、無家可歸，感到絕望而已——因為東京政府切斷了北平的食物供應與通商的道路。

常寶成當時到底看到了什麼，稍後將遭到議論紛紛，因為一旦故事被不斷地重述，當地開始流傳謠言，現場的狀況就會遭到誇大。但他在狐狸塔底部發現的那個女人無疑的是死了，而且不只是個女人，還是個洋人。一個老外。此外，她的屍體遭人悲慘地肢解了——全身遍布毆傷與割傷，屍體還被劃了開來。

儘管那個冬天因為城裡的經濟陷入大蕭條，常有人死於街頭，老常還是心頭一驚。自殺幾乎也變成一種傳染病似的，如果想了結悲慘的一生，割腕與吞鴉片是最常見的手法。每天早晨破曉時，都會有市政府派出的車輛去為那些凍殍收屍。

此外，基於政治因素的謀殺案也增多了。許多人相信，日本人一定會擊潰北京，南京也不能幸免，他們急於在日本佔領中國之初就先佔據有利位置，而國民黨的執法人員與密探跟這一類漢奸常發生衝突。敵對幫派之間的槍戰時有所聞，日本浪人與他們來自北邊的韓國幫手也常犯下各種暴行。

但是，老常並未親眼見過這樣的一具屍體。過去他較年輕時，於庚子拳亂期間，他也曾見識過北平遭到外國軍隊的蹂躪與洗劫，到了一九二〇年代，更常有慘遭軍閥毒手的人被梟首示眾。如今，北平又要開戰了，而且是一場在國共黨人與日本特務等三方之間進行的戰爭——每天的報紙上都可以看到大量報導。但是，一具白人女屍完全是另一回事了。人們很少看到橫屍北平街頭的洋人。

常寶成還記得，一九三五年的某個冬夜，就曾有個流亡至北平的白俄男子走到狐狸塔，從破爛的外套裡拿出一把精美的象牙剃刀，捲起袖子，割破兩邊手腕，當他漸漸垂死之際，也癱倒在塔邊。隔天清晨他才被路過的人力車車夫發現。

這是另一起自殺案件嗎？看起來不像，不管這是什麼案件，總之是樁凶案。儘管老邁的雙腳已不中用了，老常還是拿著鳥籠，沿著明城牆全力往回跑，到最近的警局崗哨站去報案。

愛德華．威納（Edward Werner）與其千金住在北平內城（Tartar City）[4]某胡同裡的一間傳統中國四合院，地點就在東交民巷外。如果有人在一九三七年年初看見過他們父女倆是怎麼過日子的，相信沒有人會覺得當時中國已經站在災難的懸崖邊，搖搖欲墜。儘管鰥居的威納選擇避開帶有濃郁歐洲風味的地區當作居所，看來他們還是每天過著養尊處優的英式生活，而非照中國傳統過日子。

在這個住滿中國通的城裡，威納或許是其中最有名的一個，自從一八八〇年代起，他就在中國居住與工作。他是個學者，曾當過總領事，他的一生是個傳奇。很多人讀過他的書，也常被翻譯成他國文字，他曾數次對皇家亞洲學會（the Royal Asiatic Society）與中國事務學會（the Things Chinese Society）發表複雜難懂、但是獲得高度肯定的演說，而且往往座無虛席。他也常為當地的報紙撰寫一些與中國文化、傳統、歷史有關的文章，而他的經驗與學養，或許也讓他成為晚宴主人們競相邀請的對象。但是，就算他曾接受邀請，次數也相當少，因為他寧願過著獨居的學者生活。

當時北大給了威納一份教職，他偶爾到那裡講講課，而且在中國政府的國史館裡，他是唯一的外國雇員。但是他主要的工作地點還是在家裡，地址是與狐狸塔近在咫尺的盔甲廠胡同一號。把他家跟狐狸塔分隔開來的，只有一條古老運河，還有河上呱呱叫個不停的鴨子。那條河原為中國大運河的一部分，但因為泥沙淤積問題嚴重，此刻已經沒辦法讓穀物駁船在上面航行，早已淪為一條被拿來丟垃圾的臭河。

盔甲廠與前清貢院和一些造紙廠很近，紙廠都是一些家庭式的小工廠，擠在明城牆底下的狹窄巷弄裡，該地區因此也被稱為「紙匠坊」。胡同的兩邊種滿了懸鈴木，白天不斷有人經過：

先是愛鳥人手拿蓋著布的鳥籠漫步而過，再來是一個個在街頭叫賣的人，還有從市場帶著食物回家的管家，搭乘計程車與人力車進出的人們，最後則是點心小販。那是一條北平特有的街道，一千多年來始終維持著這種生活形態。

在此之前，早就有許多洋人居住在東交民巷以外的地方。房東們總是把房屋修葺一新，讓房客們既能夠體驗中國的生活方式，又能使用各項便利的現代化設備。而且，越來越多人負擔不起東交民巷裡的生活開銷——其中包括那些早年逃離蘇聯、日本佔領哈爾濱等東北城市後再度南遷的白俄人。近來也有一些歐洲猶太人為了躲避德國納粹政府的迫害而流亡至此。

儘管這些流亡人士主要是前往上海，但是在北平的人數也有所增加，而且許多人幾乎是過著一貧如洗的生活，被迫於廣大而且常常臭氣沖天的內城地區與「荒地」的周圍落腳，住進那些破爛的出租旅店裡。他們謀生的方式是當起門房、酒保、賭桌發牌員、娼妓與皮條客，甚至是乞丐。基本上，北平的歐洲人與東交民巷的政府機構都選擇對他們視若無睹，這些生活於社會底層的洋人破壞了白人在北平的威望，大家都希望他們能繼續流亡，南遷上海。在那之前，最好就是假裝看不見他們。

盔甲廠胡同雖然位於內城，但它絕非貧苦洋人的聚居處。胡同兩邊一扇扇華麗的門後，是一座座灰色的四合院。威納住在一間坐北朝南的傳統院落裡，入口處有一個高起來的台階，其功能是用來擋鬼的。院子裡那一株爬滿牆頭的紫藤已有百年之久，矗立在假山之間的那一棵白楊木更是歷史悠遠。威納的房東是個中國人，儘管那是一座老宅子，但卻有電燈、華麗的浴室、熱水爐、現代化的水管、蒸氣式暖氣機等設備，用的也不是紙窗，而是玻璃窗。

他們家有個廚子，還有個女傭在潘蜜拉小時候也當過她的保母，以及威納的「頭號小子」（number one boy）——中國的洋人圈都這麼稱呼那一類人，但其實他已經四十幾歲了。多年來他一直是威納的僕從，也是他家的男管家。家裡還有一個門房負責保護家人的安全與修繕工作，他也跟著威納很多年了。除了廚子之外，所有傭人都住在這座宅子裡。

威納的宅子並非這胡同裡最大的一間。胡同裡豪宅的主人是富有的瑞典地質學家新常富博士（Dr. E. T. Nystrom），他對於中國的鐵礦與煤礦儲量瞭若指掌，後來又自己出資在偏遠的山西省太原府成立了尼斯特羅姆科學研究院（the Nystrom Institute for Scientific Research）。每當他進城時，常常會泡在北京俱樂部裡，但是每年有一半的時間都住在瑞典，因為他那美麗的妻子拒絕搬到北平居住。

新常富博士不在時，他總是把大宅子的一部分租給兩個年輕的美國人，一位是年輕的左翼記者與作家埃德加・斯諾（Edgar Snow），以及他那脾氣火爆但是極有吸引力、同樣也是名記者的妻子海倫・佛斯特（Helen Foster）。北平有一群聲名狼藉的洋人，斯諾夫婦就是其中之一，人們不是很愛他們，就是痛恨他們，尤其是埃德加，他永遠是執政當局的眼中釘。其他人則是看不起他們，視其為只會打高空的富有左派人士，自稱為革命分子，但是，靠著美元在匯率上的優勢，居然有能力在距離北平市四英里的跑馬場養了一匹自己的賽馬。不管是在報紙的社會版上，或者英國特務機構的可疑政治犯名單裡，斯諾夫婦都是常客。

威納喜歡那一片廣大的內城地區，每當他在熱鬧狹長的胡同裡長時間散步，總感到精力充沛。這個地區有很多簡陋的木造平房，市場裡有一些搖搖晃晃的餐廳、露天的肉攤，還有叫賣的小販。到了冬天，內城總是有很多賣糖炒栗子的攤販，炒栗子用的火盆味道嗆辣，燃料不是煤炭就是動物糞便。冬天也是吃麵條的季節，還有那種切成一小塊一小塊、加了香料的炸豆腐，以及餛飩——這些都是可以用來驅寒的絕佳北方食物。這裡到處都有澡堂、算命攤、幫文盲寫信的攤子，還有當眾幫人剪髮的路邊理髮匠。這些理髮匠消息靈通，每次幫客人理髮，總會聽到一些流言蜚語。還有進行即興演出的京劇小角、雜耍的兒童，以及留著落腮鬍的魔術師，他們當街表演，然後拿著帽子向觀眾討賞。少數車輛在一台台人力車之間勉強通行，每到下雨天，那坑坑巴巴的路面便積滿了深及腳踝的泥巴。頭頂的電線是內城地區開始現代化的象徵，讓它在史上首次獲得了電力供應，但是年長的居民討厭這些像蛇一樣、還會發出嗡嗡嗚響的電線。

身為一個學者，威納希望自己能盡量對北平街頭的日常生活與傳統進行觀察，而身為一個訓練有術的語言學家，他也總是樂於和人們聊天。此外，他也深信每天走路能讓人保持年輕。每到冬天，他會穿上那一件過去他為了做研究而穿到蒙古去探險的防水大衣。大家總是注意著他——一個年邁但是腰桿挺直的白人，為了幫眼睛遮擋北平的沙塵暴，總是戴著一副他自己設計的特製包覆式太陽眼鏡。威納這輩子常說，他之所以能保持絕佳視力，都要歸功於這副眼鏡。

通常他都是從家裡出發，往南穿越一條條熱鬧的胡同，經過哈達門與花市的那些街道，然後沿著東珠市口（Embroidery Street）往下走，經過學者們喜歡到那裡靜靜地沉思的金魚池。接著他繼續朝歷史悠久的天壇而去，那是過去無數皇帝曾經前往祈求豐收的地方。

偶爾他會往宅子的西邊走，沿著明城牆走向哈達門——因為此門是東交民巷的東邊邊界，所以有許多車輛與人力車在這裡慢速前進，穿越狹窄的拱門，進入巷裡。東交民巷的西邊邊界是另一個門：也就是前門，北京火車站的所在地，戶部街也是其西邊邊界的一部分，街上到處是專賣涮羊肉的餐廳。出了前門就到琉璃廠，威納也許會在那裡的舊書店與古董店逛一逛。或者有時候他會閒晃到東交民巷北面的邊界，那裡就是綿延不絕的長安大街與紫禁城了。南面的邊界則是明城牆。

除了學術研究之外，威納一生最關切的就是他所溺愛的潘蜜拉。她是個生母不詳的孤兒，一出世就被拋棄，隨即被威納與其沒有子嗣的英籍妻子葛蕾迪絲．妮娜（Gladys Nina）收養。潘蜜拉在還不懂事時，她的養母葛蕾迪絲．妮娜就辭世了，威納獨立把女兒撫養長大。

他們先是住在前門三條胡同的一間房子裡，稍後才搬到盔甲廠胡同，儘管潘蜜拉在外面的世界長大，但是她很喜歡東交民巷裡的那些溜冰場與飯店的下午茶舞會。大柵欄向來有「北平的百老匯」之稱，潘蜜拉會到那裡的電影院去看好萊塢的電影，同時也會收聽上海某個廣播電台播放的大樂團搖擺爵士樂。但是她也能說一口流利的中文，而且與同年紀的白人相較，她與中國人的交往不但更自在，也更頻繁。她常常造訪蘇州胡同裡熙來攘往的食品市場，並且到她家附近那些以中國大學生為主顧的廉價中國餐廳用餐。

在城裡的洋人圈裡，她已經成為一個異數：她這個白人女孩不但喜愛東交民巷裡的歐式生活，也能享受巷外中國人的世界。無疑的，她父親的工作提升了她的中文造詣，對中國文化有興趣，而靠著騎腳踏車，她在北平四處漫遊，探索那些其他外國女孩不曾去過的城區。很多人都知道，她小時候常常消失好幾個小時，回家時氣喘噓噓，剛好趕上下午茶時間。跟她的父親一樣，潘蜜拉看起來對自己的友伴感到非常滿意。每當他為了探險與研究而深入中國內陸時，她總能自得其樂。儘管家裡的僕人不能管教潘蜜拉，卻能照顧她，而她母親已經去世，父親又長期不在，迫使她比同年紀的人更加必須獨力求知，在精神上也更為獨立。

儘管如此，她的日子還是過得養尊處優，照常上學，跟其他外國人到東交民巷的那些大飯店裡吃點心，或者在漫長的夏天到北平市郊的西山去野餐。至於在城裡最為酷熱難耐、沙塵最多的那幾個禮拜，她則是到北戴河的沙灘去度假，因為威納在那海邊的避暑勝地有一座小木屋。到了那裡，夜裡雖一片漆黑，但門廊上因為螢火蟲與燈籠而被照得一片光亮，白天的時候，不是在鹹味濃厚的黃海裡游泳游到筋疲力盡，就是在沙灘上騎驢。

儘管威納深愛潘蜜拉，但與她相處時也有諸多難處，兩人的關係並非總是很融洽。一開始就讀聖方濟白衣修女會（the Convent of the White Franciscans）的學校時，她是個叛逆的問題學生，常常回嘴，激怒老師。接著她改去上法國學校，校方將她退學，事後連美國學校也不准她入學。儘管潘蜜拉總是惹麻煩，卻也很聰明。她參加多次考試，獲得了北京衛理公會學校（the Peking Methodist School）的獎學金，入學後依舊叛逆，學校要求父親將她轉學。

最後到了一九三四年，威納實在無法控制他女兒，在無計可施之餘，將她送到天津的一家寄宿中學去就讀。那是一家完全按照英國私立中學理念來經營的學校，以管教嚴格聞名。認識潘蜜拉的人都能給予她一點自由的空間。畢竟家裡只有她一個小孩，她既沒有母親，爸爸又長時間因為要探險，到蒙古尋找失蹤已久的成吉思汗陵墓，或者到中國西部的荒野中去搜羅回教徒的珍稀藝品，將她獨自一人丟在北平。她會沾染一點野性，幾乎不算是令人意外的事。

被送到天津時，潘蜜拉年方十五，那是一個跟北平完全不同的城市。它從一八七〇年代以來，就一直是個通商口岸，洋人控制著自己的租界，不受中國法律管轄，有自己的警察與司法體系。城裡的四大租界分別由英、法、義、日等四國所有。無疑的，英國人的勢力最大，其租界以海河沿岸的河壩道（Bund）與似乎運作穩健的英租界工部局（the British Municipal Council）為特色，但是日本的勢力不但已排行第二，而且越來越盛氣凌人。

十九世紀時，上海一片欣欣向榮，但是當時一般人都認為天津是落後的；不過到了二十世紀初，天津越來越繁華。因為洋人在這個城市的影響力日益增強，把它變成了華北最富庶的港市，其人口因而倍增，為數已超過一百萬。此外，為天津帶來財富的還包括採礦的收入，還有各種交易活動，貨品從駱駝毛、羊毛與毛海[5]都有，產地是遙遠的蒙古與西藏等地區。

儘管如此，在北平生活了那麼久，這裡難免讓潘蜜拉感覺有一點像鄉下地方。這個城市與北京有許多共同的歷史與傳統，但它畢竟並非帝都——儘管它有許多戲院、電影院與很棒的餐廳，還有一間冰淇淋店，一間德式咖啡廳，以及一間位於維多利亞道（Victoria Road）的惠羅百貨公司分行[6]。城裡甚至有一些以白俄歌手掛頭牌的夜店，偶爾會有一些想要過五光十色夜生活的北洋軍閥到店裡光顧。天津也有其墮落的一面，四處不乏妓院、酒吧與鴉片煙館，但並非上海那樣的罪惡淵藪。

天津英國文法學校（Tientsin Grammar School）的在校生來自英、美兩國，也有白俄人、沒有國家的流亡猶太人，富有的中國與印度人，以及其他各國學生，當潘蜜拉就讀時，大概總共有二十九人。結果，儘管學校建築以石牆與光滑的地板構成，人人身穿繡有大英帝國旗幟的英式制服，學校還嚴格地把英國中學的種種傳統理念移植到東方，但那終究是一家充滿各國風味的學校。在這慘遭軍閥蹂躪與備受日本威脅的華北地區，天津英國文法學校可說是英國的縮影。整體而言，它的學生都是一些養尊處優、被慣壞了的孩子。

女孩們穿的是英式的黃褐色「高中制服」，制服上唯一的裝飾是各個宿舍的徽章，男孩們戴著帽子，打領帶，身穿西裝外套，研讀跟英國學生一模一樣的課程。每天早上，全體學生必須在鋪有木條地板的禮堂集合，男生站左邊，女生站右邊，他們面前的校長則是身穿英國大學導師的花呢布袍子。朝會的儀式過後，大家一起唱〈遠山迢迢，其色青青〉(**There is a Green Hill Far Away**)等聖歌，然後會再加上一首〈天佑吾王〉(**God Save the King**)。

八點五十分開始上課，直到午餐時才休息，然後在兩點繼續，四點結束。潘蜜拉和同學們一起為嚴苛的劍橋大學入學考試做準備，要讀很多拉丁文。學校還有一位體育老師，體育活動從未間斷：女學生要練曲棍球與英式籃球，男學生要練板球、足球與游泳。學校還有一個引以為傲的業餘話劇社，也為女學生舉辦針織比賽。學費是每個月八十銀元，如果學生不是天津的英租界居民，還要加收百分之五十，而且像潘蜜拉這種住校生每個月還要多繳八十五元。

大部分的學生都是住在天津的非住校生，像潘蜜拉這種住校生總數大概六、七個左右。她住在學校宿舍，那是一棟昏暗、毫不親切的哥德式建築，同時也是校長的家，而根據學校傳統，校長收留住校生的目的是為了增加收入。學生必須遵守嚴格的日常生活作息時間。七點起床後，於七點四十五分用餐，於八點半離開宿舍，前往學校。放學後在五點吃晚餐，然後從五點半開始預習功課與讀課外書籍，並且從事一些與嗜好有關的活動。依照年齡，學生們上床睡覺的時間分布在七點到九點間，各不相同。

睡覺前校方會提供熱可可與餅乾，訪客可以受邀於每週三赴校參加茶會，或者於週六、週日去探視學生，但須經校方核准。這是一個不太能容許例外的日常作息時間。

因為並未待過北平那個是非圈，潘蜜拉那些天津的友人們不知道她曾被好幾家學校退學。他們只知道她是個平凡、安靜、喜歡運動的女孩，以為她來寄宿的理由，是因為她那大名鼎鼎的父親常因為工作而出遊。

而且，潘蜜拉的確也開始改頭換面，她試著守規矩，不惹麻煩，但是她的生活不只是乖乖照著時間表過活、在睡覺前喝熱可可而已。她有一個名叫米海爾·何葉爾斯基，綽號「米夏」（Michael "Mischa" Horjelsky）的波蘭籍猶太男友。他是天津英國文法學校的明星運動員，他那俊俏的臉龐與游泳選手的身材，任何中學女生看了都會春心蕩漾。米夏有一頭濃密黑髮，充滿魅力的微笑。他不怕羞又有趣，功課很好。

他深深吸引著潘蜜拉。把跟潘蜜拉同年齡的男孩與他排在一起，任誰都會認為米夏是其中的明星，能夠讓女孩們歡呼大叫。而他顯然也很愛潘蜜拉，某個認識他們的人說，他們倆形影不離，在校期間幾乎沒有單獨出現過。

一九三七年年初，米夏計畫著要到北平去玩幾天，並且與潘蜜拉的父親見面，但是在他還沒成行以前，她就遇害了。

譯註

1 以下各章除了「韓世清署長」與「胡正祥教授」兩個人名，中文人名一概採音譯。

2 原文為 **The City Road**，即今日的前門東大街。這條路是東交民巷使館界南端的邊界。

3 前門指的是正陽門，也就是北平舊火車站的所在地。

4 **Tartar City**：當時有內城和外城之分，正陽門（前門）所在城牆以內的叫內城，也叫韃靼城。

5 **Mohair**：安哥拉山羊毛。

6 指天津惠羅公司（**Laidlaw & Co**）大樓，該公司用大樓一樓販賣高檔英製生活用品。

3 北平市警方

出了東交民巷，負責維護北平市治安的，是設置在全城各個主要路口的警察崗哨站。這是仿效日本而實施的制度，而日本則是從普魯士學來的。警察崗哨站的亭子上有一個X的記號，並且配備著電話，這意味著一定有個員警待在崗哨站附近不遠處。

在那寒冷的一月清晨裡，離老常最近的崗哨站在哈達門火車站附近，沿著明城牆大約必須走四分之一英里才會到達。值班的是年輕的巡長I高道宏，還有年紀較大、年資較深的巡官許登成。他們值班的時間已經接近尾聲，許巡官正圍在一個炭火盆旁邊取暖。當他看見老常走過來時，他心想當天早上不知道又出了什麼亂子，但他並不是很擔心，因為他認識老常，也常看到他在遛鳥。

但是，氣喘噓噓的老常一旦報案後，許巡官便戴上帽子，穿好大衣，騎上腳踏車，很快地沿著明城牆朝狐狸塔而去。那兩個人力車車夫還在那裡，但是一看見穿著警察制服的人就跑開了，消失在路的另一頭，鑽進內城的擁擠胡同裡。

許巡官很快便知道這不是光靠他就能處理的案件。他朝著警察崗哨站往回騎，在半路上的明城牆邊遇見了高道宏巡長。高巡長要他騎回狐狸塔，看好屍體，把任何想要啃食屍體的黃狗趕開。不能讓任何人碰觸那一具女屍。接著高巡長便回到警察崗哨打電話請求援助。他在崗哨站遇見了第三個巡官，他要那一個較為年輕的巡官去找草蓆，用來確保犯罪現場不被破壞，任何證物都不至於因為地面泥濘而毀掉。然後高巡長再次匆匆趕往狐狸塔，把他所見的一切寫下來，以備記錄。

面對那一具被肢解與衣衫不整的屍體之餘，片刻間，潘蜜拉的腕錶讓高巡長感到很好奇。那是一支名貴的手錶，但卻沒被拿走。顯然這不是單純的搶案。但是高巡長很清楚，除非絕對必要，不應隨便破壞凶案現場。更何況這不是一般的死者，而是個老外，所以這將會是個棘手的案子，還有很多文書作業必須處理。上面會給他們破案的壓力——如果無法破案，在外國人面前真可說是丟臉丟到姥姥家了。

高巡長的求援電話被轉到了北平市公安局東南區署[2]的偵緝隊，區署在王府井大街上，剛好就位於東交民巷外。韓世清署長[3]正在局裡等待漫長夜班的結束，即將有人前來接班。他曾在北平市警察學校受訓，是經驗老到的警探，此時全城所屬的一萬名各級官警裡面，有一大部分都歸他指揮[4]。他不只掌管王府井大街偵緝隊，也是北平公安局東南區署（內一區署）的署長，他才剛剛忙完一整夜。

宋將軍的冀察政務委員會下令警方掃蕩販賣毒品的日本人與韓國人，毒販立刻處死，而毒蟲則是將遭到處決或終生監禁。韓署長與他手下的便衣警探外出一整夜，偵破了內城到「荒地」一帶的許多毒窟。有二十幾個毒販與毒蟲被帶往城市邊緣的刑場去，除了他們被公開處決，一旁還將緝獲的成堆鴉片燒毀，以儆效尤。

累了一整夜之後，韓署長一邊啜飲著濃茶，一邊抽著他的哈德門牌香菸，同時被一大堆行政事務給綁住。因為南京政府下的命令，到了二月，北平公安局即將改名為北平警察局。這只是個名號上的簡單改變，但是卻有堆積如山的文書作業必須完成。

韓署長偶爾起身，在區署裡走來走去，伸伸懶腰，並且看看前一晚的掃毒行動是否有進一步消息傳來。因為之前處決中國人的行動遭到抗議，據說宋將軍只會繼續處決韓國流氓，為了避免惹惱東京政府，可能只會將日本浪人逐出北平城，並且將所有中國毒蟲的刑罰改為終生監禁。

某次伸懶腰時，他停下來跟值班警官聊到當前逐漸惡化的政治情勢。如今這差不多是大家聊天時的共同話題。從東京政府發出的訊息看來，開戰的意圖越來越明顯，對此蔣介石將會有何回應？日本的入侵活動越來越多，宋將軍與政務委員會將會如何保護北平？這麼多暗殺案件與奸細又是怎麼回事？日本部隊屯軍於滿洲國，等待揮兵南下，但是沒有人知道其實力之虛實；不過，先前韓署長曾聽說日軍在盧溝橋附近有動靜。日本已經像一頭即將出柵的猛虎。或者說，用「土狼」一詞比較貼切——因為中國人幫他們取了一個叫「倭寇」的外號。

當值班警官帶著高巡長去報告案情時，韓署長已經回到了辦公室——他得知，在狐狸塔發現了一具女屍，是一個肢體殘破不全的老外。他隸屬於跟東交民巷最接近的警署，身為一名資深警探，過去他也曾承辦過外國人死亡的案件。像是擔任東交民巷警衛的海軍陸戰隊隊員打架，最後白刀子進，紅刀子出，或者是身無分文的白俄人走投無路，變成胡同裡凍死的餓殍。過去在一九二〇年代期間，東交民巷曾是個安全的地方，但是自從白俄的人潮流入之後——呃，治安早已敗壞。他們瘦到皮包骨，屍體的衣服破破爛爛，跟那些貧窮的人力車車夫幾乎沒什麼兩樣，最後只能安葬在如今已經墳滿為患的俄國公墓。

韓署長以為這個女孩一定又是俄羅斯人，也許是被趕了出來，而且寧死也不願屈就賣身的恥辱。儘管如此，凡是有外國人死掉的案子，沒有不棘手的。白皮膚就表示會有問題。有權勢者問的問題，會問個不停，直到答案出現。狐狸塔不在東交民巷內，但距離不遠，而且認屍的工作必須及早完成。中國與東交民巷雙方的警察時有齟齬，但韓署長是個照章辦事的謙謙君子。在亂世之中，任誰都必須學會把事情做得無可挑剔。而這個時候當然是所謂的亂世。

韓署長命令年輕的高巡長把局裡現有的全部人員帶回到犯罪現場，然後他打電話通知管理使館界事務公署（Legation Quarter Administrative Commission）的W．P．托馬斯署長（W. P. Thomas），表示狐狸塔的底下發現了一具洋人屍首。地點在東交民巷外，但也許署長會想要到現場去一趟，並且幫忙認屍？算是中外官方之間的互惠之舉？托馬斯同意到狐狸塔去一趟，並且會帶一些手下過去。

韓署長把香菸摁熄，穿上大衣，戴上帽子、手套，開始踏上前往狐狸塔的短短路程。他越過長安大街，穿過東交民巷最北端那些令人倍感壓力的石門——門是以歐洲城堡的樣式築成，但是由中國士兵看守。他穿越東交民巷，到最南端的明城牆，一路感覺到自己好像置身外國，接著繼續往東走。這些古城牆與「荒地」接壤的地方已經年久失修，但是由東交民巷管理的部分則維修得比較好，街頭的寬大街燈也可以照得到城牆上，並且將下方的城區盡收眼底。各個使館的哨兵輪流在牆腳巡邏。

韓署長從一道小小的石橋越過城牆，繼續走到狐狸塔。等到他抵達現場時，已經有一大群旁觀的中國人聚集在那裡了，當這城市漸漸甦醒之際，消息已經傳遍了周遭的胡同。北平人本來就容易大驚小怪，沒什麼事也會在街頭駐足看熱鬧，一具死屍當然就更不在話下了。

高巡長與王府井大街的警力已經把屍體圍起來，以免多事的人靠得太近。有些好奇的當地人遵循北平人喜歡逗弄官員的傳統，開始嘲弄警方，必須趕人才能把他們驅散。

過沒多久，托馬斯署長與他的東交民巷警力也抵達了。高巡長把那一領用來覆蓋屍體，以免其遭人指指點點的草蓆掀開，韓署長與托馬斯一起彎腰檢視它。

那女孩躺在溝渠旁，頭朝西邊，腳朝東邊，身上雖穿著方格花紋的裙子與沾血的羊毛衫，但幾近半裸。她的鞋子掉在一旁，和她有點距離，其中一支被塞了一條手帕。

韓署長把裙子往下拉，遮住女屍的大腿。她的臉上有可怕的刀割與毆打傷痕，很難分辨她到底是洋人或中國人。是那一頭金髮與白皮膚顯露出她的種族身分。他們倆稍稍把屍體抬起，托馬斯拉出一件被塞在屍體下方的女用絲質內衣。他們看得出這女孩身上到處都有刀傷。刀割的傷痕甚深，而韓署長與托馬斯心想，也許其他傷痕是夜裡被黃狗給咬出來的。

為了檢視胸部的刀傷，韓署長拉起羊毛衫，解開她身上那一件埃爾特克斯牌棉質襯衫。解開後，他跟托馬斯兩人都被嚇得站了起來。屍體的胸板被整片切開，所有的肋骨都斷了，胸腔的內部整個裸露在外。一陣強烈臭味撲鼻而來，奇怪的是屍體並沒有血，地上也一樣，只有昨晚留下來的堅硬冰霜。血一定是在別處就流光了。

他們倆都曾看過許多遭支解的死屍，也都見識過許多戰事，韓署長過去曾是北洋軍閥部隊的一員，而當庚子拳亂於一九〇〇年發生，東交民巷因為遭圍攻而死傷慘重時，托馬斯還是個年輕的學生，在英國大使館裡當翻譯。如今他們倆面面相覷，發現了一件恐怖到難以言喻的事。潘蜜拉的心臟不見了，有人從斷掉的肋骨後面把她的心給掏走了。

韓署長把棉襯衫擺回去，再用竹蓆把屍體蓋起來，命令手下要求圍觀的群眾往後退。這一幕不該讓大家看見。

接下來，韓署長取下那支鑲鑽的名貴白金腕錶。所以說，她不是另一個貧困的白俄人，但她是誰？沒有其他隨身物品，沒有皮包，但是在與屍體相隔一小段距離的地方，他的手下發現了一張沾滿血跡的法國俱樂部溜冰場會員卡。韓署長要人拍一張照片，然後再把它撿起來，放進一個呂宋紙材質的證物袋裡。

就在這個時候，一個年邁的白人穿越人群走過來。他戴著太陽眼鏡，用手肘推開眾人，到了前面才把眼鏡摘下。他的臉上浮現如顛如狂的表情，大聲尖叫：「**潘蜜拉！**」然後他用一隻手遮住嘴巴，痛苦地大聲吼叫，最後癱倒在地。

前一天下午三點，潘蜜拉的父親又如往常一樣開始在城裡漫步。在經過一整個早上的歷史研究或回覆信件後，他總喜歡藉此伸展雙腿。

他女兒坐在窗邊的書桌前寫信。她跟他說，稍後要出去跟一個老同學見面。他們要一起去喝茶，然後去溜冰。她會在七點半回家，而且會照常與父親一起吃晚飯。

威納在天黑前就散完步返家，並且做了一點學術工作。到了七點半，潘蜜拉還是沒回來，但他暫時還未感到憂心。她跟朋友在一起，對北平又是如此熟悉，更何況那溜冰場距離他家幾乎不到一英里遠，又位於安全的東交民巷內。但是，一小時後她仍未回家，他開始感到煩躁了。她為什麼不打通電話說要晚一點回家呢？

到了九點，威納變得憂心忡忡，而且，對於潘蜜拉沒有打電話回家說明自己的行蹤，也覺得很生氣。的確，他女兒並不總是很可靠，而且她的青春期讓兩人都不好過，但是到天津去讀書之後，她似乎變得比較守規矩了。沒想到她最後還是在那裡出了亂子，實在很可惜，不過理由跟過去有所不同。然而，回來北平過聖誕節這段時間她一直很開心，在城裡到處與老朋友見面，約會溜冰，陪陪父親。他們倆已經準備好再過幾個月就要回英國去了，在離開前還有好多事要做。

到了十點，威納再也沒辦法專心做研究了。他穿上那件防水大衣，隨手抓起防風煤油燈，照亮一片漆黑的前方，往外頭去找她了。

北平是一個早早就寢的城市。到了冬天，才晚間九點，內城地區就幾乎一片空蕩蕩了，不僅店面打烊了，連街頭小販也已不見，普通人大都已經在家上床睡覺了。東交民巷外只有少數幾盞街燈，也沒多少輛摩托計程車跟人力車。只有最努力工作與最缺錢的車夫，才會願意載那些剛離開酒吧、夜店與「荒地」毒窟的夜貓子返家。

就一個七十二歲的老人來講，威納的身體算是健康的，而且還頗以他那強壯的體格自豪。他快步走入東交民巷，熟知那些寬闊街道的他找到他想找的屋子，上前敲門。潘蜜拉的朋友在大約八點就已返家，這是他從她爸媽口中得知的，接著他們試著安慰他。潘蜜拉一定是碰巧遇上了以前的熟人，聊著聊著就忘了時間。他應該回家去，因為她絕對已經在家裡等他了，並且為了自己惹出的麻煩感到很抱歉。

威納的確是回家去了，但是潘蜜拉不在家，也沒打電話回去。廚子、保母與管家都在等她，此時他們也焦慮了起來。威納派廚子去溜冰場查看，但是那裡已經關閉了，到處一片漆黑。廚子回到盔甲廠胡同向威納回報，於是他又再出門去找，這次帶著一支手電筒。

大概在凌晨三點，他來到了舊識托馬斯署長的辦公室，但是署長並未值班，已經回家睡覺。威納留了一張紙條給他，說很擔心沒回家的潘蜜拉，所以外出找她。然後他又繼續走遍北平的街頭，從城東找到城西。他往南走到天壇，然後又折回去，穿越東交民巷，往北走到西藏喇嘛群聚的雍和宮。他經過貢院，那裡曾是科舉考生焦慮地等待考試結果的地方，接著是牛街上的清真寺，來自中國西部的回教徒於此落腳，形成一個聚落。然後是葡萄牙人的教堂，過去他就是從他們所屬的孤兒院裡領養了潘蜜拉的。他在黑夜裡不知道走了幾哩路，人行道的路況通常很差。

在一片沉寂的黑夜裡，他可以聽見紫禁城附近的午門跟過去幾百年來一樣，有人用定音鼓報時。在一座座大宅子的門口，他碰到更夫們為了驅走惡鬼而敲打竹梆子與銅鑼。他們每一個時辰都會這麼做，按西方的時間來講，就是每兩個小時，而隨著時間越來越接近黎明，敲鑼的時間就會變長。最後威納還是回家去了，他想回去看看有沒有什麼消息，同時他也需要休息。

破曉後，整個城市慢慢甦醒過來，又是另一個寒冷的一月天。威納再次離開盔甲廠胡同。此刻他已感到心煩意亂，無助的他只能在北平城東四處徘徊，穿梭在一輛輛沉重的木製手推車之間，車上的麵粉都是剛剛磨好，要用來做大餅的——所謂的大餅，則是這個城市每天早上的傳統主食，是一種不經發酵的小麥製糕餅。他發現自己又來到了東交民巷的邊緣，沿著古老的明城牆，朝著矗立在眼前，高度達五十英尺的狐狸塔走過去。

當他接近狐狸塔時，來到了鐵路的開端，心裡想著要從鐵路上方的拱橋繞過去，到東交民巷去找托馬斯署長，就在此時他看見許多人聚在一起。威納往前衝，本能地感到大禍臨頭。

他看見過去曾聞其名的韓署長，還有托馬斯署長，以及其他的員警與攝影師，他們都站在一具屍體的周圍，光是看到那一頭金髮與其衣服，就知道那是他女兒。

托馬斯很快地走向趴在冰冷地面上的威納。他們倆相識多年，都已是老北平了。托馬斯負責東交民巷的日常行政事務，績效卓著，同時擔任使館界巡捕房總巡與管理使館界事務公署署長。他多多少少就像是一個市長，同時兼有警局局長與行政官的角色。

托馬斯才剛剛看到威納的留言，不久就接到韓署長請他一起去狐狸塔的電話。即便是當他在閱讀留言時，也沒有多想些什麼，只當那是一件莫名其妙的事，已經沒問題了。但是如今他跟韓署長都已經知道，躺在他們面前這一具死狀其慘無比、支離破碎的女屍，就是潘蜜拉·威納。

犯罪現場常常很快就變成馬戲團，這一次也不例外。韓署長立刻找來更多巡官，要他們把狐狸塔底部的整個區域用繩子圍起來，並且把旁觀者往外推開。接下來，所有員警仔細搜索了四周，在更遠一點的溝渠裡找到一盞油燈，將其登錄為可能的證物。為了避免旁人圍觀，韓署長早已命人再多拿一些草蓆蓋在屍體上面，但是在他把屍體移開之前，必須先把現場徹底檢查一遍。

工作的進行越來越難。發現一具白人女屍的消息像野火般傳了開來，而且現場又是因為狐狸精作祟的傳說而聞名的狐狸塔。越來越多好奇的當地人跑來了，還有中外媒體——也許是某位巡官想賺一些外快而提供他們線報。路透社有個記者帶著相機過來，還有一位是上海《字林西報》（*North-China Daily News*）的特約記者，其餘的記者有的來自上海以北地區最暢銷的《京津泰晤士報》（*Peking and Tientsin Times*），以及其競爭對手《華北明星報》（*North China Star*）。韓署長從王府井大街調來自己的攝影師，要其將犯罪現場拍攝下來，同時命令現場記者不得靠近屍體。

在兩個年輕巡官的陪同下，威納回到了盔甲廠胡同。現在韓署長與托馬斯必須確認女屍的確就是他的女兒——他們還是需要完成正式的認屍程序，最好是由某位家人出面。威納似乎是已經認定了，但是此刻他驚惶失措，而且留著一頭金髮的外國女人太多了，光是最常在這城市橫屍街頭的俄國女人就不知有多少。如果屍體真是潘蜜拉，那就意味著有個英國國民在中國領土上被謀殺了，更何況她是個卸任英國總領事的女兒。

托馬斯建議，他們應該傳喚英國大使館的皮爾森巡官（Constable Pearson），因為他認識潘蜜拉本人。皮爾森被請過來，於下午兩點十五分抵達犯罪現場，但是無法完全確定，因為屍體已經面目全非。

接著韓署長想出了一個主意。他派一位巡官去威納家，把看門的閻平給帶回來。據那位老人所言，潘蜜拉至今仍未返家。威納回去後不發一語，現在還在休息的他心有餘悸，胸口疼痛。他們已經請醫生去幫他檢查心臟。

韓署長把在女屍下面發現的絲質內衣拿給閻平看，他無法認出是潘蜜拉的。所以韓署長讓他看屍體。跟每一個看到的人一樣，他也是被嚇了一跳。他說，不行。他認不出那一張臉，但是那頭髮是錯不了的。此外，其中一顆眼珠沒有像另一邊嚴重受損，而閻平認出了那罕見的灰色虹膜。

還在那裡的皮爾森巡官也確認了，潘蜜拉有一雙灰眼，而且他跟閻平一樣，也認出了那一支昂貴的鑽錶。

這樣就夠了。狐狸塔下的屍體如今已正式被登錄為英國人潘蜜拉．威納，北平居民，愛德華．席奧多．瓊莫斯．威納之女，其父為前任福州英國總領事，如今已退休。

北平的冬夜來得又快又早，此時天色已逐漸轉暗。韓署長派人帶來一副棺材，並且把所有物證集中起來：潘蜜拉身上鬆掉的衣物，包括那一件屍體一被抬起就掉下來的方格花紋裙、她那一件附有皮帶的外套、一雙被扯破的長襪、一把梳子、鞋子、手帕、沾血的法國俱樂部溜冰場會員卡，以及腕錶。當棺材抵達時，四位巡官把潘蜜拉的屍體小心地放進去。他們找了一條床單來擺在她的腰部下面。

根據過去中國的傳統與法律，謀殺被害人的遺體在兇手被緝拿歸案前是不能移動的。但是，如今北平警方引以為傲的是，他們都按照警察學校所教的現代規矩辦事。韓署長把那些蒐集起來的東西擺進棺材裡，蓋上蓋子。接著巡官們把棺材抬進狐狸塔內一座廢棄的廟裡，等待救護車抵達，以便將屍體運往北平協和醫學院的附設醫院進行驗屍。

譯註

1 Corporal：位於一般巡警與巡官之間的官階，稱為巡長。譯名參考《中國近代警察制度》一書第五七二頁裡面對於警察警銜的描述。

2 「區署」相當於現在的「分局」。

3 作者原文用"colonel"一詞，在外國的警階裡是中階警官的最高一級，一般是指分局局長，因此在當時北平警方應該是等於「區署署長」。

4 根據統計，一九三三年，北平公安局有九千多名各級員警，此時約有一萬個。

4 野狗與外交官

首先意識到此案錯綜複雜的，是托馬斯署長。托馬斯於一八九八年在北平擔任英國外交人員，當時年僅十九歲，幾年後，因為健康因素而辭職。但他仍繼續待在北平，在管理使館界事務公署找到一份工作，他的效率、手腕與交涉時的強硬態度是出了名的，而這些特色也許是遺傳自他父親——一個住在舒茲伯利鎮（Shrewsbury）、靠買賣牛隻為生的精明商人。托馬斯深知，中國政府把威納視為中國的友人，因此北平的偵緝隊將會承受必須盡快破案的壓力。

每當有外國人於北平死於非命，其所屬國家的使館將會受邀提名全權代表，由其隨時掌握辦案進度，這可以說是標準程序。這些代表並無實權，不能逮捕任何人，若無中國警方的允許，也不能偵訊嫌犯。他們純粹只扮演著觀察員的角色，一個中間人。

托馬斯知道，在調查過程中，英國人當然會指派一個代表，而且那個人一定是使館人員。

既然潘蜜拉是個高階外國官員的女兒，即便他已經退休了，這仍然會是一個動見觀瞻的案子。讓事態更為複雜的是，英國領事尼古拉斯．菲茨莫里斯（**Nicholas Fitzmaurice**）向來不喜歡威納。兩人多年前就因為工作而鬧翻了。

然而，韓署長對於英國使館指派代表這件事是有意見的。當他們倆還在犯罪現場時，他就跟托馬斯提出抗議，表示他們一定會干涉辦案。而死者不是被臨時起意者在暗巷裡刺死，也不是被搶劫犯誤殺，或者是在酒吧裡心臟病發。

這是一件可怕而深不可測的案子。不管是因為與家人發生紛爭而演變成一樁暴力悲劇，抑或是情殺、仇殺，還是兩者兼而有之，都已經夠糟糕了，但是像這麼年輕的英國女孩被殺掉，而且第一現場看來是東交民巷外的北京，同時又發生在城裡陷入一片緊張局勢，人心惶惶的時刻，肯定會讓政府提高警覺。

托馬斯知道他們的行動必須快一點，於是提出了一個折衷方案。韓署長應該搶在英國使館之前，主動提出一個英方不能拒絕的人選。托馬斯知道，因為是這樣的案子，反正英國使館裡本來就沒有任何一個人在年資或經驗上是夠格的。有鑑於這起罪行實在太過嚴重，當然也不該是由使館界巡捕房的人來擔任代表。

托馬斯心想，英國使館也許會想要從上海那邊調人過來，而在英國人執掌大權的上海公共租界裡，治安事務的負責人是強悍而有經驗的巡捕房總巡——斐德烈．傑拉德少校（**Major**

Frederick Gerrard）——來自蘇格蘭高地的他曾在印度的印度陸軍與英國警隊服務，後來又曾於美索不達米亞的巴斯拉市（Basrah）擔任警局副局長。托馬斯知道傑拉德，他很厲害，是警察中的警察，但是也認為在這混亂的時代裡，他有可能同時跨足上海的警界與英國的情報圈。還有，此刻令他忙不過來的，是該市黑幫對峙的問題，他們正在為利潤豐厚的販毒與賣淫生意而火併，用芝加哥幫派街頭槍戰的方式爭奪掌控權。近來還爆發了一起又一起上海權貴遭到綁架的案件，而日本人越來越挑釁，這已經夠麻煩了。傑拉德手上還有許多謀殺案要處理，即使要他派手下過來，他都不願意了，更何況是他自己。

所幸，托馬斯跟韓署長說，他知道某個警官有完美的辦案背景，那就是在天津英租界巡捕房擔任總巡的理查·丹尼斯總探長（Detective Chief Inspector Richard Dennis）。丹尼斯總探長能力極強，經驗豐富而且有獨立思考能力。他曾在蘇格蘭場接受訓練。

英國使館實在沒什麼理由可以否定一個待過蘇格蘭場的資深警探。此外，丹尼斯效力的對象是天津英租界當局，嚴格來講，並非英國政府員工。英國使館也許會施壓，但是丹尼斯有能力抗拒那壓力。

他是那種想要發掘真相的老派警界前輩，而且過去曾接受過最好的訓練。托馬斯試著要傳達給韓署長的訊息是，丹尼斯不是個外交官，他不是那些老傢伙的同路人，也不是政客。他就是個警察，如此單純而簡單。

最後，韓署長同意了，托馬斯離開後，以使館界巡捕房總巡的身分打電話到天津的英國領事館，提出正式請求，要他們暫時把丹尼斯總探長派到北平來。

稍後，韓署長於那天晚上穿越王府井大街車站後面的胡同，前往距離不遠的北平協和醫學院。這個醫學院的附設醫院是全北平最先進的醫學中心。在傳教士的幫助之下，醫學院創立於一九〇六年，如今資助者是美國石油大亨洛克菲勒（John D. Rockefeller）與其基金會，一直以來，這裡都是一個同時聘用中國與外國醫生的地方，並且把聰明的年輕中國人送到美國受訓，招募歐美專家來學院工作，甚至還幫其外國員工蓋了一批批洋房。用北平的標準看來，協和醫院是一家現代化、乾淨而有效率的醫院。除了上海之外，中國沒有任何地方有像這樣的醫院。

韓署長走進那如同迷宮一般的醫院建築，它的格局是傳統的北平建築樣式，但是在各個側邊都有西式樓房。它看起來就像紐約或波士頓的醫院，四、五層高的樓房純粹是依照功能性設計出來的，唯一的不同是當你把頭一抬，就能見到建築師把中國建築的華麗元素也融合了進來：包括綠色的鞍形屋頂，傳統的燕尾式飛簷。韓署長有所不知的是，當初建議加上這些裝飾的，是該院籌備委員會的一員，他不但是個中國建築的專家，也深信應該保留北平的傳統天際線——他就是愛德華．威納。

夜裡的醫院一片沉寂。大門守衛聚在入口旁的一個小屋裡，圍著一個炭火盆取暖。韓署長直接到病理部去，在那裡遇見擔任主任的王醫師。韓署長知道，王醫師一直都是在首席病理教授胡正祥I醫師手下做事，而胡醫師是他欽佩的人。胡醫師畢業於哈佛醫學院，經驗非常豐富。

王主任陪著韓署長來到解剖室，室內與外面世界形成強烈對比。裡面擺滿了潔淨的白色瓷磚，到處都是閃閃發亮的不鏽鋼設備，架上擺著一罐罐化學藥品，燈光投射在一盤解剖刀與其他醫療器具上。

胡教授一邊洗手，一邊向韓署長點頭致意。王醫師已經站定位，手拿寫字板與筆，準備要做詳細的記錄。潘蜜拉的屍體被擺在台車上，由隨員推出來，將她抬到角度稍稍歪斜，四邊有細槽可以把血液接住的解剖檯上。消毒水與潔淨的味道馬上被死屍與傷口的味道給壓了過去——喉嚨後方已經乾掉的血漬傳來一股熟悉的金屬味，另外夾雜著一股挺像蘇州胡同市場裡的炸豬排味。不管是中國人或洋人，變成屍體後的味道都一樣。

潘蜜拉身上的衣服都被脫掉了，儘管經過清洗，身上還是布滿了令人不忍卒睹的割傷、砍傷與瘀傷。她的胸板還是跟韓署長在狐狸塔時看到的一樣，有個大窟窿。事實上，在血漬與泥巴都被清洗掉之後，他才看出她身上有許多戳刺傷痕——數都數不清。因為胸口被切割開來，這具赤裸的屍體看來寬得不可思議。

韓署長發現他很難想像潘蜜拉的臉長什麼樣（他還沒有看過她的照片），但是在強烈的燈光下，看得出她的臉上有雀斑。他也注意到她有一雙小手，兩隻都緊握著，大拇指往內縮進拳頭裡，因為屍身僵硬而緊緊地卡住。

解剖室裡還有另一個病理專家：資深顧問威廉・葛蘭・艾斯普蘭醫生（**Dr. William Graham Aspland**），就是他正式提出驗屍的要求，並且指定胡教授來擔任潘蜜拉的主刀病理醫師。他們倆都穿著西裝、襯衫，打著領帶，外面再套上綠色手術袍。

跟韓署長一樣，他們都覺得在自己見過的屍體裡面，這是最支離破碎的其中之一，而光是這點，就能顯現出此案的特別之處：因為胡教授幾乎每天都要做驗屍工作，而艾斯普蘭醫生則是一位專攻鴉片煙癮的英國內科醫師，過去在一次世界大戰期間，也曾於法國、比利時的戰場上負責清理死者屍體。

此時已經過了晚上十點，但是因為韓署長要求必須在今晚完成驗屍，以便讓他們可以開始辦案。根據過去經驗，他們有二十天的時間可以破案。過了這段時間，破案的難度會增加很多，因為局裡會重新指派辦案警探，而總局的高層也會對這件案子失去興趣。艾斯普蘭同意在深夜驗屍，並且立刻請來了胡教授。

他們開始驗屍。首先他們先為屍體秤重（九英石四英磅[2]），量身高（五尺五吋）。有什麼明顯的臉部特徵嗎？沒有，不過胡教授注意到她有一雙罕見的灰眼，以及長長的睫毛。他們估計死亡時間大概在昨晚十點到今天凌晨兩點之間，但是胡教授無法做出更精確的判斷。死因是右眼周圍遭人持鈍器重擊了幾下，頭骨因而破裂，造成腦部大量出血。也許在她受到第一下重擊之後的兩、三分鐘就已經死掉了。大部分的可怕傷痕都是死後才造成的。

當晚王主任的記錄顯示，潘蜜拉遇襲時一定是站著面對兇手，這顯示她可能認識他。致命的那幾擊是從近距離揮出，而且力道非常大。潘蜜拉與兇手兩人靠得很近，可能是在一狹小的空間裡。他比她高的可能性很大，那幾下是由上往下打在她的頭骨上，就像以石擊卵。傷口流出的血無疑地擋住了她的視線，也導致她跌在地板上，死在她躺的地方。兇手很有可能眼睜睜地看著她死去。

胡教授把所有傷口記錄下來。韓署長與幾位醫生確認了一件事：傷口造成了大量失血，因為狐狸塔的現場沒什麼血跡，這也坐實了他的懷疑——潘蜜拉是在別處遇害的。在某處一定有大量的血跡。

胡教授估計，兇手在她死後用於砍屍體的凶器，其刀刃大約有四吋長，可能是一把雙面刃。喉嚨也是在她死後被割開的，氣管完全遭割斷。看來她是被人亂砍亂刺，每一道傷痕的長度與深度皆不同——描述傷口時，胡教授的用詞是「狂亂的手法所致」。韓署長注意到，儘管潘蜜拉的衣裙都遭扯破，但是上面並沒有被刀子劃開的破洞，這表示兇手在亂砍之前先脫掉了她的衣裙。

潘蜜拉的右臂也幾乎被砍斷，刀刀見骨。胡教授猜測，這些傷痕是兩種不同的銳利刀鋒造成的。肱骨（肩膀到手肘之間的骨頭）有兩處裂痕，是胡教授無法辨認出來的沉重鈍器造成的。

因為傷口周圍組織沒有大量出血的痕跡，他相信兇手也是在她死後才想把手臂砍斷。艾斯普蘭也同意這說法。

不管是否只有一人下手，兇手似乎想要分屍，也就是在棄屍前想要先將其肢解。肩膀上肌肉的傷口絕非一般刀子可以造成，一定是某種專門用來切割東西的工具。

接下來，胡教授開始查看潘蜜拉的胸膛，屍體從喉嚨到骨盆之間遭人剖開，兩邊被拉了開來。胡教授注意到，「總的來講，從切痕可以看出此處有部分的肉被人一整塊拿走」。一大片皮膚不見了，包括潘蜜拉一部分的乳房。

女屍在狐狸塔被發現時穿的那件羊毛衫沾有血跡，但是量不多，這顯示兇手先脫去她的衣服，然後在她大量失血後再把部分衣物穿回去，沒幫她穿上內衣與長襪，而且那破掉的裙子、襯衫與羊毛衫都是胡亂穿回去的。此刻韓署長已經可以確定，潘蜜拉並非在狐狸塔遭到謀殺與毀屍，第一現場一定是在別處。

此刻胡教授覺得實在不知道該怎麼記錄他的發現，因為太奇怪而不可思議。兇手在取下胸部與肚子的皮膚後，潘蜜拉遭到開膛，所有的肋骨都外露，而且兩邊各六根、一共十二根肋骨都被往外折斷，她的心臟、膀胱、腎臟與肝臟都被掏走了。

要把肋骨往內折斷並非難事。只要往胸腔的兩側重擊就可以了，而且人們在跌倒、打鬥或者車禍時，也常會出現肋骨骨折的傷勢。但是，如果想要往外把那麼粗、那麼硬，而且天生彎曲，不好施力的肋骨折斷……

儘管證據就這樣擺在他們眼前的桌面上，幾位醫生還是不敢相信會有這種事。他們沒有一個願意大膽猜測這到底是怎麼辦到的，還有為什麼要這樣。實在難以想像這種行徑背後的動機。光是開膛還不夠，兇手還把手伸進去掏出那些器官。看來潘蜜拉是死在一個瘋子的手裡。

驗屍工作持續進行著。胡教授注意到，肺部與腹部之間的橫膈膜被開了兩個平整的切口。他相信兇手用的若不是外科醫生的手術刀，就是專門用來截肢的刀子。這不是業餘人士胡亂砍出來的。兇手也把潘蜜拉的胃連接著食道與小腸的地方割掉，儘管胃還在她的體內，但已經沒有跟任何東西連接在一起。為了進一步檢查，醫生們把胃掏了出來。

韓署長提了一個問題。這個體內的損傷有可能是狗或者其他動物造成的嗎？他想到的是，有人提到，那天早上有黃狗在狐狸塔旁邊出沒，後來才被趕走。

但是胡教授認為不是。橫膈膜與腹腔上的切口是利器造成的。那傷口太過利落平整，所以不可能是動物所為，而且屍體上面也沒有任何被狗咬的痕跡。黃狗是無辜的。

潘蜜拉身上的傷實在太多了，在知道絕大多數的傷口都是在她死後才產生的，也許會令驗屍小組對此略感寬心：那女孩遭受這暴行時如果還活著的話，他們的心情肯定會更差。她雙手的下臂有幾處在死前就出現的擦傷，也許是掙扎造成的——儘管掙扎的時間看來並沒多久。似乎潘蜜拉遇害的順序是先遭人殺掉，接著大量流血，最後被毀屍，但這三件事並不全然是在同一個地方發生。

當韓署長問說潘蜜拉是否遭人強暴，胡教授無法確認，儘管此刻已經過了午夜，艾斯普蘭又把另一位同事給請來，他是協和醫學院的婦產科教授——詹姆斯．麥斯威爾醫生（Dr. James Maxwell）。幾年前麥斯威爾曾寫過一篇報告，指出中國鄉間有許多不適任的產婆用掛肉的鉤子來接生，導致母子雙亡，此事於當時曾引起一陣風波。

此時他檢查潘蜜拉是否曾有過性行為或者遭人性侵，他的結論是她最近曾經有過性行為——她並非處女。但他無法確認那是否出於你情我願，或者是在死前或死後發生的。當時的科技還不夠先進。潘蜜拉的陰道也遭人割傷，但是麥斯威爾同樣無法確認此事發生的時間。韓署長問他是否覺得這是色情狂所為，麥斯威爾說很有可能。

當晚最後一個參與驗屍的醫生是哈瑞．范戴克（Harry Van Dyke），他是醫學院為了建立藥理學系而延聘來的。范戴克很快就排除了她被人下毒的可能性，而且驗不到殘留的三氯甲烷。儘管潘蜜拉有喝酒，但酒精濃度不高，而且並未被下藥。范戴克也斷定，前一晚的某個時刻她曾經吃過中國菜。

驗屍工作完成了，胡教授要求把這幾點記下來：在遇害前，潘蜜拉．威納是個健康而成長狀況良好的女性，年約十八、九歲。她的牙齒很健康，不過後面有兩顆牙齒被醫生拔除了，而她的門牙有最近才出現的缺口，他認為應該是掙扎造成的。

他們開始討論剛剛的發現，還有無法確認之處。從潘蜜拉的傷口看來，兇手下手時的精神狀態是暴怒而瘋狂的，但也顯示這是擅長使用手術刀、對解剖術有基本了解的人所為。胡教授認為，如果兇手的技術夠好，那麼就有可能在半小時內將屍體肢解成這樣；如果技術較差，那就要花上兩三個小時。

韓署長問說，這一切是否必須在室外完成，或者是兇手需要在室內的燈光下進行，胡教授無法確定，但他認為，儘管兇手的手法純熟，但就算是個屠夫或者獵人，至少也需要一點燈光，絕對無法摸黑做到。

關於支解的先後順序，胡教授相信，她在死後先被剖開了胸膛。這會導致大量出血，而不管兇手有幾人，一定會全身沾滿了血液。然而，在潘蜜拉的肚子被切開前，血就已經流光了，這可以用來解釋為什麼她的腹腔沒有血——兇手在掏出其體內器官之前，就已經先讓血流乾。她的血管沒有阻塞的跡象，因此胡教授認為她是在死後不久就被放血，而不是過一陣子——最多不會超過五、六個小時。

大概在黎明之際，屍體被運往附近的太平間。當韓署長要離開協和醫學院的時候，媒體已經守候在外面，大部分是外國記者，一個個都冷到不停地跺腳。韓署長沒有心情跟他們講話，此外他也知道，自己最好還是不要把剛剛在解剖桌上看到的景象透露出來。他只說了一句，「無可奉告」。

潘蜜拉的謀殺案在週六登上了中國沿岸城市各大早報頭版。上海《大陸報》（*China Press*）的頭條新聞標題是：「前英國領事之女遭發現身亡，屍體支離破碎」。記者四處打探消息，此刻韓署長沒跟他們講任何事，此案宛如一則謎語，新聞報導錯誤百出。但這件案子的消息還是不斷出現在中國的每一份報紙上，其後甚至躍上世界各大報的版面。潘蜜拉的年紀被寫成在十五到十九歲之間，有好幾個版本，而且所有的報紙都包含這麼一個錯誤的細節：她的屍體慘遭野狗啃齧。

報紙大幅報導她父親的事業，還有她的屍體被人在狐狸塔發現一事，距她家僅僅兩百五十碼之遙，而且就在東交民巷這個外國人的地盤附近。

還有，報上也刊登了當地有關於狐狸塔鬧鬼的迷信，狐狸精因而躍上了頭版。北平被描繪成一個神祕的地方——至少這一點是真的。不過，此刻許多報紙都說，事實上是威納自己發現了女兒的屍體。據報導指出，他於外出找女兒時偶然發現其屍體，而且他還對著黃狗丟石頭，才沒讓牠們把屍體咬爛。

儘管協和醫學院那邊也沒人跟媒體說些什麼，但媒體早已知道屍體的慘狀，還有部分器官不見了，所以紛紛暗示這是一樁最恐怖的殘殺凶案。記者的消息來源是去過現場的人。北平警方的韓世清署長被列為負責調查的警官，沒人提及蘇格蘭場與本案之關係，大英帝國領事館也沒有評論。

在太平洋另一邊的美國大陸上，《紐約時報》（*New York Times*）是這樣報導的：「一名英國女孩被發現陳屍在哈達門與狐狸塔之間的明城牆下，震撼了全北平。」這報導實在太精確了，全北平都很震驚，任誰都可以感受到恐懼的氣氛在全市瀰漫開來。

儘管北平人已經在入侵者的威脅下生活了幾個月，儘管每個人都知道，當日本人的鐵蹄踏下來，死傷一定慘重，但如今全城的恐懼情緒又被提升到了新的高點。狐狸塔的那一具遇害者屍體似乎具體地象徵著，威脅已經昇華成一種野蠻狀態。這不是暗殺，也不是政治仇恨，而是一個無辜女孩慘遭屠戮。城裡所有人的恐懼如今正融合在一起，那即將降臨在他們身上的慘事如今有了一個名字——潘蜜拉·威納。

譯註

1 作者在此有筆誤，將胡正祥拼為Cheng Hsiang-hu；有關胡教授的背景，可參閱：http://baike.baidu.com/view/126442.htm。

2 一英石大約等於六・三五；一磅大約等於〇・四五公斤。

5 展開調查

那個週五晚上，波森探長（Inspector Botham）與畢內茨基小隊長（Sergeant Binetsky）兩位天津的員警來到北平，為他們即將於週六抵達的上司丹尼斯總探長進行前置作業。波森要前往六國飯店幫丹尼斯訂房間，而他自己與畢內茨基小隊長的房間，則是訂在比較沒那麼貴的順利飯店。

在此同時，畢內茨基小隊長則是到也忙了一夜的王府井大街內一區署去。報案櫃台正在處理一些顛三倒四的來電，還有些像瘋子一樣的北平人則是打電話來承認，自己犯了城裡的每一樁謀殺案。其中一通的對話是這樣的：

報案櫃台警官：「你犯了什麼案子？」

來電者：「我把她給勒死了。」

報案櫃台警官：「你為什麼要殺她？」
來電者：「她是個骯髒的俄國妓女。」
報案櫃台警官：「你怎麼處理屍體？」
來電者：「給狗吃了。」
報案櫃台警官：「她曾經對你做了什麼嗎？」
來電者：「她是個狐狸精，她迷惑了我。」

沒有一通認罪電話與那樁案子相符，就算那些沒那麼古怪的電話也是，而且直到週六清晨，還是一直有人打這種電話進來。有一次，韓署長被人請到櫃台去聽一個大聲嚷嚷的白俄野女人在講什麼，她要求警方把她丈夫關起來，並且用那一樁謀殺案起訴他。報案櫃台警官聽不懂她在說什麼，因為她有濃濃的口音，韓署長也聽不太懂。她濃妝豔抹，大叫時口沫橫飛。她堅稱她那廢物丈夫就是兇手，她迷上了那些「白巧克力」——也就是年輕的金髮妓女。他成天泡在「荒地」的那些酒吧與妓院裡，把錢都花在那些「小麵包」身上。現在他在家裡，仍然渾身是血。警方一定要採取行動。

他們趕往她家，發現那個男人戴著一身沙皇頒發的動章，正在宿醉。他跟他老婆一樣粗野，嚷嚷個不停，當他看見她躲在警察身後時，叫嚷得更凶了，但是他根本不知道他們在說些什麼。他沒有看見那天早上他老婆看的報紙。他的確滿身是血，但他跟警方說，那是他自己的血，而且自己之所以會血濺某個俄羅斯酒吧，是因為伏特加酒不小心灑在一位美國大兵的身上，對方的雙拳與靴子全都往他身上招呼。大家的脾氣都很大。另外兩個住在同一條胡同的俄羅斯人證實了那個男人的確醉了，而且打過架，這是很常見的事。還有他老婆簡直是個瘋婆子，早在聖彼得堡時就該把她甩了。同時因為他們被迫身無分文地逃離俄國，在陌生的國家變成窮鬼，大家都有一點心神不寧。

某個巡官被派到美國使館的海軍陸戰隊營區，回來時已經取得了那個俄國佬的不在場證明。一個魁梧的海軍陸戰隊員承認，因為他女友被汙辱，同時為了維護海軍陸戰隊第四營I向來不怕打鬥的榮譽，才會揍那個男人。他不為自己的行為感到後悔，不過他認為，儘管那個俄國佬是個渾球，卻也不該面臨因為謀殺罪遭起訴的命運。

另一案例是有個人力車車夫於週五在潘蜜拉的陳屍處附近被抓進了王府井大街內一區署，他怕得要死，全身發抖。那個車夫是個叫作孫德興的鄉下小夥子，他曾經把人力車座墊套子上的血跡洗掉。那一天當韓署長回到署裡時，他把那小夥子關進拘留室，親自檢視座墊套子——韓署長斷定，套子的確沾過血，但血量看起來沒有那一具女屍身上流出來的多。偵訊過後，他就把小夥子放走了。那車夫恢復自由之身，又回到寒冷的大街上，他們叫他趕快走。

大部分打進署裡的電話，還有大部分聚集在王府井大街區署大廳裡的記者，都提到了一個人：潘蜜拉的父親。的確，這是調查凶案的必要程序：首先從近處查起，包括家人，特別是丈夫或妻子。兇手通常認識被害者，隨機殺人的案例很罕見。這是一種警探的心態：從不可思議的地方著手，根據數據顯示，這能讓你更逼近真相。

韓署長沒有吃午餐，那天中午過後不久，直接到北平中央火車站的冷冽月台上，等待丹尼斯總探長。這座歐式風格的火車站位於東交民巷的西南角，與前門甚近。車站有高聳的拱形屋頂，月台的一邊矗立著極有特色的西式鐘樓。

沒有記者聚集在剪票口，這意味著媒體還不知道有個英國警察將從天津過來參與辦案。對於丹尼斯的介入，韓署長可說一則以喜，一則以憂。這位警探不只有經驗，又是英國人，這兩點對於偵辦此案來講，可說是利多。這件事最好由警探來參與，而不是大使館的間諜，而如果是個只會礙事的笨蛋，那就更糟了。但是韓署長心裡還是討厭有外國人來插手發生於北平的凶案——這裡可不是上海或者其他通商口岸，而是主權國家中國的領土。

但是他已經決定了，他必須理智一點，並且接受一個事實：這跟發生在北平的一般謀殺案可不一樣——如果真有所謂一般謀殺案的話。死者是個外國人，就算不是丹尼斯，一定也會有他這一類的人來插手。

韓署長預期火車會誤點。通常來講，從天津開往北平的火車只要兩個小時車程，但近來因為沿途可能會遇上土匪、破壞鐵軌的人，或者四處移動的日本部隊，這趟路程變得危險重重。

結果火車只遲到了一下下。在寒冷的天氣中，為了讓血液流通，韓署長不斷地搖晃著身體；他可不想在一個蘇格蘭場警探面前發抖。

韓署長知道，任何一個來北平的人都會對此地敬畏三分。那一部被稱為「國際號」的列車在進入火車站前，會先經過老北京的城牆，幾乎可以說就是停在高聳的前門旁邊。在這城市的許多古老城門中，前門是最高而且正向南方的一座，看到它，就意味著你來到了北平這古老帝都的核心地帶。偶爾人們還是會見到有些載滿駱駝的火車慢慢地通過前門，往蒙古或古老的茶路與絲路而去。

當丹尼斯的火車開進水門月台，讓乘客們下車時，韓署長這才想起，他只知道丹尼斯總探長是個外國人，卻不認得他的長相。他是眾多外國人裡面的一個：大部分的乘客似乎都是外國人，至少火車最前面的那些頭等車廂是這樣。

然後他看見了他。不管那個人是什麼種族或者國籍，他可以一眼就看出他是警察。韓署長是從體態辨認出丹尼斯的：英挺、果斷，即使是身著便服（他穿一件精紡毛料做的深色雙排釦西裝，漿過的衣領白白淨淨，繫著黑色領帶，外套大衣一襲，還有一頂普通的軟呢帽），他仍然散發著一種權威感。一雙鞋擦得亮晶晶，幾乎可以拿來當鏡子用。丹尼斯的高䠷身材也幫了不少忙，不管是與身邊的中國或外國人相較，他都高了好幾吋。就一個中國人來講，身高六尺的韓署長已經算是鶴立雞群了，但是一看到丹尼斯，他就不由自主地挺胸站直。

這位總探長對北平的警察制服非常熟悉，他大步走向韓署長，兩人互相打量了一番。韓署長的體型魁梧，留著三分頭，顴骨有稜有角，與許多中國人相較，其下巴顯得較為突出，鼻子也更尖銳挺拔。儘管丹尼斯比韓署長還高，但他的厚重大衣底下卻有一副瘦長的身材——不過，他發達的肌肉足以應付任何想要找麻煩的人。他身體的各個部分都稍嫌誇張了一點：眉毛太粗，鼻子太長，還有一雙大手，一副長耳朵。他身上的一切都標明著他是個極有權威的人。

「丹尼斯總探長？」

「韓署長。」

「我有車。可以走了嗎？」

「沒問題。」

他們走出剪票口，火車站的票務員夠機靈，沒有要他們出示車票，他們就這樣大步走出入口的拱門，到對面一座停著幾輛轎車，還有一大堆人力車的停車場去。丹尼斯只有一個小行李箱。韓署長的司機是個年輕的巡官，他從雪佛蘭警車跳下來，為兩人打開後門。

韓署長問說：「到你下榻的飯店去？」

「我想，直接上工好了。」

前往王府井大街的路上，韓署長向這位英國警官簡報了驗屍結果，把稍後要跟記者說的東西先講了出來：到目前為止，他都還沒有找到重要的線索。他們倆都同意，在欠缺線索的狀況下，他們應該按照一般程序來進行，把受害者生前最後幾天的生活重建起來。從潘蜜拉最後現身的場合開始，小心地、但也迅速地往回推。偵查凶案必須像快刀斬亂麻一樣，否則就會錯過良機：跡證不見了，目擊證人就此消失，兇手逃之夭夭。

當然，還有一點要注意的是，韓署長有二十天的破案期限，更別提那些警方接獲的大量匿名線報與奇怪的電話，這證明了北平的謠言製造中心已經啟動。那天早上，韓署長在他辦公室裡的摺疊床上小睡了幾個小時，便把所有可用的員警叫回來值勤，全員開始停休，下令所有人到街上去查案，到處仔細找一找。找什麼？找血跡。找到血跡，就能找到兇手。

所以，潘蜜拉．威納凶案的審訊會議將正式召開。

理查．哈瑞．丹尼斯總探長（他的手下都稱其為迪克）快要滿四十歲了，他是個屠夫之子，來自倫敦的西罕姆（West Ham）地區，就在東區與西區交界的邊邊上。據說，他母親出身一個在英王愛德華七世時代發家、備受尊崇的下層中產階級富有家庭。迪克．丹尼斯年輕時，整個世界都被捲入了第一次世界大戰，而他也立刻參戰。他的身材健壯，頭腦又好，而且在戰前就學會了一口好法語，於是他便加入了剛剛成立的英國皇家飛行團，在法國執行空戰任務。他在一九一七年被擊落，負傷退役，歸返故里，他與戰爭從此絕緣。

也許是因為想念那種衝鋒陷陣的生活，還有鐵的紀律與英挺的制服，一九二〇年，他加入了倫敦警察廳（Metropolitan Police），升任偵緝警長（Detective Sergeant），派駐地在倫敦西區邊緣的帕丁頓地區（Paddington），然後被派往蘇格蘭場。婚後，其子理查二世很快就出生了。但是婚姻以離婚收場。丹尼斯於一九三〇年再婚，這次婚姻讓他有一點臉上無光，因為他娶的是兒子的保母，一個來自東區，名為維吉妮雅，但他總是稱其為薇歐蕾的女人。理查二世以為她就是他的生母。

丹尼斯喜歡當警察，但是不喜歡那一份只能讓妻兒糊口的低薪。他接下了天津英租界工部局所屬巡捕房的總巡一職，推薦者正是曾任英國皇家空軍元帥、現任倫敦警察廳廳長的特倫查德子爵（Lord Trenchard）本人，隨後於一九三四年七月履新，獲得了總探長的警階。就警階來講，他只升了一級，但卻大幅提升了其薪水與生活條件——他從髒兮兮的倫敦西區來到天津英租界，住進豪宅，而且維多利亞道的巡捕房裡還有大隊人馬供他差遣。

丹尼斯在產鹽的華北地區過著舒適的生活。他的豪宅坐落於繁華的香港道（Hong Kong Road）上，在北戴河濱海勝地的海灘上，他還有一間房子。他的兒子讀的是法漢學校（École Municipale Française）[2]，還可以到天津的馬場去找一位白俄老師學騎馬，這位老師過去都是教俄國沙皇時期的貴族子弟騎小馬。他的老婆負責監督家裡的一群僕役，他們甚至還有錢可以養一匹健壯的蒙古矮腳馬，丹尼斯還送牠去參加天津跑馬場的比賽。那一匹叫作海斯菲爾的馬是跑道上的贏家，在北平所舉辦的處女賽上一舉奪冠，還為此登上了《京津泰晤士報》的頭版。

丹尼斯現在的生活是他過去在英國領低薪時不敢想像的，而且他在天津變成了大人物。警察的工作都是一些例行性事務，但是他的職務讓他常常需要與平民接觸，而且每當英國駐華大使進城時，也要由他接待。丹尼斯自然而然成為天津英國權貴的一員。而天津城的聯外交通也比過去更發達了，除了有不定期貨船可以通往中國沿岸大城，而且它也是京漢鐵路支線上的一站。

當然，他還必須注意來自北方的威脅，當地免不了陷入一陣緊張的氛圍裡。但是外國的租界有部隊可以自衛，確保相當程度的安全，同時對抗貪婪的軍閥、殘暴的日北人，還有那些在城市郊區高粱田裡面作亂，行蹤成謎，神神祕祕的白蓮教教徒。

儘管政治局勢持續惡化，相對來講，天津還算是一個挺太平的地方，只有當地的狂野夜生活偶爾需要加以約束。不過，若與過去在帕丁頓相比，絕對大不相同——那裡的人只有在週五晚上酒吧要關店時，才會因為喝多了而鬧事。

此刻，丹尼斯獲召前往古中國的帝都，去調查一件在北平動見觀瞻、而且很快在天津也會被議論紛紛的凶案。在大家的記憶裡，還沒有任何一個在中國的洋人死得那麼慘。但是，這位總探長到了之後，也不是能夠毫無顧忌地辦案。

臨行前一晚深夜，召見他的人是駐天津英國領事約翰・艾佛列克（John Affleck），這位資深的中國通要他把調查行動的範圍限制在東交民巷就好，出了東交民巷，他就不能進行搜索與調查行動。艾佛列克直言不諱：丹尼斯當然必須會同韓署長一起辦案，但是他應該與使館界巡捕房的托馬斯總巡，與英國使館的人員抱持更密切的聯繫。對於丹尼斯這樣有獨立思考能力的警察而言，這無疑是大幅削弱了他的行動力。

在與艾佛列克見面時，丹尼斯覺得他好像特別緊張，但是他的界線非常明確：不要到東交民巷以外的地方去攪和。此外，儘管那女孩來天津的學校念書，但這件凶案與本市毫無瓜葛。丹尼斯借調到北平去純粹只能幫忙。他只要完成分內的工作就好，然後便可以回去了。這個凶案不是天津的問題。

譯註

1 **The Fourth Marines** ：因為保護美國大使館的海軍陸戰隊是一營級單位，所以翻成第四營。

2 法漢學校：即目前天津市第二十一中學。

6 潘蜜拉其人其事

自從潘蜜拉回到北平來過一九三六年的聖誕假期，盔甲廠胡同那一座宅子的電話便一直響個不停。小夥子們打來邀請她去吃午飯、跳舞，參加晚宴與音樂會。在追查她最後幾天活動的過程中，丹尼斯總探長與韓署長發現，基本上都是追求者來她家接她。通常他們都是她家的友人，如果不是的話，就一定會先讓她父親看一下。

就政治局勢來講，那一年的聖誕節與新年充滿了內憂外患。令全北平矚目，史稱西安事變的一連串事件才剛剛落幕。十二月十二日那一天，蔣介石遭人大膽地綁架，這實在令人難以置信，事件就發生在西安——這是位於絲路開端、城市規模龐大的陝西省古都。綁架他的人是一個軍閥，曾有鴉片煙癮，人稱「少帥」的張學良。他已逝的父親也是個軍閥，人稱「張大帥」，過去曾有「關東虎」這個惡名，早在一九二〇年代末期就遭日本人暗殺身亡。

少帥希望能逼迫蔣介石與共產黨組成統一戰線，共同抗日，雙方就此僵持了兩週，歷經許多持續至夤夜的談判，全國不管是中國人或者洋人都屏息以待其結果。最後，蔣介石於聖誕夜獲釋，全國人民都鬆了一大口氣，還施放煙火慶祝。少帥藉其戲劇性的行動達成了目的，蔣介石被迫接受成立抗日民族統一戰線。但是他也為其綁架行動付出極高代價，未來的五十七年餘生一直都遭到軟禁。

許多活躍於政界的洋人，例如與威納一樣住在盔甲廠胡同的鄰居斯諾夫婦，就緊盯著整件事的來龍去脈，為了撰寫報導而到處打探事件之細節。但是潘蜜拉比較感興趣的，似乎是那些男孩們與舞會，而非世界大事。她不在乎各方的緊張對峙，日本人步步進逼，還有軍閥的倒行逆施，她一心只想去溜冰。而且，這個聖誕節又出現了一個新的溜冰場，是法國使館人員專為外國人蓋的。它就在法國俱樂部附近，不但離家較近，而且，如果與紫禁城南邊那些結凍的湖面、北海，或者哈達門大街上基督教青年協會（YMCA）所屬的溜冰場相較，人也少多了。透過家族友人的介紹，潘蜜拉才知道有這個新的溜冰場，她非常喜歡，於是就加入了俱樂部。

除了溜冰之外，她還有數不完的宴會與舞會，還有西方新年的活動。同時，北平也已經準備好要迎接其年度大事，也就是農曆新年。一九三七年是牛年，該年於五行中屬火，為了慶祝新年，家家戶戶早就已經把傳統的紅紙準備好，高掛起魚皮燈籠。許多人都注意到了，在一九三六年邁向一九三七年的這個當下，宴會的氣氛甚至比往年還要狂熱，好像這些飲酒作樂的人都感覺到好日子即將結束，一個新的瘋狂世界就要來臨。

她遇害前一天的下午，潘蜜拉的父親已經去散步，她也把信都寫完了，於是便穿上厚重的大衣與羊毛手套，把她那一頭麥稈色的金髮塞進貝雷帽裡。她拿起溜冰鞋，牽了腳踏車，對家裡從小就認識她的廚子何英說，她七點半就會回家。她說她想吃肉丸子與米飯，而何英說他一定會到附近的東單牌樓胡同去買肉。潘蜜拉穿過院子的月門，沿著盔甲廠胡同，一路騎腳踏車，要去和一個朋友喝茶。

艾瑟兒．古瑞維奇（Ethel Gurevitch）來自一個已經遷居北平五年的白俄家庭。十五歲時，年紀比較小的她就與潘蜜拉一起去讀同一所學校，直到威納幫他女兒轉學到天津英國文法學校去。前一天，兩個女孩在溜冰場裡不期而遇，她們交換了一些關於學校、日常生活與朋友的消息，約好隔天下午再碰面。

她們敲定五點在六國飯店門口相見。艾瑟兒晚了兩三分鐘才到，幾分鐘後潘蜜拉也出現了。她們牽著腳踏車，繞過轉角，回到位於匯豐夾道（Hong Kong Bank Road）上的古瑞維奇家，兩人一起與艾瑟兒的爸媽喝下午茶，他們倆也認識潘蜜拉。大概在六點左右，兩個女孩才一起到溜冰場去。

她們倆穿著厚重暖和的衣服，在俱樂部早已打開的弧形明亮燈光下一起溜了一小時。在場的還包括兩人的朋友莉莉安．馬凌諾夫斯基（Lilian Marinovski），她也是個曾與潘蜜拉一起上學的白俄女孩。七點時，潘蜜拉說她要走了。她告訴艾瑟兒與莉莉安，她答應父親在七點半回家，而且她知道，如果她晚歸的話，他會擔心。他是個多慮的老人，一位很傳統的父親。

七點時天色早已一片漆黑，位於東交民巷邊緣的那些街道上沒了燈光，四周又冷又凍，一陣刺骨寒風颳過。女孩們站在溜冰場為客人準備的炭火盆旁邊取暖。

艾瑟兒對潘蜜拉說：「但是，妳自己一個人騎車回家不怕嗎？」而莉莉安則是問她是否怕黑。她們都住在附近的東交民巷，而且在外面待得比平常還晚，因為當天是俄羅斯聖誕節，但潘蜜拉則是得在東交民巷外騎個一英里左右才能回到盔甲廠胡同，而且要沿著明城牆繞過惡名昭彰的「荒地」。然後她必須在一片漆黑中騎車穿越內城，經過一條條沒有燈光，甚至連月光也投射不進的胡同。在夜裡從內城往回看東交民巷，僅有的地標就是聖彌厄爾教堂的那些尖塔、六國飯店與順利飯店高樓層處那些透出光線的窗戶，還有美國使館無線電塔的黑色骨架。

後來大家都覺得潘蜜拉給她們的答案很怪，一段不時被複述、被思忖其含義的話。她跟朋友們說：「我這輩子向來孤孤單單，沒什麼是我害怕的——**沒有任何東西！**而且，北平是全世界最安全的城市。」

說完後她留下兩個朋友獨自去牽車。這是她們最後一次看到她，與她揮手道別，而她則是在那寒冷的一月夜裡消失於一片漆黑之中。

北平是一個人口眾多的大城市，但它不像上海一樣夜夜笙歌。上海的夜生活在全世界早已有名，而北平就各方面來講都顯得比較傳統、保守與含蓄。但是，「荒地」可就完全是另一回事了。

「荒地」是東交民巷與內城之間的一塊狹長土地，裡面有一條條藏汙納垢的曲折胡同。這個北平城區在白天彷如睡著一般地安靜，到了夜裡則充滿了喧鬧聲，到處都是想要用違法方式找樂子的人。在「荒地」裡，只要你有錢，什麼都買得到。

直到清廷於一九一一年被推翻以前，這裡都還是人們口中所謂的「緩坡」——此一軍事術語意味著，這裡是一塊空曠的土地，其功能是充當一緩衝區，以便暴露出進攻者的位置。當時它還是北平城裡一個介於中國人與洋人之間的三不管地帶，歐洲人用它來操練部隊，而外國權貴則是在此練馬。這二十五年來，「緩坡」的開發程度早已越來越高，跑馬的地方也不見了。但是它還是給人一種三不管地帶的感覺，儘管嚴格來講北平警方具有管轄權，但它並不全然屬於中國人或洋人。

後來，這真空地帶出現了一些廉價酒吧、妓院、夜店、賭場與毒窟，大部分經營者都是沒有國籍的白俄人，而後台老闆是日本人的韓國人也越來越多。這個地方無法無天，早已變成北平洋人的「地下遊樂場」。東交民巷的傲慢當權者對發生在自家門口的不法勾當不聞不問，而北平警察只有在跟各種非法之徒「收禮」時，才會出現在這裡。

到了一九三〇年代，原本歷史悠久的蒙古市場，有一部分也被併入這個如今被稱為「荒地」

的地區。除了生活於社會底層的中國人與洋人之外，許多訪客因為好奇心而到此一遊，其顧客還包括護衛著附近東交民巷的那些美國海軍陸戰隊隊員，以及英、法、義等國士兵。這個罪惡的淵藪可以滿足所有人的癖好，不管再怎麼奇特或墮落都行。

「荒地」給人一種不會長久存在的感覺，一切都是匆匆湊合出來的，裡面的房子用的是粗劣木材建蓋而成，或者把灰泥灌進磚牆裡，讓它看起來比實際上還要堅固。這個地區的周邊聚集著許多專供人投宿的劣質旅店，屋內房間專門租給沒有名字的罪犯或者妓女。專供窮人投宿的廉價旅社裡提供的是各種劣質私酒與烈酒，住客多半是不知道幹了什麼事之後千里迢迢逃來此地的外國人，他們宛如北平城裡的漂流木。街上到處是身上長了膿瘡，斷手斷腳，眼球混濁，或者脖子有甲狀腺腫大毛病的中國乞丐。落魄的白俄人留著亂七八糟的落腮鬍，身穿破爛的沙皇軍隊制服，漫無目的地遊蕩著。「荒地」裡賣春販毒與各種非法勾當的生意蒸蒸日上，但卻害得許多人最後一窮二白，自此走上絕路。

它的北邊邊界是蘇州胡同。白天的時候這條胡同是個賣肉品、蜜餞與蔬果的食物市場，到了晚上，街邊的許多餐廳開始營業，由外送人員送餐到附近的酒吧與妓院去。「荒地」的核心地帶是船板胡同，蜿蜒的小路上是一間間蓋得草率的房屋，暫時投宿的人住在那些充滿惡臭、而潮濕的旅館裡，而皮條客約見旗下妓女的地方，則是在那些通宵達旦的餐廳。有些女人太老、太醜，或者有毒癮，因而無法在妓院裡工作，於是她們便到街上去拉客。如果營業場所外面掛有燈籠或者站著魁梧的保鑣，那表示它是一家有脫衣歌舞秀可以看的夜店，或者是有人罩的妓院，那些令人敬畏的皮條客可以滿足你的各種需求——白種妓女、中國妓女或者中國的男孩，應有盡有。這裡最受歡迎的地方包括奧林匹亞夜總會（Olympia Cabaret）、白俄人經營的卡夫卡茲酒吧（Kavkaz），以及韓國人當家的白宮舞廳（White Palace Dancing Hall）。

船板胡同大概在其中間的部位與後溝胡同相交，而後溝胡同則是可以通往明城牆。明城牆剛好形成了「荒地」南側的天然邊界，城牆一路往內城與狐狸塔延伸。後溝胡同裡有人在街上賣鴉片與海洛因，還有吸食的器具，以及印刷品質低劣的黃色書刊，裡面印的不是中國的年輕女孩，就是長得像卡洛兒·隆巴德（Carole Lombard）[I]的白俄女人。

這個地區裡唯一的善良事物是中國內地會（China Inland Mission）所蓋的教堂，地點在後溝胡同。沒有多少人成為教徒，倒是每天都有棄嬰被送到這裡。這些基督教教士把他們的教堂當作是帶著希望的孤島。

那些「上等的」洋人認為「荒地」體現了中國人的墮落本性，而中國人則認為它象徵著洋人就是所謂的「蠻夷」。大致上雙方都裝作那個地方好像不存在似的，自欺欺人。一九三七年時，兩個世界卻撞在一起了。

從火車站驅車前往王府井大街的途中，韓署長與丹尼斯總長第一次開始討論潘蜜拉這個人，顯然從那時候開始，他們所談的就是兩個不同的潘蜜拉。當下他們倆都知道，他們對於潘蜜拉的了解遠比自己想像的還少。

丹尼斯知道她父親是個有名的卸任外交官與漢學家。他也知道威納在北戴河有一個度假的居所，跟他自己一樣。儘管其子就讀的是同等級的名校法漢學校，但丹尼斯很清楚天津英國文法學校的地位，而且他認為潘蜜拉是個典型的學生——講禮貌、守規矩，而且因為該校自視甚高，她難免也會有點高傲。可能潘蜜拉最有興趣的事就是運動與讀書。

丹尼斯從天津帶來了一些照片。其中一張是潘蜜拉在學期末拍的，她的長相相當平庸，一頭黃髮梳得緊貼在頭上，靠右旁分，捲起來的髮辮在兩邊耳際突起。她身上那一件天津英國文法學校的連身罩衫與制式的襯衫，對她的外貌完全沒有加分作用。那雙厚厚的長襪與強調實用性的黑鞋也一樣，這讓她的雙腿看起來很粗。

還有一些照片是潘蜜拉與學校曲棍球隊隊友們的合照，她蹲在最前排，還有英式籃球隊的照片，她站得直挺挺，一副中規中矩的模樣。這些照片的拍攝時間距今都在一年與十八個月之間，球隊裡的潘蜜拉看起來繃著臉、嚴肅而沒有笑容。她的眼睛沒有看鏡頭，一副心不在焉，好像不想被拍的樣子。

但韓署長這邊，則是已經發現了潘蜜拉的另一個面貌。這陣子他一直到處詢問，瀏覽那些打到王府井大街區署裡的辦案電話之記錄，還有一些匿名信，以及他手下警探們的報告。他自己也拿出一張照片給丹尼斯看，是他要警探到威納家拿來的。未來幾天，這照片將會出現在中國與國際各大報的頭版版面，上頭附著一個如此簡單的新聞標題：「凶案被害人，潘蜜拉．威納小姐」。

在這張照片裡，潘蜜拉看起來比較不像是個女孩，而是個女人。那是一張擺好姿勢，在攝影棚裡拍的沙龍照，拍攝地點是北平最著名的哈同照相館，照片中的潘蜜拉站在一片裝飾用的簾幕前面，身邊一個架子鋪著帶有花紋的中國絲質布料，架上擺著花瓶。時尚的她頭髮中分，髮尾是捲的，頗有瑙瑪．希拉（Norma Shearer）或者克勞黛．考爾白（Claudette Colbert）[2]的風味。她穿著一件帶有現代風格、訂製的時尚洋裝，領口稍稍往下開，看來胸部平坦——跟潘蜜拉在大柵欄看的那些一九三〇年代好萊塢電影走的是一樣的時尚路線。為了強化她那微凸的臀部曲線，洋裝的腰部被束了起來。就算她真有一雙粗腿，照片也看不出來，因為被這件連身洋裝掩藏得好好的。她露出她的一隻小腳，腳上穿著繡工精細的鞋子。

這次潘蜜拉直視鏡頭，流露出一種學校生活照裡缺乏的自信神情。她塗了口紅，修過眉毛，眼圈的下半部上了一點眼線。這照片讓她呈現出一個美貌女子的風情，足以引人矚目。

後來，韓署長派他的手下去使館路的哈同照相館，這才知道照片拍攝的時間是一月四日禮拜一，也就是潘蜜拉遇害的前三天。在報上看到那張充滿魅力的照片後，潘蜜拉在天津認識的人都感到非常震驚，而她身穿天津英國文法學校制服的無趣與平凡模樣，也讓她在北平認識的人覺得很訝異。

此時韓署長幫丹尼斯整理一下全部的案情：那令人驚駭的初步驗屍結果、那些奇怪的報案電話、不實的自白與指控，包括那個被善妒的妻子供出來、喝得爛醉的白俄廢物。讓丹尼斯比較感興趣的，是關於人力車車夫孫德興的那件事：有人看到他在狐狸塔附近清洗沾血的座墊套子。韓署長跟丹尼斯說，俄羅斯聖誕節那天深夜，他載到了一個在「荒地」喝過酒、打過架的外國人。他的血流到了孫德興的座墊套子上，車夫必須清洗套子，因為沒有人會挑一輛座墊髒掉的人力車。

韓署長宣稱，在偵訊過程中，那個車夫一直很害怕。他是個十九歲的鄉下小夥子，來到北平後沒有其他選擇，只能靠整天拉人力車維生。不論酷暑或嚴冬，他跟城裡其他六萬個人力車車夫每天要負責載運五十萬個乘客，一趟只能掙個幾分錢。

韓署長知道他們是怎麼做生意的，於是他向丹尼斯解釋。他是個不懂得怎樣在城裡謀生的鄉巴佬，於是別人以較高的租金把人力車租給他，即使工作了一整天，扣掉租金後，也已所剩無幾。只有最耐操的人才能夠拉著車穿梭於北平的大街小巷，就這樣撐過好幾個冬天。我們不難想像，在絕望之餘，一定有車夫會覬覦爛醉的外國乘客的皮夾，但就算是這樣，他們也不會變成把年輕外國白人女孩的屍體給開腸剖肚的瘋狂殺手。而且，反正他們也很清楚，這不是一樁劫案，否則那支腕錶絕對是車夫下手的第一目標。

此外，韓署長還跟丹尼斯說，車夫供出那個在東交民巷的地址後，他也派警探去看過了。他們把一個還在宿醉的美國人從床上給挖起來，他是負責保護美國使館的海軍陸戰隊騎兵隊隊員。他證實自己曾在船板胡同的一家酒吧裡喝酒，並且與人打架，鼻子被揍到出血，身上還有幾處割傷。回家的路上，他的血流到人力車的座墊上。韓署長自己也見過那些血漬，看來絕對不像是潘蜜拉的傷口流出來的。

韓署長跟丹尼斯說，這條線索沒有用，他們就忘了它吧。

兩位警探根據自己的背景來分攤偵訊的工作。韓署長將會去偵訊威納的中國僕人，同時也會試著追查那些可以說出潘蜜拉死前幾天做了哪些事的人，包括店家、人力車車夫、計程車司機、溜冰場員工、鄰居，還有任何相關人士。丹尼斯負責去訪談潘蜜拉的外國友人，就從艾瑟兒．古瑞維奇開始，試著把潘蜜拉最後的行蹤查出來。凶案發生才剛滿兩天，他們的記憶應該還很清晰。

週日早上，韓署長到威納家去，從廚子何英開始問起。何英說，潘蜜拉遇害那一天，他幫她跟威納煮了通心粉當午餐吃。那天下午大概三點左右，他到附近的東單牌樓胡同去買一些食材，其中包括豬肉，因為潘蜜拉要求要吃肉丸子，同時還有一些傳統的北平蜜餞。潘蜜拉喜歡各種糖漬乾果以及湯圓（一種黏乎乎的小吃），常常要他去買給她吃。

一切都跟這廚子在禮拜五時跟某位巡官說的一樣。潘蜜拉遇害前說，她會在大概四點出門，七點半回家。何英煮了肉丸子與飯，但是潘蜜拉一直沒回來吃，而主人對她遲遲未歸感到越來越焦慮。何英一般都在下班後返回幾條胡同外的家中，但那一夜在威納家待得比較晚。最後威納要他去溜冰場問問看潘蜜拉的行蹤，但那裡已經關閉了。正在掃雪的中國籍溜冰場員工說，那一夜有兩百個人去溜冰，但他們不知道其中有潘蜜拉。何英趕回盔甲廠胡同把壞消息告訴威納，然後就返家了。

接下來韓署長訪談的是六十四歲的門房閻平，他證實那天一點威納與潘蜜拉一起吃了午餐，兩點時威納跟平日下午一樣去散步。潘蜜拉在三點過後不久就出門去了，當時何英早已去了市場。威納在五點返家，後來為了找女兒又進進出出好幾次。那天一整夜閻平都守在門口等她，從週四中午一直待到週五早上。他在三點過後不久看見她出門，接著就再也沒看到她了。閻平對韓署長所說的一切也與之前的供詞相符。

韓署長在那一座四合院宅子裡沒能獲得什麼新的訊息。稍後丹尼斯將會回來與威納談一談——儘管這位老人很可憐，受到驚嚇後仍在恢復中，但還是個嫌犯。他的醫生在之前就跟韓署長說過，威納有嚴重的心絞痛問題。

那天早上獲得新消息的人是丹尼斯——就在他去過匯豐夾道的古瑞維奇家之後。先前艾瑟兒已經跟警方供稱，她抵達六國飯店時比約定的時間五點稍晚，潘蜜拉則是在她抵達後又隔了大概兩三分鐘才出現。潘蜜拉跟艾瑟兒說她早就到了，但是因為艾瑟兒還沒到，她就到附近去走走。兩個女孩與艾瑟兒的爸媽一起喝過茶之後，就去溜冰。之後潘蜜拉就騎著腳踏車離開，艾瑟兒沒有再見到她。艾瑟兒與莉莉安·馬凌諾夫斯基繼續待在溜冰場，直到八點關門為止。

喝茶時他們都聊些什麼？丹尼斯想知道，而且第一次聽說潘蜜拉在天津交了一個男朋友。根據艾瑟兒所說，他打算到北平來待個幾天，為此潘蜜拉感到很興奮，不過她沒有說出他的名字。艾瑟兒認為他應該會住在盔甲廠胡同。接下來丹尼斯問的是，潘蜜拉跟艾瑟兒在一起時吃了什麼——她吃了任何中國食物嗎？艾瑟兒說沒有，只有一點塗了奶油的麵包，還有喝茶時配了一塊蛋糕。她媽媽也證實了這一點。當時潘蜜拉吃的東西不多，也沒喝多少茶，她宣稱自己不餓，但沒說自己上一餐是什麼時候吃的。潘蜜拉在溜冰場也沒有吃任何中國食物。

丹尼斯問，潘蜜拉的衣服呢？那天下午她穿什麼呢？艾瑟兒說，包括方格花紋裙、時尚的埃爾特克斯牌襯衫與羊毛衫，還有那件有腰帶的藍色大衣、手套與長襪。不，除了那天晚上她們在溜冰場遇見的莉莉安·馬凌諾夫斯基以外，艾瑟兒不知道潘蜜拉其他北平友人的名字。艾瑟兒跟丹尼斯說，潘蜜拉看起來不太一樣——顯得更活潑、更成熟。她交了新朋友，有了新的嗜好。她常受邀參加宴會與舞會。她喜歡男孩子，過去艾瑟兒在北平認識的她，對男孩子一點興趣也沒有。在校時她的話都不多，但偶爾會有叛逆的行徑，因為惹上麻煩才轉學到天津去。

離開古瑞維奇家之後，丹尼斯到東交民巷的另一頭去拜訪莉莉安·馬凌諾夫斯基，但是這次並沒有獲得新的訊息。十八歲的莉莉安與潘蜜拉的年紀較接近，她仍然在北平念書。在溜冰場時，講話的大都是她，她沒有問潘蜜拉多少問題。潘蜜拉沒有提到男朋友的事，但是莉莉安也覺得她看來更有自信、更成熟了。她只是湊巧遇見一個不是很熟的女孩子，如此而已。

韓署長與丹尼斯在午餐時間回到王府井大街碰頭，那裡沒什麼吃的，只有區署裡苦澀的濃茶可以喝，以及一罐鐵皮罐裝的哈德門牌香菸。除了男朋友這一條線索，還有一點點珍貴的新訊息——每一個被訊問的人所證實的時間與細節，跟前一天的供詞都相符。丹尼斯寫下來提醒自己，當他偵訊威納時，要問威納是否知道潘蜜拉於隔天或者這兩三天內會帶某人回家。然後他打電話回天津巡捕房，要某個警探查出誰是潘蜜拉的男友，特別要問清楚的是，一月七日那天晚上七點到隔天一早這段時間他在哪裡。

他在電話上對那位警探說：「到處打探一下。問問看她有哪些朋友，老師們對她有何看法，她的行為舉止如何。」這位男友是目前他們覺得最有可能是嫌犯的人，儘管並沒有明顯的動機，也不知道當時他是否在北平——甚至於他是否存在，或者他只是一個年輕女孩為了向朋友吹噓而編造出來的人物。

這整件事裡面有一個空白處待填補。潘蜜拉在三點過後不久離開盔甲廠胡同，與艾瑟兒．古瑞維奇見面時則是剛過五點。從潘蜜拉她家騎腳踏車到六國飯店只需要二十幾分鐘，就算她不想經過「荒地」，因而改走沿著明城牆的那條路線，最多也只需要半小時。這等於說，她那天下午有一個半小時行蹤不明。那段時間她在做什麼？

韓署長把潘蜜拉的照片發給他的手下，要他們到盔甲廠胡同與六國飯店之間的地帶去，把照片給民眾看。他跟他們說，他們要問遍每一個店家、咖啡館老闆、市場攤商、街頭小販、飯店接待人員，還有門房。那是個繁忙的城區，一定有人見過她。

的確，有人看過她。他們的訊息來得很快，就在週日晚上。六國飯店的一個門房曾於週四下午在飯店看到潘蜜拉。韓署長手下一名制服巡官打電話回報，說他找到一個見過潘蜜拉的男人。

警探們驅車進入東交民巷，往六國飯店而去，那位巡官跟門房一起在大廳裡等他們。韓署長再給他看一次潘蜜拉的照片，據其指認，她曾於一月七日到六國飯店去問有關住宿的問題——他還記得，當時是三點到四點之間。門房的櫃台與大廳裡主要的接待櫃台相隔大約二十尺，那個女孩走進大廳後，直接到接待櫃台去拿了一份有關房間費率的傳單。沒有人跟她在一起。那位門房不記得當時她跟接待櫃台的誰講過話，但他確定那就是一頭金髮、有一雙灰眼的潘蜜拉。

但是，既然她家就在大概一英里外，為什麼她想要知道六國飯店的房間費率呢？她是想要跟來自天津的男友幽會嗎？或者，她是不是跟父親吵架，想要離開盔甲廠胡同的宅子？警探們需要跟威納深談。他們可以等到明天，也就是週一再去，那不但是一週之始，也是對潘蜜拉之死正式展開審訊工作的日子。

那天晚上，韓署長經過將近三天不眠不休的工作後，回家睡覺了。丹尼斯則是回到六國飯店，在飯店酒吧裡待了幾個小時，一方面跟幾個老中國通打探消息，另一方面混在一群北平的年輕洋人裡，聊聊八卦，交換情報。他要住在順利飯店的波森探長也跟他一樣。丹尼斯知道，此刻每個人想要聊的，就只有潘蜜拉．威納。如果有任何關於她與她父親的消息可以派上用場的話，那麼飯店裡酒吧的顧客們七嘴八舌，輕率地交頭接耳，是最容易獲得消息的地方。

譯註

1 卡洛兒・隆巴德（一九〇八—四二）：美國一九三〇年代的喜劇女明星。二戰期間，由於空難而不幸喪生。

2 瑙瑪・希拉（一九〇二—八三）：美國女演員，曾以《棄婦怨》一片獲得奧斯卡最佳女主角獎。克勞黛・考爾白（一九〇三—九六）：為美國三、四〇年代著名的電影和舞台劇演員，以電影《一夜風流》得到奧斯卡最佳女主角獎。

7 一位老中國通

潘蜜拉．威納凶案的審訊工作於週一展開，辦案人員要去的第一站是英國使館——恰如其分的是，此館就位在英國路（British Road），自從中國遷都南京之後，這邊的正式名稱已經從大使館變為領事館。每當有英國國民死於非命，根據標準程序，將會展開審訊工作。

在所有的外國使館裡，英國使館是最大的，空間寬敞的使館區由二十二棟建築構成，由皇家薩里軍團（Queen's Royal Surrey Regiment）的士兵負責戍衛，門口有兩尊大型石獅。不只是東交民巷外的中國人能感受到大英帝國的國力與威望，就連其他外國使館也有同感。一九〇〇年發生庚子拳亂時，所有的外國人就是聚集在英國使館內，把那裡當作最後的陣地。後來，外國士兵在同一年對北平展開復仇式的屠殺與洗劫時，也是從同一個地方出發的。

審訊的地點被安排在使館主樓裡一個冷冰冰、沒有任何裝飾只講求功能性的房間——那是英王陛下所屬領事尼古拉斯．菲茨莫里斯的辦公室，今早他在北平則是充任英王陛下所屬驗屍官一職。菲茨莫里斯過去曾與威納發生過衝突，他是個專業的外交官，在一九三三年到北平赴任之前，他的駐地在動亂頻仍的中國內陸西部疆域突厥斯坦，是喀什噶爾[1]的領事。他是典型的英國使節，一板一眼，毫無幽默感可言。不過，當他的副官跟他報告潘蜜拉身上的那些傷口時，他還是感到震驚不已。然而，此時大家算是見識到這個英國人緊緊抿嘴的尊容了。

房間裡只有領事有舒服的椅子可以坐，其餘所有人只能坐在一張張椅背堅硬的木椅上，眼前站著一排背對他們、身穿黑西裝的使館僕役。韓署長已累到筋疲力盡，以負責偵辦本案的警探之身分出席，丹尼斯算是英國官方與北平警方之間的聯絡人，而托馬斯署長則是使館界巡捕房的代表。旁聽席上擠滿了要寫報導的記者，中國沿岸大城的英語報紙都派人來了，還有《泰晤士報》與《紐約時報》的特約記者，以及其他許多國際性報紙的人員。從阿德雷德市到溫尼伯市，潘蜜拉的凶案登上了每一份報紙的頭版版面：在白人的世界裡，漂亮的歐洲女孩在東方遭人殺害，當然是一則轟動的新聞。

那天早上的程序只是例行公事而已。被傳喚的只有一個證人，也就是潘蜜拉的父親，記者形容他「身形佝僂，一頭白髮」，悲痛欲絕。與威納發生爭執時，菲茨莫里斯是喀什噶爾的英國領事，導火線是人類學家奧萊爾．史坦因爵士（Sir Aurel Stein）的那一趟中亞探險，說得具體一點，就是因為他於敦煌附近千佛洞裡取得的許多古代手稿。那些手稿早已被帶往大英博物館，此事惹火了中國人。當初威納是以知名學者的身分介入此事，他認為史坦因把那些古代文件帶走之舉，實與洗劫無異，為此，他與支持史坦因與博物館館方的菲茨莫里斯吵了起來。在菲茨莫里斯眼裡，威納的脾氣暴躁，像吃了炸藥似的。此刻坐在他眼前的這個老人，則是個女兒遭人謀殺的父親。此一處境實在令人感到尷尬。

北平協和醫學院的胡正祥醫生與其他醫生對其發現有所保留，同時他們仍持續檢驗潘蜜拉的屍體，看看能否獲得新線索——用新的科學名詞說來，這就是所謂的「鑑識工作」。先前韓署長便力促他們，不要在審訊時提出那些詳細的檢驗結果，如此一來，媒體也就不會知道了。此時把那些結果公諸於世，只會吸引更多人打奇怪的報案電話，對於調查一點幫助也沒有。已經不斷有些瘋子承認自己謀殺了潘蜜拉，何苦再招來更多人供稱自己是「偷心賊」呢？

而且，民眾的安全也是該考慮的問題。竊取器官在中國是一個非常敏感的話題，消息一出，就會有人謠傳這與邪惡的醫療方式、古怪的祭典，甚至三合會的儀式有關，而且正因為受害者是個年輕的外國女孩，肯定會鬧得謠言滿天飛。如今北平已經籠罩於一片使人盲目的驚恐與混亂中，韓署長不想要再雪上加霜。

例行公事。菲茨莫里斯該做的，就只是召開審訊會議，傳喚威納，要他肯定地指認受害者就是他女兒。因為她已面目全非，所以威納說，透過衣服與腕錶，他知道那是他女兒。

潘蜜拉的名字隨即被菲茨莫里斯的書記官登錄在案。當威納被問及女兒的年紀時，他說十九歲又十一個月。一旁的記者紛紛振筆疾書——到現在為止，每一份報紙上寫出來的年紀都是錯的。

威納這就坐了下來。菲茨莫里斯宣布那是英國公民潘蜜拉．威納的屍體。他指出，負責調查本案的警探是北平警方的韓署長，接著就宣告暫停審訊程序，等待進一步的醫療證詞。他並未正式提及丹尼斯也參與本案。接下來，菲茨莫里斯問韓署長說，何時可以將潘蜜拉的屍體發回給家屬安葬。

韓署長站在長凳前，雙手拿著帽子，為了與會而特別穿上黑色警察制服與皮靴的他說，他一定會讓屍體在協和醫學院的醫生們完成驗屍工作後，就立即發回給家屬。菲茨莫里斯點點頭，砰一聲敲下手中木槌。

整個程序花了幾乎不到二十分鐘。人群陸續從這冷冰冰的房間離開。前門外面聚集了更多記者，他們在路邊的洋槐樹之間轉來轉去。相機的閃光燈此起彼落，韓署長還是複述著他一貫的說法：「無可奉告」。為了避開一擁而上的記者，威納從側門悄悄離開，這是菲茨莫里斯幫的一點小忙。於是記者只能寫出像這樣的新聞標題：「威納的審訊會議已召開」。

韓署長與丹尼斯回到王府井大街去。丹尼斯早已決定，不要把威納帶到王府井大街區署裡，所以安排好那天下午要到盔甲廠胡同去偵訊威納。把他帶到署裡會讓他的面子掛不住，而且丹尼斯想看看他家的宅子，還有潘蜜拉的房間，在那環境中感受一下她與她父親是什麼樣的人。

兩位警探都感覺得到威納他家肯定有非常不尋常之處。

他們待在專案小組的房間裡抽菸。韓署長的警官們清出了一點空間，把公家配給的黑檀木家具往後推，將那些在犯罪現場拍下的照片釘在牆上。那些黑白照裡面有一部分畫著大大的黑色箭頭，指向潘蜜拉的陳屍處，還有其腕錶、絲質內衣、沾有血跡的溜冰場會員卡、鞋子，以及附近發現的油燈的特寫照片。韓署長把在協和醫學院拍的照片放在一個簡單的呂宋紙信封裡，鎖進辦公室抽屜。當然，他已經拿照片給丹尼斯看過了，但那些可怕的照片並不適合公開展示，而且還有一個極大的風險是，如果有巡官在新年期間缺錢花用，就會把照片賣給媒體。

韓署長曾聽過許多有關威納的謠言，此刻他把那些話都跟丹尼斯說了。僕人們的說法是，潘蜜拉的父親儘管備受尊崇，卻是個怪人。他給的薪水不錯，也未虧待員工。他會講的方言比僕人們都還多。他了解他們的文化，是個學者。但是因為缺少母親的管教，他女兒很野，在學校常惹事生非。老父親控制不了她，他自己常花很多時間去探險，把她獨自丟給家裡的僕人。這不是一個和諧的家庭。

根據當地人的流言指出，她返家過耶誕假期這段期間，兩個人處得很不好。據僕人所說，他們常起爭執、大吼大叫，威納甚至在四合院外的胡同裡，跟她的一個追求者吵了起來。她常跟男人約會，出去吃飯，跳舞，玩到深夜。威納不太喜歡她這剛剛開始的社交生活，他是個傳統的人，這一切對他來講都太過摩登了。其中有個追求者特別令他感到擔憂，他是個中葡混血兒，卻有一個叫作約翰·歐布萊恩（John O'Brian）的怪名，先前在天津時他就非常迷戀潘蜜拉，而且顯然跟她求過婚。此時這個男人也住在北平。

潘蜜拉已經拒絕他了，但這整件事令她父親擔憂。還有，他也反對一個來接了她好幾次的中國學生。有人謠傳，威納要他離開，別再招惹潘蜜拉，結果兩人在盔甲廠胡同裡大打出手，幾個鄰居都撞見了這一幕。儘管威納已經七十幾歲，那小夥子卻被他一杖打在臉上，斷了鼻梁。

看來潘蜜拉有個脾氣很大的父親。

一八六四年，愛德華·威納誕生在一艘名為「黑天鵝號」（Black Swan）的客輪上面，當時它正停靠在紐西蘭但尼丁市（Dunedin）郊區的瓊莫斯港（Port Chalmers）。為了開個玩笑，他的普魯士籍父親與英籍母親把「瓊莫斯」這個名字加在他的出生證明上。

多虧了父親留下來的信託基金，約瑟夫·威納（Joseph Werner）才能與妻子海莉葉（Harriet）過著非常舒服的生活。約瑟夫是個喜歡四海為家的人，他帶著妻子與孩子們周遊全世界，曾橫越過南美、美國與歐洲大陸。他們當了十年有錢的吉普賽人，直到威納的三個姊姊與一個哥哥都到了學齡期。最後，他們在英格蘭定居，威納就讀的是一家有名的公立學校——湯布里奇中學（Tonbridge School）。但是，因為這家講求斯巴達教育的學校只想培養統治大英帝國的人才，把體育擺在智育前面，不重視學生的課業，喜歡讀書的威納因此不愛上學。

約瑟夫於一八七八年去世，父親英年早逝，也意味著威納在中學畢業後就必須找一份工作。他通過了英國外交暨聯邦事務部（Foreign Office）舉辦的遠東事務見習生（Far Eastern Cadetship）考試，以學員身分，被派到當時仍稱北京的北平來擔任翻譯，兩年內已有通曉中文的程度了。

一八八〇年代晚期的北京與一九三七年的北平有著截然不同的風貌。當年，北京歷經了幾場災難（其中包括太平天國之亂），正在復原中。太平天國起義的目的是為了推翻滿清，在中國建立一神權政權。他們那充滿魅力的領袖洪秀全宣稱自己是耶穌的同父異母弟弟，自封為太平天國天王，王國的統治者。從來沒有任何一個國號像「太平天國」那樣具有反諷意味——在洪秀全起兵作亂的十五年間，也就是一八五〇年到一八六四年這段時期，有一千五百萬中國人死於戰亂。而兩次鴉片戰爭則是結束於一八六〇年，以北京遭到洗劫收場，到了一八七〇年代晚期，華北則是發生了嚴重的旱災與飢荒。

威納初抵中國時，北京的洋人人數少，而且較為團結，當地歐洲人的人數若與上海或天津相較，更是遠遠不及，實際上只有三種人會待在這裡：外交官、由洋人掌管的中國海關之員工，還有傳教士。只要有洋人走到東交民巷以外的地方，就會引來群眾圍觀，以「洋鬼子」之名怒斥之。東交民巷的範圍也小多了。直到庚子拳亂之後才得以擴張。除了使館，東交民巷裡只有基爾魯夫百貨店與瑞士人經營的北京飯店[2]而已。北京是一個偏遠而奇怪的城市，被任命到這裡是一份苦差事，但是當威納一踏上此地，就知道自己會把一輩子貢獻給這裡。

他盡情享受北京城裡的種種景致與氣味，包括那些在擁擠的城門內外穿梭的手推車、皇帝的內城，還有那在厚實高牆外不斷往外綿延的熱鬧城市。他喜歡街道上處處有小販叫賣，有攤子販售他不熟悉的食物，包括水果乾、冰的甜點、烤山芋，以及糯米蓮藕。令他苦不堪言的，則是那定期鋪天蓋地而來的沙塵暴、大雨引發的洪水、夏季的酷熱，還有冬天的刺骨冰寒。

兩年後，威納的實習期滿後，開始被派往各地，在外交界穩定地升遷。他在北京英國使館的司法部門待過一陣子，然後又在廣東待了一年，天津兩年，澳門又是兩年，最後利用休假期間返國，在中殿律師學院（Middle Temple）研習法律。為了提升自身條件，以便被拔擢為領事，他取得了大律師[3]的資格。回到中國後，他在一些次等的通商口岸之間屢獲升遷，在漢口、羅星塔錨地[4]，以及地處熱帶的海南孤島上熱到冒煙的瓊州等地方，都各待了一年，然後又在東京灣（the Gulf of Tonkin）的北海市待了兩年。

之後，他被升職，被派去負責江門港這個通商口岸的開埠工作——這實在是個沒什麼了不起的地方，之後他又回到英格蘭去休了一年假。開埠工作為他爭取到的獎賞，是讓他被指派為繁榮茶港九江市的領事，他在那裡待了四年。

這麼多年來，威納一直是單身。好不容易在他四十五歲時，終於認識了未來的妻子。

二十三歲的葛蕾迪絲·妮娜·瑞文蕭（Gladys Nina Ravenshaw）來自於一個古老而富有的英

格蘭世家。她在一八八六年出生於布萊頓市（Brighton），家中四個女孩中她排行老二。她那具有貴族血統的父親名曰查爾斯．威瑟斯．瑞文蕭（Charles Withers Ravenshaw），官拜中校，是老派的大英帝國英雄人物。他出身自聞名遐邇的印度英國警隊與印度英軍，也是第二次阿富汗戰爭的退伍老兵，曾參與堪達哈市（Kandahar）的戰役與佔領喀布爾的軍事行動。他也曾任英國駐尼泊爾大使，是個運動神經很好的人，步槍槍法非常精準。威納非常景仰他，曾說他是「上等的英國人」。

葛蕾迪絲．妮娜的童年大都在野外度過，不是待在薩塞克斯郡（Sussex）那如詩如畫的小村透納山丘（Turners Hill），就是位於印度的一個個山區軍營裡。她跟家人隨著父親的駐地改變而遷居，曾住過拉傑普塔納地區（Rajputana）、塞康德拉巴德市（Secunderabad）、波斯灣邊的梅瓦爾地區（Mewar）、邁索爾市（Mysore），以及位於山區的果達古縣（Coorg），最後他又先後被派駐到瓜廖爾市（Gwalior）[5]與尼泊爾，擔任英國政府的常駐代表（British Resident）。他在一九〇六年退休，帶著家人返回薩塞克斯郡定居。

葛蕾迪絲．妮娜是大英帝國培養出來的女孩。她是個運動健將，喜愛網球、溜冰、高爾夫，特別是騎馬——任何與馬術有關的活動她都愛。她常騎馬馳騁在薩塞克斯郡的南唐斯丘陵草原（South Downs）上，也曾於印度跟英軍的小夥子們打馬球。她也會演奏小提琴與鋼琴，朗誦詩歌，也熟稔數種語言。還有，儘管她去上教堂都只是做做樣子而已，但是對於由布拉瓦茨基夫人（Madame Blavatsky）所提倡、當時相當受英國上流社會年輕女性歡迎的神智學（theosophy），卻充滿了濃厚興趣。神智學的主張是，所有宗教的教義都道出了部分真理，這在當時是非常激進的說法，瑞文蕭家的女孩們當然知道這惹惱了那位老中校。

葛蕾迪絲．妮娜有教養又迷人，在報紙的社會版上，她被稱為「清新的瑞文蕭家女孩裡」唯一還小姑獨處的。她的臉蛋比例甚佳，留著一頭光亮的秀髮，有一雙暗棕色的眼睛，皮膚很好，脖子優雅，很難相信沒有跟她年紀適配的男人在追求她。儘管如此，她還是為威納傾倒，儘管他年紀較大，但還是被瑞文蕭家視為適合的婚配人選。

他們倆相識的場合，是某次在歐爾伯羅鎮（Aldeburgh）舉辦的神智學演說會上。儘管威納跟往常一樣，很快就表明了自己的無神論立場，但是因為對那宗教運動實在太好奇了，所以才去參加該場公開演說會（他與葛蕾迪絲．妮娜在婚後仍對於非比尋常的理念抱持著開放的態度，但兩人都避免參加正式的教會活動）。當時，威納的年邁老母搬到歐爾伯羅這個位於薩福克郡（Suffolk）的優雅濱海小鎮，他是去探視她的。因為他必須返回中國履新，到舉足輕重的通商口岸福州去擔任領事，屆時他將被迫用寫信的方式追求葛蕾迪絲．妮娜。

最後，他向她求婚，她也接受了。她跟他一起到中國去，夫婦倆在一九一一年十二月到香港去，在建物的平面呈十字型、美麗的聖約翰座堂（St. John's Cathedral）結婚。新婚的小兩口先到澳門去度蜜月，接著便回到福州，威納在那裡擔任領事，直到一九一四年。

後來他們選擇繼續待在中國，因此而引人側目。通常人們退休後，都是住在英格蘭東南部海邊有舒適火爐的房子裡。當時，威納的退休金讓他在中國足以過著富裕的生活，在北平的三條胡同租了一棟四層樓的宅子，那是一條在前門附近、有許多店家在賣玉與古董的古老街道。因為住處位於市中心，這讓葛蕾迪絲·妮娜可以輕易地探索各個街道，熟悉剛來居住的城市。

沒有子嗣的威納與葛蕾迪絲·妮娜於一九一九年透過天主教聖母無染原罪堂（Cathedral of the Immaculate Conception of the Blessed Virgin），也就是所謂的南堂或者葡萄牙教堂所經營的孤兒院，領養了潘蜜拉。這裡的修女所收留的，都是貧苦外國人（大都為白俄人）的棄嬰。在那動亂不安的年代裡，白俄人逃過了布爾什維克黨人所發動的革命，他們穿越西伯利亞大草原，南下時沿路經過哈爾濱、天津、北平、上海，還有其餘六、七個沿岸城市，各地的孤兒院也因而擠滿了白人棄嬰。對於他們的母親而言，既然沒有錢，丈夫父兄又多半仍留在俄國的白軍（White armies）部隊裡奮戰，嬰兒就像沒有必要的拖油瓶，令其尷尬而顏面盡失。

在這麼多小孩裡面，那個小女嬰到底有什麼特別之處，讓威納夫婦決定領養她？也許葛蕾迪絲·妮娜與她的灰色雙眼四目相交，很快就決定了。也許灰色眼睛比其他顏色的眼睛更能吸引我們的目光。不管理由為何，威納夫婦將她帶回三條胡同，幫她取名「潘蜜拉」——在希臘文裡面，其原意是蜂蜜或者任何甜的東西。他們不知道她的生母是誰、她的生日或確切的年紀，因為修女們也不知道。英國使館發給她的護照上所登記的生日是一九一七年二月七日。

在她的成長過程中，潘蜜拉從不諱言自己是個養女。當人們聊到她那一雙特別的灰色眼珠，或者是問起她的血統，她總是說她的生母應該是俄羅斯人，因為灰色眼珠是俄羅斯人常見的特色。

一九二二年，悲劇降臨他們身上。葛蕾迪絲．妮娜才三十五歲就去世了，這讓潘蜜拉沒了母親，威納也變成悲傷的鰥夫。自此每當他寫書時，總會題辭獻給亡妻，而且他全心投入學術工作，避開了東交民巷的社交生活。如果有人視其為隱士，那是因為他喜歡自己的研究工作，還有他那全北平最棒的圖書室。他為自己建立起漢學家與作家的聲望，同時也是個有天分的語言學家。除了他會講的幾種中國方言，他還能講流利的法語、德語、西班牙語跟葡萄牙語。他獲聘為國史館的雇員，同時也被北大的學界視為中國之友。

至於潘蜜拉，葛蕾迪絲．妮娜在身後留給了她兩萬銀元，她在十八歲生日過後就可以動用了。這讓她成為一個有錢的小女人。這就是為何她手上戴有一支白金做的鑽錶——是她從東交民巷裡名貴的賽納兄弟珠寶店中買來犒賞自己的。

當時，白金是社交名媛們的**最愛**。被各大報頭條稱為「溫莎公爵夫人」的瓦莉絲．辛普森（Wallis Simpson）就曾宣稱，「晚上七點過後，白金是我們在穿戴上的唯一選擇。」而在白金變成一種時尚之後，其價格也隨之飆升。潘蜜拉的腕錶價值四百五十銀元，而且艾瑟兒．古瑞維奇對丹尼斯總探長說，她不知道還有誰擁有潘蜜拉那種手錶，就連次級品也沒有。潘蜜拉獲得遺產一事也不是祕密。

當天津維多利亞道巡捕房的一位警官找上門的時候，潘蜜拉的男友米夏・何葉爾斯基一開始不敢相信她的死訊，接下來他好像要發狂似的。比爾・葛林史雷德總稽查（Superintendent Bill Greenslade）[6]是丹尼斯的副手。稍後就是他去偵訊那位俊俏的體育明星，老師眼裡的好學生，同時也是高年級生的學生代表，而且他也認為那男孩的確是名副其實。他有不在場證明，家人（他是個世家子弟）與僕人都能證明。潘蜜拉在北平的時候，他一直都待在家裡。

米夏不知道誰有可能是嫌犯。他說，他本來打算那個禮拜到北平去一趟，跟她小聚幾天，見見她父親。

這消息震驚了整個天津。城裡的許多人對於威納這個姓氏都耳熟能詳，他們大都認為潘蜜拉是一個十五、六歲的文靜女學生。

此刻，丹尼斯與韓署長必須要先回答兩個問題。首先，哪裡是第一現場？透過驗屍報告，他們可以毫無疑問地認定狐狸塔並非第一現場。韓署長把所有可用人力派出去搜索位於內城與「荒地」的所有飯店與出租旅店，任何有房間供人租用的地方，要他們逐一比對房客名冊裡一月七日晚上到隔天清晨的所有人名。只要有任何房間發現血跡，有床單不見，或是兩人登記入住，但離開時只有一人簽名的，他們就要問清楚。

他們把潘蜜拉的照片拿給所有那個週四晚間到週五清晨之間值勤的人看，包括每個看門的人、守夜人、大門警衛、門房、接待人員與門僮——如果有人當天沒班，員警就必須把他們叫回來，或者去找他們。韓署長跟手下說，不能錯過任何一個人，不管是中國人或洋人，上至北京飯店，下到「荒地」裡到處是跳蚤的廉價旅館，都要清查一遍（儘管北京飯店的房客清一色都是洋人，但因為它就在東交民巷外面不遠處，所以嚴格來講，也在韓署長的轄區裡）。員警們受命到每一家酒吧、夜總會，還有營業到深夜的咖啡店與餐館去調查——那一晚潘蜜拉在這些地方裡的某處吃了中國食物。員警們從城東開始著手，然後各自散開。

有更多巡官被派去清查那些在夜裡比較僻靜的地方，也就是荒蕪的明城牆牆腳下，沿路所有的廟宇、公園與倉庫。以狐狸塔為中心，每一個崗哨站的員警要往外去搜查管轄範圍內的所有地方。

因為戒護森嚴的東交民巷並非韓署長的轄區，於是就由丹尼斯提出逐戶清查的要求，但是由英國使館與菲茨莫里斯領事撐腰的管理使館界事務公署拒絕了。丹尼斯總探長在暗示什麼？只要清查東交民巷外的北平市就夠了。

另外一個問題與交通有關。丹尼斯與韓署長認為兇手曾用車載運屍體。他們有可能走內城南牆邊的路，在經過狐狸塔時靠邊停，把屍體拖到溝渠邊，然後開車逃走。一九三七年的時候，北平市有兩千多台登記在案的私家車輛，除了要逐一清查它們之外，還有城裡的大量計程車也不能放過。韓署長知道，汽車登記作業是雜亂無章的，但該查的還是要查。他還命令交警要攔下所有懸掛外地車牌的車輛，進行檢查。

韓署長還派手下去清查城裡所有的跳蚤市場、二手用品店，以及任何兇手可以用來處理掉潘蜜拉物品的地方——此時她的溜冰鞋、腳踏車、手套、大衣與貝雷帽等東西，都還沒找到。

要在北平市的家家戶戶進行逐房搜索是不可能的，而搜索東交民巷一事也已被官方拒絕。但是，此時城裡的某個房間裡留有大量血跡，而韓署長與丹尼斯敢打賭，兇手們載運屍體的距離一定不太遠——他們覺得凶案一定是在內城地區發生的。他們正在沙盤推演一些假設：

不管案子是不是一個人幹的，兇手居住的地方應該沒有別人，或者兇手有一處不受其他居民或僕人打擾的私宅可以使用。

他們有一輛車可以用來載運屍體，而且有人會開車。為了避免被發現，他們一定是把屍體載運到相當的距離後就棄屍了。

他們要花費一番工夫清理血跡，而且他們不太可能把房間裡與衣服上的所有血跡都清除掉。同時，潘蜜拉的那些器官也還擺在某處。

譯註

1 喀什噶爾為清朝舊名，民國後稱為疏勒縣。

2 Chamot's Hotel：北京飯店的老闆名為夏孟英（August Chamot）。

3 Barrister：與一般律師的資格不同，大律師有權於各級法院出庭為當事人辯護。

4 Pagoda Anchorage：即馬尾港。

5 以上皆印度地名。

6 巡捕房在總巡下面設有副總巡一人，總稽查一人。Superintendent 比較接近總稽查一職。

8 盔甲廠胡同

當丹尼斯總探長到威納的四合院宅子去偵訊他時，隨行的還包括波森探長與畢內茨基小隊長。這次拜訪令人感到棘手。威納是個傷心的父親，而且似乎北平的洋人也都為他感到難過。當他們在報上看到潘蜜拉的屍體被野狗撕裂了，一定都非常震驚——儘管這說法有誤，但卻被當真。假如人們知道潘蜜拉的屍體早已支離破碎，也許那情緒就不光是震驚足以形容了，到時候一定會人心惶惶。丹尼斯才來北平待了幾天，但他已經逾越了英國外交暨聯邦事務部嚴令規定的行動範圍，在東交民巷外展開了調查工作——但警察的本能告訴他應該這麼做，他別無選擇。

本案迄今仍無確切線索或者嫌犯，而且也排除了劫殺的可能，根據經驗，丹尼斯覺得威納就是頭號嫌犯。不管在倫敦或北平，都是這麼回事：通常只有在戰場上，人們才會去殺自己不認識的人。謀殺一定與個人恩怨有關。十個下手的人裡面，有九個都是被死者認定為深愛自己的人，因此如果有妻子遇害，兇手通常是丈夫，而孩子往往死在父母手裡，有愛人的則常遭其愛人殺害。此時，不管威納過去官階有多高，不管其年紀有多大，他都是頭號嫌疑犯。

丹尼斯知道他必須小心行事。即使威納已經退休，但他仍然與各方都有交情，其範圍甚至及於駐華英國當局的最高層。駐華英國當局正像一隻老鷹似的監看著這個案子，因為它仍把自己當成盤據中國的第一外國強權，而且它把英國的威望看得比什麼都還重。它當然不樂意見到一位英國的退休領事因為殘殺女兒與屠戮屍首而遭審判。北平的英國使館非常不情願地接受丹尼斯的介入——基於他的背景，他們沒什麼理由可以拒絕，但這並不意味著他們喜歡這種安排，也不意味著他們不會跟他套交情，試圖影響他。自從他抵達之後，就一直等著他們打電話給他。

所以，他的口氣必須和緩一點，至少一開始得如此。丹尼斯走進盔甲廠胡同，試著用心體會這條街道給人的感覺。那些比較不現代化的老房子用的仍然是半透明的厚厚窗紙，而非玻璃。有一兩棟水泥建築矗立在胡同裡，是近年來新蓋的，其石工比較扎實。從胡同兩邊的盡頭繼續往下走，還有其他胡同，它們構成了一個可以通往那條惡臭運河與狐狸塔的網絡。沿著盔甲廠胡同往西，是蘇州胡同，繼續走下去的話就到了「荒地」，然後朝著東交民巷的邊緣而去。

先前丹尼斯不知道潘蜜拉被棄屍的地方居然與她家還有東交民巷都那麼近，而把她家與東交民巷隔開來的，就是「荒地」那一片三不管地帶。

他不知道威納是首先搬進盔甲廠胡同的洋人之一。這位學者為了自己把這座四合院宅子租下來，在城裡空間因為湧進了大量郊區鄉民而變得如此狹窄之際，也許他家足以讓四、五個中國家庭居住。

門房閻平讓三位警察進去，並且帶著他們走過天井，進入屋裡。對於嫌犯住宅的第一眼觀察是很重要的。丹尼斯看到一些黑壓壓的傳統中國家具、上了亮光漆的紅色柱子，還有一些作工精細的窗格與竹製品。室內昏暗不明，只有些許燈光可以看出內部裝潢。裡面還有一些威納在中國各地與蒙古探險時所搜集回來的**藝品**，但是威納用博物館裡陳列東西的方式擺放它們，這只會讓整個地方顯得更為嚴肅。這裡感覺起來像是個老人住的地方，一個十九歲的女孩是不會喜歡的。又或者這裡對潘蜜拉來講就是她家，她完全沒注意到裡面的氣氛有什麼不對勁。

丹尼斯被帶往書房，獨留波森與畢內茨基在外頭等候。為了讓充足的光線照進來，書房是朝南的，一片片頂著天花板的書架靠著牆壁，架上擺滿了各種中英文書籍。書房的另一頭是威納的個人圖書室，丹尼斯看見裡面一樣有許多書架與書籍。

那個老人癱坐在書桌前的一張椅子裡，厚重的書桌是黑檀木與柚木做的。為了保存裡面的東西，抽屜內側一定加了襯裡：丹尼斯可以聞到樟木或者檀香的味道。他曾在報上看過威納的照片，也曾在天津聽過威納發表有關中國神話的演說。他也曾在北戴河的沙灘上見到威納在遮陽傘下看書。也許他甚至曾經看過潘蜜拉在那裡玩沙子、騎驢或游泳，只是不知道她是誰。

丹尼斯知道很多人覺得，儘管威納的學養與在中國的表現值得敬重，但並不是一個討喜的人。他也知道這位老人是一個堅定的無神論者，為此惹惱了傳教士與那些把做禮拜當成義務的虔誠教徒。威納當然有其怪癖：儘管這裡的洋人有喝酒的習慣，而且喝很多，但他卻滴酒不沾；同時，不管他被派駐到哪裡，就算是在那些偏遠的地方，他也跟在北京與天津時一樣，不喜歡有人作伴。威納曾在其書中寫道：「在社交生活中受歡迎者，其知識必然貧乏！」

所以，威納不是那種喜歡上俱樂部、與人交際的英國佬。丹尼斯就是——基於工作需求，他非這樣不可，但是在遇到像威納這種人的時候，他並不會立刻論斷他們。來到天津之後，他爬上了比倫敦更高階層的社交圈。在佩爾美爾街的那些仕紳俱樂部裡，不見得每個人都認為一個蘇格蘭場警探夠資格加入俱樂部，但是在擺脫英國當地的嚴格階級規範後，他爬上了更高的社會階層，成為天津俱樂部（the Tientsin Club）的會員，並且常常進出天津當地社交舞台——戈登堂（Gordon Hall）[I]。他必須找裁縫幫他訂製一套晚禮服。所幸，因為工作之便，他有藉口可以不去上教堂，也不用出席那些更煩人的委員會議。威納想怎樣，那都是他自己的事，丹尼斯的信念是：鐘鼎山林，各有天性。如果威納在退休後決定不到俱樂部去，一邊喝威士忌蘇打，一邊跟人聊那些不知道已經講了幾遍的流言蜚語，然後看看兩個禮拜前的《泰晤士報》，呃……就算是這樣，也不能咬定他就是個殺人兇手。

丹尼斯先向威納表達哀悼之意。他只是想談一談，而不是進行偵訊。他正在中國的領土上，如果沒有韓署長在場，他就不能正式訊問、警告或者指控任何人。但是這位老人不太想講話，總探長甚至覺得他的態度有點輕蔑。他想知道為什麼丹尼斯會到北平來。這個案子難道不是中國警方與韓署長在偵辦嗎？

丹尼斯向他解釋自己也參與辦案，跟韓署長一起合作。他沒有提到英國使館不信任中國警方，或者是他們想要趕快把案子辦出一個結果。他也沒提到自己對本案的參與程度是受到限制的，還有他已經逾越了那些限制。

威納似乎已經接受了這一切。他不太講話，而且幾乎沒有看著丹尼斯，雙眼只是不斷看著他的書架。丹尼斯並不知道，威納在跟別人講話時向來很少直視對方，但是等到他直視著丹尼斯時，基於本能，這位總探長不禁冒出一股被輕視的強烈感覺。丹尼斯不把這當一回事。威納大半輩子都在外交圈裡混，染上勢利眼的習氣可說是他們那一行的職業病。

威納把他在潘蜜拉遇害那一天的行蹤交代清楚，冷靜而準確，真不愧是個受過大律師訓練的人。他最後一次看到女兒是在那天下午，當她沒回家時，他到古瑞維奇家去了一趟，然後又到托馬斯署長的辦公室去報案，說她失蹤了。他先是派廚子到溜冰場去找找看，然後為了找她，自己又在整個北平城裡四處遊蕩。

丹尼斯知道韓署長已經把威納待在古瑞維奇家的時間給搞清楚了，還有托馬斯署長把那張紙條交給使館界巡捕房備案的時間，但其中還是有很多時間沒有搞清楚，也就是他宣稱在找潘蜜拉的時間。那段時間足以讓威納找到潘蜜拉，並在盛怒之餘犯下謀殺罪，然後返家。

丹尼斯要威納再次列出他走的路線，並且寫下來：

往南到天壇與相鄰的公園

穿越東交民巷

往北走到北平市的盡頭，還有雍和宮

貢院

清真寺

葡萄牙教堂

然後回家。當潘蜜拉到了隔天早上還沒回去，也沒任何消息，他又出去到處找。這次的路線是：

哈達門

往回沿著明城牆走

穿過德國公墓

然後到狐狸塔……接著就發現了潘蜜拉

威納的情緒於此時失控。

丹尼斯坐回椅子裡。他提醒自己，先前韓署長跟他說過：閻平堅稱，為了找人，威納出去了兩趟，如果在這之間他還有出去，自己身為門房，怎麼可能不知道。

此時，換威納想要知道細節了。審訊時，他沒有獲得任何消息。丹尼斯盡可能用含蓄的方式描述潘蜜拉的遭遇，但是有些事實不可能不讓這位老人家知道——像是她有些器官不見了，還有她身上那些割傷與剁傷。威納的情緒再次潰堤，顯露出七十二歲的老態，甚至看來更老。丹尼斯覺得他的反應、他那悲傷的模樣似乎是真的。

那他什麼時候可以領回屍體將其下葬？威納想知道。

很快，等醫生們完成驗屍工作就會還他——過不了多久的。丹尼斯試著安慰老人家。

接著，總探長要求看一看潘蜜拉的房間。威納吩咐保母帶他過去，自己則仍坐在桌邊。丹尼斯被帶到一個與威納自己的房間相連的小臥室。把門打開後，那位保母開始嚎啕大哭，轉身跑掉。

丹尼斯站在潘蜜拉的房間裡，心裡能想得到的，就只有那張她幾天前在攝影棚裡拍的肖像：那一件迷人的洋裝，還有那一副聰明的模樣。她的臥室給他的印象就像是一個修女的小房間，有一張床、一個簡單的衣櫃、桌椅各一張。沒有任何多餘的裝飾。房間看來冷冷清清，空空蕩蕩的，不像有人在住，也不像是個年輕女孩的房間。

他在衣櫃裡發現她拍照時穿的那件洋裝，還有兩件日式絲質和服——大部分外國女性都有，這是要在令人窒息的濕熱夏季穿的。但是，她其餘的衣服就都很簡單了，只有裙子、襯衫與羊毛衫。

此刻，威納進了房間。他環顧四周，似乎也感覺到房裡一片空蕩蕩的。

他跟丹尼斯說：「本來我們過沒多久就要回英國去了。她的家具，還有一些書、個人物品與夏天的衣服，都已經先託運回去了。」

丹尼斯點點頭。既然很快就要離去，當然可以解釋房裡這一副寒傖的模樣。他問說：但是為什麼要回英國呢？這一學年還沒結束，潘蜜拉一定還有許多考試要參加。

威納說：「我還以為你已經知道了。」

丹尼斯用疑惑的表情看著他。

老人家解釋說：「她在天津的學校過得不愉快，不想回去了。過去她在這裡的幾間學校都惹過麻煩，本想到了天津應該有所改善。結果，她只剩下英國可以去了。也許她跟親戚們相聚後，就會……安定下來。他們都很期待與她見面。」

丹尼斯藉機詢問有關追求者的事，假期開始後一直想邀她出去或者曾經帶她出去的男人。

這個問題並未讓威納感到困擾，他把大多數人的名字與地址都說了出來，他們大都是威納的老友之子。丹尼斯提到那個中國學生，還有最後他被威納打斷鼻梁那件事。威納承認自己不喜歡那個男孩子，他曾短暫地當過威納的學生，而且他在東北的老家奉天市[2]已經有一個老婆了。威納承認自己也許是反應過度了，他跟潘蜜拉只是朋友而已。

然後他的情緒又失控了。丹尼斯本想詢問那個叫作約翰・歐布萊恩的中葡混血追求者，據說他在天津迷上了潘蜜拉，跟著她回到北平。但是老人家實在太過心煩意亂。

丹尼斯把波森與畢內茨基叫進房間裡，要他們蒐集證物。當他們倆開始收拾起女兒的少量物品，包括一把玉梳子、一個髮夾與一本日記，放進大衣的口袋時，威納已經看不下去了。心頭煩亂的他就這樣離開了房間。

沒有人跟丹尼斯說潘蜜拉不再回學校，而且要回英國去。他需要更多的資訊，但現在不是發問的時機。看來每當他聽到有關潘蜜拉的事情，他都會覺得自己對她的了解實在太少了。她是個平凡的中學女生，但卻能令男孩著迷；她是個常惹禍的女兒，但在社交生活中卻似乎很受歡迎——此時潘蜜拉比以往更令他覺得充滿矛盾。丹尼斯必須要把她這個人看得更清楚，才有辦法問出正確的問題。

他回到六國飯店去，走之前他吩咐波森晚上出門打探消息，聽聽北平的洋人對於威納父女倆有何看法。然後他打電話回去，要比爾・葛林史雷德去一趟艾佛列克領事的辦公室，查查看為什麼潘蜜拉打算離開學校，是不是她在天津英國文法學校也惹上了麻煩。丹尼斯想知道剛剛威納以為他已經知道的事。

譯註

1 天津英租界工部局的所在地。

2 即瀋陽，九一八事變後滿洲國成立，瀋陽被改名為奉天。

9 六國飯店的「雞尾酒時間」

丹尼斯先前已安排好要與托馬斯署長在天黑後於六國飯店見面，他想在人潮湧入之前與署長靜靜地聊一聊。儘管六國飯店酒吧的日本顧客越來越多，那裡還是洋人閒聊私通的地方。新來的日本人神氣活現，耍狠好鬥，對誰都頤指氣使——北平很快就要變成他們的天下了。

北平的別處常可看見日本軍人昂首闊步地走著，把整座城市當成他們的囊中物；街上已經可以看見他們的裝甲車。東京政府宣稱這只是正常的部隊輪調活動，但沒人相信這種說法。南京那邊蔣介石尚未傳話來說下一步要怎麼做。就算把北平當成獻祭的羔羊送給日本人，這就能滿足日本政府侵略中國國土的野心嗎？似乎不太可能，因為上海的武裝衝突也越來越頻繁了。

在喧鬧的順利飯店酒吧裡待久了，你就會聽見一些誠實的醉言醉語：日本鬼子會好好整頓中國，因為他們是唯一講求紀律與效率的東方國家。過去在一九〇五年，他們曾把俄國佬打得鼻斷血流，阻止了沙皇的擴張意圖。也許這很殘忍，但長期來講，遇到日本人，算是中國走運了，而且他們也會把共產黨消滅掉。或者說，從英法政府的角度看來，這對他們的商業利益是最好的一件事。

在這之前，托馬斯署長早已把官方版本的威納生平履歷給了丹尼斯，這是不管發生了什麼事，英國使館都不會改變的版本。不管過去威納與人結了什麼冤仇，或者有什麼祕密，潘蜜拉死後，外交圈對那些事情肯定已是三緘其口了。

托馬斯給丹尼斯的警告是，英國使館不會幫他辦案，他們甚至會阻礙他。他們把國家威望擺在第一順位，在面對任何威脅時，大英帝國會整個團結起來。丹尼斯很清楚這種心態，就像威靈頓公爵（Duke of Wellington）所說的：「此刻我們的收穫是，我們不會忘記去享受既有的東西。」意思是，好好守住我們已經擁有的，就算死了一兩個女孩，也不會有所改變。不管發生了什麼事，就算是在距離英國使館不到一英里處有個英國國民遭人殘殺棄屍，我們都必須維護住聲譽和體面。

而且，這段時間以來，英國使館的確沒有幫多少忙。丹尼斯跟使館要了他們手頭所有關於威納的資訊，結果拿到的就只有一張紙的履歷資料，上面寫著他的出生日期、他在中國的外交生涯之梗概、退休日期，還有一點別的——簡直就像名人辭典裡無聊的辭條。至少丹尼斯還有拿到東西——而韓署長到目前為止，只聽到使館給的一些敷衍之詞，大家都懶得回他電話。

但是托馬斯似乎願意開口——但其發言不代表官方立場。署長與威納相識的時間也許比北平的任何人都還要久。托馬斯是個老北平了，但是威納比他還早來大概十五年，此時他大概是所有老中國通裡面年紀最大的。

丹尼斯與托馬斯找了一張隱祕的桌子，只有那些身穿白色西裝、腳步靜悄悄的中國服務生端著威士忌蘇打過來，把他們各自的菸灰桶上的銅質大菸灰缸換掉。外國人向來不使用地板上的痰盂，但那是北平許多場所的標準配備。

在酒吧裡的棕櫚葉之間，一個個女士與活潑的年輕小夥子們正啜飲著六國飯店的招牌酒——香檳雞尾酒，或者是琴利克與雪莉蛋酒。吧檯後方一直傳來一陣陣冰塊撞擊金屬的背景噪音，那是搖動雞尾酒調酒器的聲音。一組弦樂四重奏演奏著輕柔而依稀可辨的音樂，那些都是一九三五年的暢銷樂曲，終於也流行到北平來了。這個城市曾努力過，但就是趕不上倫敦、巴黎與紐約的腳步。

丹尼斯與托馬斯都只喝威士忌。托馬斯通常不是個豪飲的人，但今晚他咕嚕嚕就把酒灌下去。狐狸塔的情景迄今仍讓他感到震驚不已，潘蜜拉的屍體已經烙印在他的腦海裡。儘管丹尼斯看過的屍體較多，讓他變得比較不會反胃，但他也一樣喝了幾杯。他把驗屍報告拿給托馬斯看之後，署長很快地瀏覽了一遍，接著又是一口把威士忌喝掉，然後繼續點酒——點了兩大杯。

此時丹尼斯隨口問托馬斯，知不知道潘蜜拉在天津英國文法學校過得不愉快的事。署長不知道。托馬斯說，那應該是丹尼斯的管轄範圍才對，如果有別人知道的話，他一定也會知道。

這是今天第二次有人說丹尼斯應該知道某件事，但實際上他卻不知道。這讓他有一點不安。看過潘蜜拉的日記後，他並沒有新的收穫。裡面寫的都是一些關於夏日野餐的事，或者從午餐餐會或舞會上聽來的流言蜚語——對他來講，那都是一些年輕女性的輕薄言語，沒什麼特別的。那一篇篇日記的語氣都很輕鬆，沒有吐露心聲的意味，而且她並非每天都寫日記。日記並未透露出任何嫌犯。

他把話題換為有關於威納的流言蜚語，說到這個，托馬斯就比較樂於幫忙了。一點也不令人感到意外的是，關於這位年邁學者的生平，有一些非官方的說法，與使館提供的履歷資料大相逕庭：其中有部分的事實，也有一部分捕風捉影，還夾雜著風涼話與一點惡意中傷。透過那些打到王府井大街內一區署的匿名電話，留在報案櫃台的紙條，還有飯店與酒吧裡的閒言閒語，關於他過去的故事又一一重新浮現，四處流傳。似乎北平有很多人想一古腦地把關於愛德華．威納的東西都講出來。關於他，每個人都有一個不同的故事可以講。

並不是每個人都認為他是個年邁的退休外交官、一個學者，或者一個傷心的父親。對於某些人來講，他的脾氣暴躁多變，是個與人群疏離的老傢伙，幾十年來一直是大家聊八卦時的好題材。他的確非常聰明，但有些人認為，儘管他曾是英國駐華政府機構的高層人士，情緒卻很不穩定，其實並不適任。他自視甚高，有許多奇怪而且極端的想法，官場上有許多人想擺脫他，但他在反擊後又處處樹敵。他可能有犯下謀殺案的能力，甚至可能謀殺過某人。

北平洋人的社交圈裡有這樣一句箴言：「來到北平後，我們不太擔心過去的事。」每逢有外地來的訪客到六國飯店與他們喝雞尾酒，在使館接待處裡，或者前往天氣宜人的西山，在跑馬場上北平賽馬俱樂部（Peking Race Club）的會員專屬場地裡度過長週末假期時，他們總把這句話掛在嘴邊。但事實上，別人會怎麼看你，完全取決於你的過去。城裡的流言蜚語，基本上就是以人們的往事為題材——為什麼他們會來北平，他們的老家在哪裡，或者是他們在躲避些什麼。因為，沒有人是全無祕密的，而挖掘別人的祕密，可說是北平洋人圈裡最流行的一種社交活動。

威納在中國外交圈裡的崛起很快，只是其沒落也很戲劇性。從很早開始，他就始終擺脫不了人緣不佳的問題，事實上他也不想擺脫。少數幾個老中國通還記得他那一件眾所皆知的事：他到北京雍和宮去，因為相機而與一群喇嘛發生爭執，結果他拿出馬鞭來抽打他們。那是一八八八年的往事了，當時威納才二十四歲，在英國使館工作。

把這一則故事寫下來的，是當天威納的同伴亨利．諾曼（Henry Normann），他是個專門寫一些聳動報導的倫敦《佩爾美爾街報》記者。在諾曼的筆下，威納就像一個於盛怒之際會出手打人的年輕人，英國的讀者都看到了這件事。

當時威納真的表現得很暴力嗎？也許吧，但是，即使在五十年後，到了一九三〇年代，對於洋人而言，雍和宮仍然是一個很危險的地方，而喇嘛們常常向訪客敲竹槓。

這些在五十年前曾亂發脾氣的事蹟倒還是其次，讓說閒話者與一干老中國通認為威納之所以前途黯淡的原因，是他沒有辦法與派駐地的那些小小洋人圈和平共處。在澳門時，竇納樂爵士（Sir Claude McDonald）[1]本人（也就是庚子拳亂期間那位焦躁不安的英國大使）就曾罵過他，只因他無法「融入當地社交圈」，還有他顯然曾羞辱過澳門的葡萄牙籍大法官，不過沒人說過那是怎麼回事。當時威納被迫道歉，但據說任誰都看得出他不是誠心誠意的。自此他獲得了一個「魯莽」的評語，這等於是被海外的英國社交圈判了死刑。

有人說，威納之所以會精神錯亂，是因為他曾被派到那位處福州上游、偏僻的羅星塔錨地。在那裡的時候，他幾乎可以說是隻身赴任，沒有任何洋人可以交談。所謂領事的辦公室與居所，不過就是一艘狹小的船屋，就連最近的小鎮也在好幾英里外。那是個情勢緊繃的地方。中國商人因為認為自己遭到虧待而群情激憤，他們抵制英國貨物，而且四周他只看得見算不上是美景的一座梅園監獄[2]與慈愛醫院（Mercy Hospital）。

威納像是被困在一艘與運河駁船差不多大小的船屋裡，他花很多時間學習難懂的中國方言，鑽研古代典籍，而住在同一地區的少數幾個外國人則是去打獵跳舞，喝得酩酊大醉。那個地方會把人搞瘋是有名的：威納的前一任領事因為太寂寞而精神失常，開始想像他的中國僕人想要惡毒地謀害他。結果政府必須把他送回英國，關在四面裝有護墊的精神療養院裡。有人謠傳，威納在羅星塔錨地也發瘋了，與那裡僅有的幾個外國人打過架，結果還是要由竇納樂爵士出面來收拾殘局。外交暨聯邦事務部裡已經開始有人說威納是個問題人物了。

為了懲罰他，政府把他派到一些更奇怪的地方：例如海南島上的瓊州，那裡唯一的聯外交通方式，就是一艘不定期從香港開過去的汽船；至於北海，那裡除了有運到澳門去的糖、洋茴香與魚乾之外，什麼都沒有；而江門港則是個跟羅星塔錨地差不多寂寥的地方。威納咬牙苦撐，避開人群，鑽研那些沒什麼人懂的方言，還有當地的迷信與傳統。

接下來，在他被派往九江的任上，則發生了一件舉國皆知的醜聞。一九〇九年，一個中國人被發現陳屍於九江的堤岸邊，中方指控兇手名為馬仕（Mears）[3]——而此人剛好是該通商口岸的英國總巡捕。威納身兼領事與法官，以祕審方式召開聽證會，只傳喚了一個英國醫生當目擊證人，最後判馬仕無罪。

中國人提出抗議。難道這就是英國人所謂的司法？感覺起來比較像是掩蓋犯罪事實。英國貨物遭抵制。其餘待在九江的洋人大都是商人，必須與中國人保持良好的關係，他們認為威納用這種方式激怒中國人，實在是太傲慢了，於是當地的商界要求將他撤換掉。但這倒也不是說威納本來有贏的機會——不管他選擇怎麼做，其實早就輸定了。如果他把馬仕判刑入獄，英國人也是體面盡失。

喬治．莫理循（George Morrison）有「北京的莫理循」這個綽號，王府井大街的英文「Morrison Street」就是用他的姓氏命名的。他生於澳洲，獲《泰晤士報》聘為中國記者，向來以敢言出名，但也是個有點惡毒的造謠生事者。一九一〇年寫信給其編輯時，他說：

不幸的是，我們在九江有一個非常差勁的領事，一個叫作愛德華．威納的怪人，一個不跟當地大部分英國人說話的傢伙。上次我到九江時，當地海關的英籍稅務司[4]語重心長地跟我抱怨說，儘管他跟這位像毒藥一樣有害的領事被派駐到同一個港口，但卻沒有為此多領一點薪水。威納的作為向來就只是惹麻煩而已，他的差事即將不保。

威納被人一狀往上頭告，告到了朱爾典爵士（Sir John Jordan）那裡——他可是英王陛下的駐華大使，出身北愛爾蘭阿爾斯特省的他，不希望手下的任何一位領事給他惹麻煩。接著這件事又鬧到了倫敦的英國國會，變成了一件舉國皆知的醜聞。為了維護英國的體面，在檯面上，他們必須讓威納先渡過這一關，但私底下已經有人開始質疑他是否適任。

他的最後一個職務是福州領事，到了那裡，他仍維持英國人慣有的高姿態，但同時獲得升遷，並且吃了一記警告：我們派你來這裡，但你聽好了——不能再惹麻煩。

當時全中國都處於動盪不安的情勢中。清朝這個最後的中國王朝已被推翻，建立了一個總統制的民國。積弱不振又無能的清廷早已因為太腐敗與虛弱，無法抵抗日益貪婪的歐洲列強，因此領土持續遭其掠奪，並進行不平等的貿易。到了一九一一年，清朝的新建陸軍終於受不了了，於是在十月發動兵變。中國陷入一片混亂，直到孫逸仙博士於十月從其流亡地美國返國主持大局。他整合各股反清勢力，於一九一二年二月宣布成立中華民國，成為中華民國臨時大總統。

紫禁城門戶大開，清皇室與其所屬太監被迫打包離家。中國人割斷那過去長久以來象徵漢人被滿族統治的髮辮。但是在這一片亂局中，相對來講，福州一直維持著平靜的態勢，但因為茶葉貿易活動逐漸沒落，它也變成一隅偏僻之地。

儘管威納與葛蕾迪絲．妮娜新婚燕爾，但待在這港市的他並不快樂，甚至將這派駐地形容為「人間煉獄」。在福州時，他花很多時間核對下滑的茶葉貿易數據，還有該港口的竹筍與漆器家具這兩項大宗生意的數據。據說他跟半數屬下都相處得極不融洽。他拒絕融入當地社交圈，刻意迴避海外英國人的社交舞台福州俱樂部，而且還刻意讓大家知道他滴酒不沾，也輕視那些喝酒的人。態勢已經緊張到一觸即發的地步。

結果真的爆發了，而且一發不可收拾。據說福州俱樂部三十五個男會員裡面，就有八個曾公然與威納發生爭執，其餘會員與其關係也很緊張。到了一九一三年，他深信葛蕾迪絲．妮娜在領事館裡的臥室脫衣服時遭人偷窺，而那個男人叫作布萊克本（Blackburn），是個人緣甚好、備受敬重、而且已有家室的人。威納指控那個人是偷窺狂。

之後他又為了雞毛蒜皮的事，跟福州海關的某位英國官員發生爭執。結果這件事被他鬧大了，最後威納與葛蕾迪絲．妮娜竟然於某晚一起衝進福州俱樂部，兩者都手持馬鞭，把桌子都弄亂，常客們受到驚擾，橋牌牌局也被毀了。接著他們開始痛毆鞭打那個海關官員，把他打到跪在酒吧地板上，試著要躲開他們的攻擊。

這實在太過分了。他們夫妻倆極不自重，表現脫序，福州的英國僑界對北京的朱爾典大使提出嚴正抗議。這是威納第二次在他手下惹上麻煩，朱爾典斷言他的情緒實在太不穩定，務必要去職。

在外交暨聯邦事務部於一八八四年所招收的實習生裡面，威納是爬到最高官階的一個。他在那一期本來就最年輕，後來成就也最高。而且他的婚配對象還是一位世家千金。但如今他也跌得最重。

說真的，駐華英國使館從不輕易開除任何人，在他之前，其實只有一人被攆走，那是一個叫作希格斯（Higgs）的人，他在一九一三年因為娶了一個寡婦而被朱爾典開除。朱爾典是個信仰堅定的長老教會教徒，他認為這在外交界是極不體面之事。為了讓希格斯閉嘴，朱爾典幫他與其新婚妻子在駐西伯利亞的英國軍事代表團（British Military Mission）找到了一份工作，蒙羞的希格斯就此打包行李，北上到俄羅斯帝國的冰雪荒原裡赴任，好好懺悔與寡婦結婚之罪。

福州那件事發生不久後，威納被召回到倫敦，幾乎被冠上了發瘋的罪名。他說那些人都在毀謗他，為此疾聲抗議，但朱爾典決心不讓他回到其手下工作——拜託，那傢伙可是個無神論者吔。更何況他還涉獵神智學，參加印度神祕主義者的演說會。

英國政府宣稱威納有病，他卻找一些醫生幫他背書，說他好得很。政府想要找藉口開除他，但威納相信他是被人冤枉的，嚴正抗議，但沒人聽他的。威納沒有朋友，而英國政府又心意已決。最後白廳（Whitehall）[5]發出了強制去職令，但是確保威納能獲得優渥的退職金。

威納認為這一切都是陰謀——在歐洲正戰雲密布之際，有人拿他的德國血統來大做文章。他自請到前線去參戰報國，但是英國戰爭部（War Office）宣稱他太老，於是拒絕了。他覺得這是偏見，因此便開始自視為局外人，抱持著那慣常的好鬥心，一副「我管你去死」的姿態。他出身富裕家庭，接受英國公校教育，是外交界培養出來的人才，但是不知為什麼，儘管他聰明而認真，充滿決心，但永遠無法成為帝國的核心分子，並未真正被政府看重過。他沒有獲邀加入資深官員的小圈圈，但卻以他們的同僚自居，而如今他們把他丟在外面，把門關了起來。那是只有會員才能進去的地方。

威納退職時，剛好是第一次世界大戰爆發之際，年方四十九歲。他獲得了一份全額的優渥退職金，但是因為他已經被冠上了不善社交、情緒不穩，還有固執嚴厲之名，再也無法回英國政府的其他部門工作。挫折、憤怒與痛苦之餘，威納與葛蕾迪絲．妮娜便訂購了回北京的船票，打算一起展開新的人生。

這些都是酒吧裡流傳的流言蜚語。在對外封閉且氣氛緊繃的俱樂部裡，洋人們一喝多了就關不住嘴巴。丹尼斯知道故事裡的哪些跡象可以反映出這一點，因此他覺得有關威納的各種說法都有加油添醋之嫌。

只要酒太多、人太少的地方，小小的嫉妒與敵意都會變得更為強烈。特別是像北平與天津租界這種有如金魚魚缸般的小地方，每個人的火氣都很大。換作是二、三十年前的羅星塔錨地、九江與福州，那種小到會令人罹患幽閉恐懼症的地方，衝突是不是會更火爆呢？它們簡直像悶燒的坑洞，那些外國人無聊到沒事可做，整天只會在火上加油。

的確，他堅拒融入那些地方的僑界絕對是一件怪事，當然也很罕見，但那又不是犯罪。而就算他曾經毆打喇嘛，用馬鞭抽打偷窺狂，那也不能證明他有可能犯下驚世駭俗的謀殺案。但是，有關於葛蕾迪絲．妮娜之死的流言，那就不是可以將其歸咎為寃家與嫉妒者的中傷，輕易地打發掉的。她一死，那些流言就開始出現，此刻在潘蜜拉死後，流言又開始到處亂竄了。

這麼多年來，在北平被大家議論紛紛的，不光是葛蕾迪絲．妮娜的死，也包括了她與威納的婚姻生活。每個人的流言都不盡相同，但大家的共識是：她的確是個美女，威納豔福不淺。是他高攀對方，而她則是屈尊下嫁——許多勢利眼的人都這麼說，而這種人在北平當然是不在少數。

在英格蘭，瑞文蕭家是擁有最悠久歷史的家族之一，而許多北平的洋人都相信，就是嫁給威納這件事毀了葛蕾迪絲·妮娜。

在天津的日子過得平平凡凡，但回到北平後生活步調卻變得如此之快，看來這是潘蜜拉擁有的兩種不同面貌；同樣的，葛蕾迪絲·妮娜·瑞文蕭似乎也是個雙面嬌娃——她一方面是個把人生過得淋漓盡致的迷人女子，但另一方面卻像是個病榻上的病人。打從童年起就認識葛蕾迪絲·妮娜的人都記得，她曾經是那麼活潑好動，後來卻突然消沉下去。每當威納於書中寫到或說到妻子時，總不忘提起她長年受苦，體弱多病，令她全無活力。就像兩個潘蜜拉難以合而為一，這兩個葛蕾迪絲·妮娜也是。

先前托馬斯署長給了丹尼斯一本書，名為《秋葉集》（*Autumn Leaves*）——那是威納在一九二二年出版的一本奇怪雜文集，其散文主題包羅萬象，有赫伯特·斯賓塞（**Herbert Spencer**）的社會達爾文主義，也論及了神智論、唯靈論與宇宙之本質，還有中國某些族裔刻意把臉弄醜的象徵性意義。該書的卷頭插圖是葛蕾迪絲·妮娜·瓊莫斯·威納的全頁肖像。那是以前拍的照片，確切地說，是結婚那天他們站在香港聖約翰座堂階梯上拍的照片，可以看得出來威納比他的新娘整整老了二十歲。她比他高，兩人都沒有微笑，似乎一副很認命的樣子。也許只是因為時間的問題，因為一九一一年時的英國上層階級必須遵守嚴格的繁文縟節，再加上，儘管當時是十二月，香港的天氣仍然很潮濕。就算那一天教堂裡有任何賓客觀禮，我們也無從得知，因為沒有記錄下來。

當夫婦倆在威納被迫去職後，於一九一五年回到北平時，剛開始一切似乎都很順利。威納每天忙著撰寫書籍與論文，還有在北大講課。大家都以為葛蕾迪絲．妮娜很高興——在北平，她是公認的最佳舞者之一，而且偶爾前任領事伉儷必須到社交場合去露個臉時，她還是表現出活潑、有精神的模樣。夫妻倆似乎已經把用馬鞭打人以及偷窺狂的事件拋諸腦後了。

但是，接下來葛蕾迪絲．妮娜卻好像變了一個人。有人說，她的活力好像一點一滴從身上消逝似的。

根據一個與他們相熟的人回憶，她「就像是一隻住在彩色鳥籠裡的驚弓之鳥」。她的臉色慘白，無精打采，整天都躺在床上。她看過北平醫術最好的外國醫生，有一陣子還由一個叫作貝熙業（**Bussière**）[6]的法國開業醫生照顧——他曾照顧過的病人，還包括繼任孫逸仙博士的職務、擔任中華民國第二位臨時大總統的袁世凱。但是，這位所謂中國的「強人」終究還是死在病榻上，沒有被救活；同樣的，貝熙業能為葛蕾迪絲．妮娜做的也不多，她的健康狀況持續惡化。

沒有人能診斷出她到底得了什麼病。葛蕾迪絲．妮娜的一個妹婿約翰．麥克瑞里（**John McCreery**），是當時美國公認最厲害的內科醫生之一。他也幫她看病，但找不出答案。威納宣稱其妻從幼時就有心臟病，但是認識她的人都說他胡扯。威納堅持己見，宣稱她還患有神經衰弱症——一種在二十世紀初被認為是精神病理學上的疾病，患者大都是婦女，病徵包括疲勞與憂鬱。

沒有人確切知道葛蕾迪絲．妮娜與威納到底為什麼決定領養孩子。有謠言指出，她的病嚴重到無法懷孕，也有人說他們倆根本就沒有圓房。不管理由如何，如果葛蕾迪絲．妮娜希望透過潘蜜拉來為她的生命注入新的活力，藉此振奮精神，事實證明她是錯的。貝熙業應該是一位出眾的醫生，他以鹽與黃金為處方，把兩者直接注入葛蕾迪絲．妮娜的血管裡。針頭很粗，她的血管又很難找，她的雙臂被針頭戳傷，留下大塊的黃色瘀痕，但這種療法似乎真的奏效了。

之後威納把她送到美國去，讓她妹妹艾琳（Eileen）與妹夫麥克瑞里醫生陪她幾個月。他們住在康乃狄克州格林威治鎮（Greenwich）一處被命名為「靜水」的莊園，葛蕾迪絲．妮娜的健康似乎在那裡好轉了起來。但是等到她一回北平，便得了流行感冒，然後又罹患腦膜炎。她脆弱的身體承受不住，因而去世，得年僅三十五歲。

不久後，她母親也在英國去世，有些人說是因為失去葛蕾迪絲．妮娜之後過於哀慟。才兩三個月的光景，小潘蜜拉就連續失去了母親與外婆，兩者她都不算真的認識。

就在威納還在哀悼死者之際，北平已經謠言滿天飛。有人說，他是個會招來悲劇與災禍的人。他小時候曾去過鯊魚出沒的墨西哥韋拉克魯斯港（Vera Cruz），在那裡遇到一場暴風雨差一點就淹死。

後來他在倫敦遇上一場火車的撞車事故，僥倖生還，接著在搭船橫渡英吉利海峽時，又在大霧中遭逢兩艘船相撞的船難。造訪那不勒斯時，他從一扇天窗掉到辦公大樓的屋頂上，結果奇蹟似地自己爬了起來，離開屋頂。一八九八年，他逃過一場吞噬城區的恐怖大火，那場火燒毀了一平方英里的民宅，有一千多人葬身火海。

大家都說，他這一生總是能逃離災禍，但他身邊的人則無一幸免。一八九〇年代天津曾有個中國人死於一場騷亂中，暴民因此而衝進英國租界採取報復行動，十位法國修女慘遭屠殺，還有六、七個歐洲人遇害，當時他也在場。一九一一年，在清廷垮台時的一陣動亂中，叛軍殺紅了眼，威納身邊的人不是被砍了頭，就是肚破腸流，只有他逃過一劫。他也曾在九江遇過反英國的暴動，有個中國人打算燒毀領事館，跑上屋頂去潑灑汽油，而他就在館裡——結果威納持槍於近距離將他擊斃。某次自己一個人騎馬到蒙古旅行時，他也曾制服過一股土匪，安然踏上歸途，把他尋找成吉思汗陵墓的故事告訴大家。後來他企圖沿著城牆來一趟長城之旅，結果遇到了更多的土匪。去台灣的時候，他在內陸的叢林裡生病，結果還是試著自己走回文明世界，沒有任何人幫他。

死亡與毀滅似乎總是環繞著威納，但他總是能九死一生。每當有人問他這件事的時候，他總是語帶嘲諷地引用《魯拜集》（*The Rubaiyat of Omar Khayyam*）的詩句：「當帷幕之外的你我早已成過往／喔，這世界還有好久、好久的時間要走下去。」

在他這不斷有悲劇降臨的一生中，葛蕾迪絲．妮娜似乎是最近的一樁慘事。在她死後，威納仍持續堅稱她自童年起就病了，但這只會讓流言蜚語傳得更凶。她的朋友們依舊堅決否認，但威納終其一生沒有改變其立場，他說葛蕾迪絲．妮娜的死是「上帝親手促成，令人費解」，但對她來講也算是一種「有福氣的解脫」。他並且宣稱，失去了她，自己有如「槁木死灰」。

但真相是，葛蕾迪絲．妮娜的死因是服用過多劑量的「佛羅拿」（Veronal），而且此事是在為她召開的審訊會議上確認的，並且由一絲不苟的英國使館書記官記錄下來。

一九二二年時，如果死因是因為服用過多劑量的「佛羅拿」，往往會啟人疑竇。「佛羅拿」是一種巴比妥酸鹽，自從一九〇三年問世以來，一直是上層階級常用的藥品之一。它是一種多種用途的處方用藥，從牙痛到失眠，從流感到憂鬱症，都是用它來治療，但是只要看過報紙，任誰都知道有錢人常用它來結束生命。

有許多前例可循。一九一二年，還沒當上劇作家的尤金．歐尼爾（Eugene O'Neill）因為婚姻觸礁，在紐約市吉米牧師旅館（Jimmy the Priest's）樓上一個髒亂的房間裡自殺未遂，服用的就是威士忌加「佛羅拿」。一年後，罹患憂鬱症的維吉妮亞．吳爾芙（Virginia Woolf）也想試著用「佛羅拿」結束生命，於是她把這種藥交給一家療養院，要他們當作安眠藥給她服用。一九一七年聖誕節那一天，頗受歡迎的小說家愛薇．康普頓—伯奈特（Ivy Compton-Burnett）痛失兩個姊妹——一個是綽號「寶貝」的史黛芬妮・普林羅斯（Stephanie Primrose），另一個則是綽號「妲普西」的凱薩琳（Catharine），她們倆把自己鎖在一間臥室裡，以「佛羅拿」自殺身亡。它可以說是專屬於二十世紀名流的一種藥。

儘管「佛羅拿」很受歡迎，但是在超量服用後，卻要再過二十四小時以上才會死去。康普頓—伯奈特家的兩姊妹會死掉，是因為她們把自己給鎖了起來，而維吉妮亞・吳爾芙與尤金・歐尼爾之所以能生還，則是因為被人發現。既然威納聲稱，在妻子去世前的最後幾天，他都隨侍在側，那麼在服藥過量後這段長達二十四小時的時間裡，他會沒有注意到嗎？

這令大家都感到納悶，而每個人所得出的結論都有所不同。在每一樁用「佛羅拿」自殺的案件背後，其實都可能暗藏一個謀殺凶案。早在蘇格蘭場服務時，丹尼斯總探長就見識過一些用「佛羅拿」殺人的轟動凶案。

當威納來到北京英國公墓，站在葛蕾迪絲・妮娜的墳墓前，威納看來是如此悲傷——他曾說，在那裡，她得以被埋葬在「她自己如此深愛的樹林與花叢之下」。在一九二二年的那個寒冷二月天裡，年幼的潘蜜拉站在父親身邊，肯定不太了解發生了什麼事。威納朗誦了瑪麗安・考瑟依・史密斯（Marion Couthoy Smith）的詩作〈慈母頌〉（To the Mothers），因為這位在第一次世界大戰期間頗受歡迎的女詩人是葛蕾迪絲・妮娜的最愛：

男兒的母親們，汝豈不知
孩子的靈魂非汝所持？
如果上帝把他親手埋在十字架下，
緊抱著他將是妳最痛苦的損失。

此刻，當悲劇再度降臨，威納已經準備好要把潘蜜拉安葬在同一公墓裡，同一墓園中。丹尼斯知道，有關葛蕾迪絲．妮娜的死因是不可能重啟調查了，但這個故事能讓他停下來好好想一想。

丹尼斯也不禁想起潘蜜拉自己充滿悲劇的一生——在被收養後，那麼快就失去了養母，接著又是外婆辭世。至於她的外公查爾斯．威瑟斯．瑞文蕭，則是在潘蜜拉遇害前兩年，就已經在他們家位於艾塞克斯郡（Essex）的莊園裡辭世了，既沒有機會認識自己的養孫女，也無緣看看女兒位於萬里之外的墳塚。

在丹尼斯從天津帶來，裡面有潘蜜拉出現的那些相片裡，有一張是他在天津英國文法學校的校刊《文法學人》（*The Grammarian*）裡面發現的。校刊裡有個幽默的單元刊登了學生們小時候的照片，裡面也包括幼年的潘蜜拉，照片上有名字的縮寫P．W．，拍照的時間大概就是葛蕾迪絲．妮娜去世前後不久，她在威納家位於三條胡同的宅子外，看來好開心。在那間宅子裡，她養母決定用超量的「佛羅拿」結束一生，至少官方的記錄上是這麼記載的。這是自殺，還是加工自殺？

一九二〇年代的時候，還沒有所謂「安樂死」的概念，但不管人們私底下是否同情自殺者，沒有多少人會公開表達出來。對法院來講，這就是謀殺，教會更認為這是罪無可赦的。

葛蕾迪絲．妮娜遺留給潘蜜拉兩萬銀元，威納則是監護人，此事的確引起了丹尼斯總探長的注意。只要潘蜜拉一死，那筆錢就會由其父親繼承。那是一大筆錢，在北平特別好用。丹尼斯過去在蘇格蘭場所受的訓練之理論奠基者，是傳奇的犯罪學家貝席爾．湯姆森爵士（Sir Basil Thomson），他曾任刑案調查部的主任。湯姆森的話向來被他的手下奉為金科玉律：「我們必須鍥而不捨地尋找動機，因為沒有任何凶案是沒有動機的，除非兇手是個瘋子。案子的背後總是有動機存在……」

潘蜜拉的父親有動機。但是只有瘋子才會發狂似地在她死後戳刺她的遺體，再加上她那些割傷與遺失的器官，這絕對錯不了。威納是個瘋子嗎？丹尼斯覺得他是個怪人——不只古怪，而且還拒人於千里之外。但這不能證明他是個兇手。

入夜了，兩個人離開六國飯店後都有很多事情要想一想，他們把這裡留給北平那些比較年輕的洋人，他們似乎沒什麼好擔心的，或許明天也不用做什麼事。

隨著雞尾酒時間變成開舞會的時間，樂隊演奏音樂的速度也加快了起來。人潮在吃完晚餐後湧入飯店裡，或者湧進東交民巷的其他飯店與酒吧內，在這危機爆發邊緣的城市裡，他們正享受著人生的急躁氛圍。靠著信託基金，才能擁有帝王般的享受，那種生活水平是他們在家鄉時根本負擔不起的。裡面有不用擔心希特勒與其親衛隊的德國人，也有美國人，多虧了美元有足夠的白銀撐腰[7]，他們才能過著跟克羅伊斯（Croesus）[8]一樣的生活，所有人都慶幸自己已經擺脫了經濟大蕭條。這位於遠東的一隅仍然是少數上流社會人士的遊樂場，至少他們還可以再玩一會兒。

譯註

1 竇納樂爵士（一八五二—一九一五）：英國外交官。曾出任英國駐大清國公使、駐大韓帝國公使。於一九〇五年升任駐日大使，是英國首任的駐日大使，一九一二年離任。

2 梅園監獄（**Plum Garden Prison**）：位於福州市馬尾區昭忠祠的後山上，為十九世紀末二十世紀初英國人在中國領土上關押中國人的地方。

3 一九〇九年四月二十六日，英國巡捕馬仕（**John Mears**）打死中國商販余發程，引發九江持續數月的抵制英貨運動。

4 **Commissioner of Customs**：稅務司。這是指中國海關，但是為了賠款，海關的主事者稅務司一職向來為英國人，到一九三〇年代仍是如此。

5 英國政府的所在地。

6 貝熙業（一八七二—一九六〇）：法籍醫生，曾任中國震旦大學醫學院院長。

7 當時美國貨幣實施銀本位制度，通過「購銀法案」後讓國際銀價上漲。

8 克羅伊斯（前五九五—五四七年）：里底亞的末代國王，以富有見著。

10 深入「荒地」

被媒體堵到時，韓署長還是堅持用他那已成招牌似的「無可奉告」來面對他們。審訊會議也沒有提供任何資訊，而韓署長則是被迫承認警方沒有任何線索。不過他倒是設法讓丹尼斯、波森與畢內茨基等三人不要被寫進新聞報導裡，每當有人問及誰在幫他辦案時，他總是顧左右而言他。媒體宣稱他「不願多談」，並且暗指北平警方的能力不足以偵辦此案。

韓署長呼籲那些知道任何線索的人出面，並表示如果線索可將潘蜜拉．威納一案的兇手或兇手們予以逮捕，並且定罪，將可獲得使館界巡捕房所提供的獎賞。警方將此案的英文懸賞公告發給媒體。懸賞金額是一千元的民國法幣[1]，大約相當於三百三十元美金，而對於北平廣大的中國民眾來講，那可說是一大筆錢。只要不到一千美元就可以讓普通人家吃穿一年。

但是威納批評賞金的規定。他主張，傳單應該也要有中文版，同時基於保護與匿名的原則，舉報者應該可以透過銀行領款，城裡的中國人才不會覺得這是一個陷阱。中國民眾一般都不太信任政府。菲茨莫里斯領事直接拒絕了此一建議，他堅持不管舉報者是中國人或洋人，都一定要透過他本人領賞。

韓署長的警官們已經根據線報，追查過北平城裡所有可能認識潘蜜拉的男人，他們每個人都有極為明確的不在場證明——他們不是出城去了，而且有預訂飯店房間的記錄與火車票可以證明，就是跟爸媽或同事待在家裡。在韓署長的同意之下，丹尼斯授命波森探長偵訊了每一個人，並且取得供詞。韓署長也已經派手下把他們的說法再查核一遍，每個人都沒問題。潘蜜拉的凶案讓他們都感到驚駭無比。

不過，經過這一番追查，他們的確得以比較清楚地了解潘蜜拉這個人。他們都說她爽朗而有趣，是一個很喜歡出去跟人一起吃午餐、上咖啡館與溜冰的女孩子。她喜歡跳舞，也愛笑。她想出去跟誰約會都可以，許多跟她約過會的人都不太相信她還是個在校生。潘蜜拉沒有提，而他們都以為她是個女人，而非中學女生。

警官們把威納提供的名單裡的男性友人一一剔除掉，只有兩人例外。他們找不到那個想要約潘蜜拉出去、結果鼻梁卻被她父親打斷的中國學生。威納曾跟警方說過，那個學生是從東北的奉天市來的，名叫韓壽慶，他是城南郊區北平師範大學的學生[2]。

警方去了師大一趟，但韓壽慶已經不是在校生了，校方認為他早已返回位於奉天市的老家。

這條線無法繼續追查下去了。他們也去找那個在天津迷上潘蜜拉、據說目前住在北平的年輕人約翰・歐布萊恩，但一樣運氣不佳。又是一個死胡同。

天津英租界巡捕房丹尼斯總探長跟韓署長一起偵辦凶案的事情，於星期二早上見報了。洋人都很高興，上海《字林西報》的描述是在收到電報，得知一位英國警察，「一個貨真價實的蘇格蘭場警探」也參與辦案之後，「大家對本案之前景都感到很樂觀」。

王府井大街內一區署被記者包圍住，但他們被迫只能在區署門口的台階上等待。大批外國記者引起好奇的當地人側目，立刻聚集了一大群圍觀者。承平時期的王府井大街人潮總是熙來攘往的。那是一條位於東交民巷北邊，兩側種滿洋槐樹的寬闊大道，是中國人與洋人能混雜在一起的少數幾條街道之一。百貨公司與古玩店裡可以看見穿著入時的歐洲人與中國貴婦在血拼，或者到俄式烘焙店中去購買甜麵包或奶油蛋糕，或者光顧乾洗店與藥房。財力稍差的中國人則是緩步逛到附近有許多小吃攤與叫賣小販的東安市場，或者前往隆福寺，那裡有幾百個在販賣瓷器、玉器、漆器與絲綢，以及玩具、食物與貓狗的攤子。

在王府井大街上，汽車與有軌電車必須與人力車、行人、腳踏車爭道。許多一身傳統藍馬褂的男人戴著毛氈呢帽站著抽菸，聊得非常起勁，也有一些蹲在街角。穿白袍的保母帶著她們負責照顧的外國嬰兒出來散步透氣。這是一條東西方交會的街道，基督教救世軍（the Salvation Army）的總部也設於此地。救世軍的成員們身穿制服，在街道的兩端之間走來走去，一邊打鼓，用伸縮號吹奏〈基督精兵奮進〉（Onward Christian Soldiers）。這些古怪的救世軍讓一旁的中國人覺得困惑又有趣，絕大部分的人都拒絕改信基督。

當韓署長終於現身時，他身穿全套警察制服站在內一區署門口台階的最高處，頭頂戴帽，配槍插在槍套裡。丹尼斯站在他身後不遠處，此刻他已不必遮遮掩掩，而他穿的是便服。根據外交慣例規定，必須由韓署長負責對媒體發言——畢竟這是他的案子，他的警署。但他仍然沒辦法交代細節，無法說明殺人動機，也沒有嫌犯的名字，只有一個訊息是他想要傳達給那一位正在哀悼受害者的父親。

他對著聚集的群眾說：「我會盡全力把潘蜜拉的兇手繩之以法。」

記者就只是聽到這句話而已。韓署長是從不對媒體說廢話的人。他不愛出鋒頭，不想看見報上刊登自己的名字。而且他也不希望話太多而讓自己出洋相，丹尼斯也同意，少說少錯。

但是，潘蜜拉的屍體在狐狸塔被發現後至今已經快一週了，記者們開始想要把兇手揪出來了。當他們提問時，閃光燈閃個不停。韓署長只是露出微笑，張開雙臂，手掌往外伸，意思是他沒有什麼可說的，只能向大家致上卑微的歉意，然後兩位警探又走回區署裡。

那天晚上，經過一天的瞎忙後，丹尼斯到六國飯店去吃了一頓熱熱的燉菜晚餐。他們已經證實了威納在凶案發生當晚的所有行蹤。確認看過他的，包括他的僕人、古瑞維奇一家人、使館界巡捕房的報案櫃台警官，還有城裡他去過的那些地方的門房。反正丹尼斯也不相信威納是兇手——那手法實在太過狠毒、太過瘋狂了。他的直覺告訴他，那個老人家不是兇手。

丹尼斯在吃晚餐時，餐廳經理跟他說，波森探長來電找他。丹尼斯到經理的辦公室去，拿起那一具沉重樹脂材質電話的話筒。

波森用興奮的口氣跟丹尼斯說：「他們抓到了一個衣服上有血跡的外國人。他的住處有更多血跡。我們把他的房間封鎖了起來，現在他在王府井大街。但他不肯開口」。

「知道他的名字了嗎？」

「他沒說，但是韓署長說知道他是誰——他叫平佛（Pinfold）」。

「我這就直接過去。」丹尼斯感到他的胃裡一陣空蕩蕩的。他們找到了血跡。

中國警方對於「荒地」裡每家旅館與出租房間的搜查，果然沒白費工夫，藉此他們找到了一個嫌犯。他們找到那個傢伙的地方，是一間髒兮兮的廉價旅店，裡面鼠輩與蟑螂橫行，是斑疹傷寒的溫床，那裡的房間是按小時、天數或者週數出租的，只要先付錢，旅店就不會問東問西。住在這裡的，除了有城裡那些貧困的白人之外，還有想要匿名躲藏的中國人，對於洋人來講，這裡可以說是最低賤的住所。一個人住在沒有廁所的小小房間裡，從一扇紙窗往外看，是一個堆滿垃圾的後院。

韓署長把房間裡的物品都蒐集了起來。一雙上面沾有血跡的鞋，另外還有兩個東西讓那位白俄女房東驚覺不對勁，這才報警：一把刀鞘上有血跡的匕首，以及一條血跡更多，已經被扯破的手帕——當時她進房去是為了察看房客還在不在，是否為了不想繳房租而溜掉了。韓署長把東西都帶走，還包括那個男人的衣物，全都放進棕色紙袋裡，送到協和醫學院去檢查，這下子，那些病理學家又要加夜班了。無疑的，那是血跡，但到底是誰的血呢？

當那位房客——平佛——被帶進王府井大街區署時，一個年輕的中國巡官把韓署長拉到一旁。他認得那個洋人。潘蜜拉的凶案發生後，那位巡官在值勤時，曾受命去保護狐狸塔底的犯罪現場，因為警探們還是有可能重回現場去勘察。在那些好奇的圍觀路人裡面，就包括這個人。那位巡官記得他是少數在犯罪現場徘徊的洋人之一。他看來很激動，當他看著潘蜜拉陳屍處的時候，雙腳不斷在地面上擦來擦去，而且他的衣著與城裡一般洋人相較，顯得較為襤褸。

偵訊平佛的地方是王府井大街區署裡的偵訊室，那是一個地板用硬磚鋪成的房間，大理石桌面下擺著一個隨處可見的白色琺瑯痰盂，上面沾滿了汙漬。韓署長與丹尼斯坐在桌子的一邊，另一邊坐著平佛，給兩個警探與嫌犯坐的硬背椅子坐起來都不太舒服。波森探長站在門邊。

房間裡只有一顆明亮的燈泡，掛在電線上，從天花板上往下垂，為了讓嫌犯保持清醒，偵訊室裡得時時保持低溫。窗戶在牆上的高處，沒有人可以往外面看，而且從院子傳進來的，就只有巡官們在換班時的大叫與嬉鬧聲。房間的牆面刷的都是白漆，除了韓署長頭頂上方掛著孫逸仙博士的肖像之外，什麼都沒有。

這是韓署長的區署，嫌犯是他的，偵訊也該由他來進行。嚴格來講，丹尼斯不該插手，他應該把行動範圍侷限在東交民巷裡，但是韓署長讓他來起頭。現場沒有律師，沒宣讀嫌犯的權利，也沒有錄音設備。這不是一次先經過宣示程序才進行的偵訊。

丹尼斯坐著，數度偷瞄那個男人，注意到他看來一點也不擔憂，很習慣這個環境。在蘇格蘭場幹了十五年，難道連一個人有沒有進去過警局都看不出來嗎？這個男的顯然進去過。

在他們走進偵訊室之前，韓署長先把背景資料說給丹尼斯聽——有關於那個廉價旅店、那個男人的房間裡的窮酸樣，還有那位女房東的疑慮。他說，他相信那個男的叫作平佛，但他自己不曾跟他說過話。他覺得他是加拿大人，或許是英國人，也有可能是美國人。

丹尼斯問說，韓署長怎麼知道他是誰，怎麼知道他在北平已經待了好一段時間，而且是在一九二〇年代晚期來的，當時的他看來比較體面，而且還有一份工作？在那亂世中，他曾經當過一個北京軍閥的保鑣，當時中國各地區的統治權在那些軍閥之間爭來奪去，他們擁有私人部隊，不曾真正效忠過誰，後來僅存的那些軍閥在東北負嵎頑抗，但終究被日本人給肅清了。

平佛保護的那個軍閥住在一座四合院裡，那大宅子的所在地，是那一片寬闊「緩坡」的邊緣，當時那裡沒有蓋起房子，還不是現在所謂的「荒地」。那位軍閥的家業從這裡一直延伸到幾乎抵達明城牆的地方，那是韓署長的管轄範圍，為他帶來麻煩。許多北洋軍閥喜歡聘洋人當保鑣，因為他們跟任何派系都沒有淵源，只要拿得到薪水，就沒有忠誠度的問題。此外，因為他們通常有軍旅的經驗，所以可以讓軍閥的隨扈陣容更為威武體面。這些傭兵通常是白俄人，走投無路的沙皇時代騎兵隊軍官，除了戰鬥技能之外，沒有任何謀生技巧。但是也有一些外國惡棍混雜其中，這個平佛就是一個例子。韓署長看過他很多次，當時他就站在明城牆上守護著那位軍閥的家業。

後來那個軍閥不在了。韓署長忘記原因為何——可能是被暗殺，遭遇兵變，或者不再當叛徒，帶著部隊向蔣介石與國民黨投誠。也許他就只是退休而已，如今帶著小妾們與他的鴉片煙管，還有銀行帳戶裡的一大筆錢，在上海過著安生的日子，的確有一小部分軍閥能有這種好下場。韓署長相信，在那之後，平佛就開始混跡「荒地」裡了，只是不知道他是怎麼討生活的。這些外國的流浪漢在「荒地」裡都做些什麼工作？不外乎是為那些低級酒吧與妓院當打手，幫忙打理賭場或夜總會，有時拉拉皮條，賣私槍或者賣一點毒品給海軍陸戰隊的隊員與其他洋人——都是典型的低下階層工作。

韓署長已經向加拿大、美國與英國三家使館詢問平佛的背景資料，但是他不抱任何希望。像平佛這種人，通常是來去無蹤，也不會因為留下名字而暴露形跡。

平佛的住處沒有搜出任何可以確定其身分的東西，沒有護照，沒有存摺，也沒有任何文件。警官們把他的房間都翻了過來，但是他除了現在身上那一套有點過時、有點髒汙的西裝之外，私人物品並不多。他有兩件破破爛爛的襯衫，一些內衣褲，一件冬天的厚重大衣，還有一個老舊破損的空行李箱。他唯一的那雙鞋因為沾有血跡，已經被韓署長沒收，換上一雙小了好幾號的中國草鞋。

除了衣服之外，他唯一的個人物品就是一支已經裂掉的廉價腕錶，以及一點中國法幣，沒有皮夾。房間裡的所有家具與用品，包括床鋪、小茶几、一張椅子、一個衣櫃、一具夜壺，以及一只有燒焦痕跡的銅質菸灰缸，都是那個白俄女房東的。房裡沒有情人的照片，沒有家人的信件，也沒有一般人生活中常見的紀念品與小擺飾。

女房東說那一把匕首的確是那個男人的——之前在他房裡她就看過了。韓署長要他把口袋的東西都掏出來，結果是幾枚中國硬幣，只比他下週該付的房租多一點，還有一包便宜的香菸，以及一個奧林匹亞夜總會的紙板火柴，那是「荒地」的一家新店，老闆是個華僑。稍後韓署長會查看一下。平佛還有另一串鑰匙，那不是用來開旅店房間的。

丹尼斯心想，他是不是還有個人物品擺在別處，東西不在「荒地」裡，而是塞給朋友保管，等他狀況好一點之後才會去拿回來。這種居無定所的社會邊緣人有時候會這麼做。

此時那傢伙看來很平靜，他接受了香菸，把每一根都抽到只剩下濾嘴。丹尼斯猜他年約四十，跟自己一樣，也看得出他曾經很強壯，或者曾在某支部隊裡待過一段時間。他現在瘦巴巴的，營養不良，他的白色皮膚乾枯而鬆垮，上面坑坑巴巴，身材完全走樣了，呼吸時偶爾會跟氣喘病發作一樣，發出咻咻聲響。或許他是個毒蟲，又或許他只是太窮了。他的頭髮很短，但是剪得很差，也許他為了想省錢而自己動手，頭髮油膩膩的，該洗了。他的牙齒很醜，上面有菸漬，還有蛀牙。他的指甲都被他咬到與指尖貼齊，指關節上都長了繭。

不管他是誰，總之是個一貧如洗的傢伙，而且不斷往痰盂裡吐棕色的痰，看來很不健康。

到目前為止，他連名字都拒絕透露，甚至也不肯點頭確認他就是韓署長認定的平佛。丹尼斯對他做自我介紹，又試了一次，要他說出名字、國籍、年紀與住址，但每一次都沒有獲得回應。

接下來他問道：「你可以跟我們說說，你一月七日那天晚上在哪裡嗎？」等到他還是沒有獲得回應時，便繼續問：「就是俄羅斯聖誕節那一天？一月九日那天你為什麼會到狐狸塔去？」

那個男人不發一語。他沒問說自己為何會被抓來王府井大街區署裡偵訊，也不問說這到底是怎麼回事。他沒有要求要知道為什麼他的鞋子、刀子與手帕會被沒收，又或者是他有沒有遭到正式起訴與逮捕。儘管他被人看到在犯罪現場出現，儘管潘蜜拉凶案已經是頭條新聞了，他都沒有提到她的名字。他拒絕解釋鞋上的血跡，還有他房裡為什麼會有一把沾了血跡的匕首。他沒有要求要找領事館或律師，或是跟其他任何人聯絡。他的身體完全不動，也不抱怨。他就是不講話，情願這樣僵持著。

最後，韓署長把那個男人丟進王府井大街區署裡的一間冰冷拘留室。讓他跟藥頭、毒蟲還有小偷們共度一晚，看看這樣能不能讓他鬆口。

中國沿岸各大報都報導了有人遭到逮捕的新聞，證實那是個歐洲人，並非中國人，但是沒有刊登名字。記者宣稱是波森探長負責逮人的，但他拒絕談論此事。路透社則報導了那一雙沾有血跡的鞋、手帕、匕首與刀鞘。顯然有人給了他們內線消息。

協和醫學院的病理學家那邊還沒有消息傳來，但是在那有孫逸仙博士往下瞪人、四面白牆的房間裡，丹尼斯、韓署長與波森又各就各位站好坐定。在拘留室待了一夜之後，平佛看來更老了。下巴冒出了灰色鬍碴，黑眼圈也加深了。也許他已經累了，但仍然不說話，光是一夜還不足以改變其心意。然而，他們又開始提問了，耐心地複述前一天的那些問題。

還是不說話。那個傢伙好像把房裡的三位警探當空氣。丹尼斯只好試試別的辦法。他把那一天的報紙拿給平佛看，潘蜜拉的照片被放在頭版，搭配著這樣的標題：「將英國女孩支解的兇手——證據顯示，這樁窮凶極惡的案子是在室內犯下的」。

丹尼斯認為自己察覺到那傢伙的眼神閃爍了一下，在把頭稍稍往後仰之前，他又瞥了一眼報紙。總探長把細節都講出來，包括陳屍處狐狸塔、屍體上面的割傷、器官不見了，還有性侵的跡象。他還是不講話。於是他們暫時休息，去吃午餐。讓他緊張一下好了。

那天下午他的身分獲得了證實。加拿大人說他們覺得他應該是叫作平佛沒錯，是他們的國民，而且是通緝犯。根據消息來源指出，他是加國陸軍的逃兵，為了獲得更多細節，領事正在跟渥太華市的加拿大皇家騎警隊（the Royal Canadian Mounted Police Security Service）聯絡。有人謠傳平佛於加拿大逃離軍營，前往美國，也許在芝加哥留下了前科，然後大老遠跑到舊金山去，搭船前來中國，途中還先經過馬尼拉。加國為他建的檔案資料指出，他常常去天橋南邊的刑場觀看犯人處決，很少洋人會這麼做，他們認為這樣很殘忍。3

加拿大人正在跟美國人聯絡，看看在美國，或者在美國人掌管的馬尼拉是否有資料——馬尼拉一樣也有個白人罪犯聚集的底層社會，到處都有賭場、妓女與毒藥。但是要花一點時間。

加拿大人給的某一條線報讓三位警探特別感到印象深刻。常有人在城南的船板胡同一帶看到他，特別是在胡同裡一家低級的白俄酒館中。那是個沒有店名的地方，地址是船板胡同二十七號，老闆是一對姓歐帕里納（Oparina）的夫妻。酒館隔壁有一家妓院，是胡同的二十八號。

船板胡同是「荒地」的主要街道，位於東交民巷東邊以及盔甲廠胡同西邊，剛好就夾在中間：前者是潘蜜拉最後被看到的地方，後者則是她回程的目的地。大家都說她為了避開「荒地」，總是會走沿著明城牆的那一條路線回家，有時可以走牆頭，有時走牆腳，而牆頭是只有行人、腳踏車與人力車可以通行的，汽車不能走。潘蜜拉的父親也堅稱，她知道「荒地」裡有許多蜿蜒曲折的胡同，她總是害怕自己會迷路，但是並沒有目擊證人出面舉報她遇害當晚所走的路線。基於她的習慣，警方必須假設她走的是明城牆那一條路。

但是，如果她沒有走平常的那條路呢？如果在喧鬧的白俄聖誕節那天晚上，她直接穿越「荒地」，走的是人潮熙來攘往的船板胡同呢？要是那樣的話，她就一定會經過胡同二十七號，歐帕里納伉儷開的那家店。

他們必須重建現場：就當作平佛去過船板胡同，而潘蜜拉也經過那裡，看看他們倆的路線是否可能交會在一起，是否曾經相遇——並且從病理學家那邊取得鞋子、手帕與刀子上的血跡反應。如果丹尼斯還能找到動機的話，那麼他所謂的凶案也就成立了。

那個週四晚間，警方前往船板胡同二十七號進行搜查。帶隊的是韓署長，二十個巡官與他同行。丹尼斯避開這件事，他回到六國飯店去。「荒地」的酒吧是有一點太過顯眼了，而且只要他一插手，消息就會傳回北平的英國使館，以及天津他那些老闆的耳裡。接下來他不但會被罵，甚至可能因為在東交民巷外進行調查而被召回。

但是沒有任何人提及波森探長的管轄範圍問題，所以丹尼斯要他跟著一起去，設法觀察整個經過。如果稍後有任何人提出抨擊，丹尼斯都會以其上司的身分擋下來。

船板胡同的西側是酒吧與妓院聚集處，東側則有許多便宜的中國餐館和經營到深夜的咖啡館。你在這裡可以買到用木籤串起來的羊肉串兒，還有用油煎煮，以春蔥調味，用小麥做成的大餅，以及在麵糊上打個蛋，煎好後捲起來吃的煎餅。北平道地的街頭小吃又便宜又能填飽肚皮，不管中國人或洋人，只要是夜貓子就很愛。

這些小吃攤負責煮東西給休息的妓女吃，她們在這裡與皮條客見面，或者與恩客相約於此，瞞著妓院，偷偷進行私下交易。「荒地」裡沒有路燈，照明全靠一些比較大的店面，例如白宮舞廳的外面就高掛著電燈泡，此外在胡同裡發亮的，還包括很多幫酒吧與餐廳做廣告的紅燈籠。為了掙得車資，人力車車夫們在寒冷的胡同裡拉著車子來來去去。

儘管嚴格來講這裡在東交民巷外，但居民大都是洋人：混雜其間的包括罪犯、毒蟲、酒鬼與嫖客，同時還有一些生活安逸的洋人，因為好奇心而結伴來這貧民窟過夜。這裡主要是白俄與韓國娼妓的地盤，中國人極少。中國妓女的地盤在別處，大部分都在東交民巷的西側。

大多數的妓院都開在四合院裡，宅子是倉促建成的，用粗劣的灰泥湊合蓋好，但一樣無法從外面看見裡頭。在入口大門看守的，通常是白俄壯漢與凶狠中國人的組合。中國人通常是來自山東或東北，全中國最高壯與凶狠的漢子都來自這兩個地方。總之，這兩種門口守衛都不是好惹的。那些低級的酒吧歡迎任何想要有豔遇的人。許多年老色衰、一頭白金髮、眉毛用眉筆修過的白俄女人，就是在這裡拋媚眼，向那些酒客、毒蟲或者窮鬼招攬「生意」。

船板胡同二十七號不是一個有多麼特別的地方。酒吧是由一個房間構成的，只有一個高度及胸的吧檯，一把把木頭椅子與吱嘎作響的桌子。那是個許多人在吞雲吐霧的地方，大家都喝了很多酒，但酒質不佳——全是些克里米亞紅酒與喬治王朝時代的白蘭地。歐帕里納夫婦自己當酒保，他們只收現金，恕不賒欠，也不能記在帳上：如果你開口要賒帳，就是汙辱他們。酒吧的角落裡有少數幾個小隔間是給人打撲克牌用的，裡面的人抽菸抽得更凶，喝的酒也更多。有些實在是走投無路的妓女在附近遊蕩，試著拉客，但她們不會進屋裡去。大隊員警抵達時，隔壁的妓院已經關門熄燈了，但其他還是有很多地方可以讓女孩們找到客戶。

歐帕里納夫婦的酒吧，也是個讓人談成賣春交易以及販售鴉片和海洛因的地方，甚至還可能有其他更見不得人的買賣，例如殘存的軍閥與凶狠的幫派分子就會來這裡購買武器彈藥，這根本不是祕密，但既然這裡的常客清一色都是白人，因為宋將軍的冀察政務委員會並沒把他們當成掃毒的目標，所以從來沒被警方突襲過。

然而，船板胡同二十七號門口的幾個山東保鑣還是很機靈，不敢擋韓署長的路，畢竟這裡是他管區裡的罪惡淵藪。韓署長搜查的方式非常標準：先把留聲機關起來，所有的燈打開，再命令大家留在座位上，派幾個比較高大的巡官守在門口，擋住任何想出門的人。酒吧沒有後門，後面只有一堵牆頭上布滿碎玻璃的高牆，一堵牆把東交民巷的上流社會與「荒地」的底層生活隔開。

員警們查核了酒吧裡每個人的身分，問他們問題，把潘蜜拉的照片給他們看。他們很快地放走了那些離開東交民巷來這裡體驗人生的有錢人，一群不用當班的義大利海軍陸戰隊隊員已經喝得醉醺醺，也被放回了東交民巷被留置的除了歐帕里納夫婦之外，就只有那些爛酒鬼。

沒有人見過潘蜜拉，但是很多常客都認識平佛。看來他不是那種讓人們覺得有義務幫他把口風守緊的人。歐帕里納夫婦承認他是個常客。其他人則說他是皮條客，幫妓女仲介那些在船板胡同裡閒逛的休假士兵。但是沒有人記得俄羅斯聖誕節，也就是一月七日那天他是否在店裡。

那是個鬧烘烘的漫漫長夜，大家都醉了。

至於潘蜜拉，「荒地」裡從來不缺貨真價實的金髮女郎，但是沒有一個是英國人，而且家世如此顯赫。「荒地」是白俄人的地盤，如果沒有人作伴，任何一個守規矩的英國淑女都不會來此探險。

巡官們把一些女孩拉上貨車，把她們帶回王府井大街的區署去偵訊。波森想去看看隔壁的妓院，但歐帕里納夫婦說那家店已經關門大吉，老闆也離開了。

離開船板胡同二十七號後，韓署長與波森到「荒地」另一頭的奧林匹亞夜總會去，平佛身上的紙板火柴就是從那裡拿來的。韓署長知道那個地方，也知道老闆是個從巴黎賺大錢回來的北平人。他在東交民巷與「荒地」各處都開了很多店，但如今大部分時間他都是待在法國，打理他在那裡的生意。他不在時，夜總會就交給一個美國人經營。

夜總會是新蓋的，又是「荒地」特別常見、那種很快就湊合地蓋好的建築，但是室內有稍微上漆，桌上鋪著亞麻布，在昏暗的燈光下，總是有那麼多人在吞雲吐霧，煙霧讓人看不出它是一間偷工減料的屋子。屋裡空間很小，不過是很典型的夜總會：擺著十幾張桌子，入口一點也不起眼，有服務生在服務，小小的舞台上有個兩人樂團與一個壓低音調的歌手，還有六、七個被聘來暖場的俄羅斯舞女。為了自抬身價，她們都說法語，並且宣稱自己來自俄國皇室，但她們的法語並不流利，也壓根兒不是什麼貴族。

「荒地」裡的人們下班後才會來奧林匹亞夜總會。妓女帶著她們的皮條客或者恩客來這裡放鬆心情，舒服一下；男人帶女人來這裡偷情，而會被女人帶來的男人，也不是她們的丈夫。他們在後面的幾張桌邊摟摟抱抱，離舞台遠遠的，在紅寶石色的桌燈照明下，沒人看得出他們是誰，自然也不知道是誰在偷情。

韓署長與波森要那個俄羅斯門房去把經理找來，他們坐在吧檯邊等待，經理是個四十五、六歲的壯碩矮子，叫作喬伊．諾夫（Joe Knauf）。韓署長對他點頭致意，並且介紹了波森。那個美國籍經理點了一輪威士忌酒，兩位警探接受了——這可是個漫漫長夜啊。他們互相碰杯，一口將酒飲盡。經理還沒開口，眼前又有酒端了上來。

諾夫已經知道船板胡同二十七號被警方搜查了——「荒地」是一個消息傳遞甚快的地方。他覺得，那是個低級酒吧，而歐帕里納夫人則是個不值得信任的白俄賤貨。還有，過去開在二十八號的那個妓院是個滋生梅毒的溫床。

諾夫也認識來奧林匹亞夜總會光顧過幾次的平佛，而且也曾在「荒地」裡的別處見過他。他們倆甚至曾一起到西山去打過幾次獵。諾夫說，他們與一群人同行，大夥兒偶爾會出城去走一走。不過，現在已經沒那麼容易了，因為城外到處都有日軍出沒。

諾夫是個看來很精壯的狠角色，他露出滿臉燦爛笑容，對警察總是前恭後倨，表裡不一。但是被問到俄羅斯聖誕節那天是否看過平佛，他並不記得。他的說法也一樣，當晚鬧烘烘的，而且大家都喝了好多酒。那些俄國佬實在很會玩——這對店裡的生意也是好事。任誰都有可能走進店裡，從吧檯拿走一個紙板火柴，諾夫也不會知道。他聳聳肩，然後問說此事是否跟潘蜜拉·威納有關，當韓署長點頭時，美國佬說那實在是一樁可怕的凶案，而且從媒體刊登的照片看來，她還真是個標致的女孩。他也在那些天津的報紙上看過報導，當時他到那裡去處理一些事。

此外再也沒什麼好說的。諾夫又幫警探們點了一輪酒，接著他們留下來看表演。在一支白俄四重奏的勸說之下，幾個顧客站起來擁舞。韓署長與波森繼續喝他們的酒。

譯註

1 一九三五年以前民國使用銀元，之後改行法幣，禁止銀元流通。

2 作者用的名稱是「高等師範學校」，那是民國十二年以前的舊名。

3 作者只提天橋，但因天橋是知名市場與表演藝人的集散地，會引起誤會。事實上，刑場不在天橋，而是天橋南邊的先農壇東門，是民國後才從菜市口移過去的。請參閱 http://cn.obj.cc/article-196-1.html。

11 人鼠之間

一月十五日是禮拜五：距離潘蜜拉的凶案發生已經一週了，四十八小時的「破案黃金時間」早已過去，二十天的辦案期限也轉眼將至。有個嫌犯正在羈押當中，但是鑑識結果都還沒獲得確認，也沒有目擊證人出面。威納不時催促警方把女兒的屍體發還給他，英國使館也提出了這個要求。此刻警方已經同意發還屍體，隔天將會舉行葬禮。

那些從船板胡同二十七號被抓來的妓女、皮條客與酒鬼，在王府井大街區署被關了一夜，讓他們的頭腦在冰冷的拘留室裡清醒一下，隔天早上才進行偵訊工作。區署把所有人的地址都留了下來，然後就放他們走了。但是，過了中午，那些地址無疑的根本就失效了。

因為前一晚喝酒而頭痛的波森把突襲酒吧的報告交給丹尼斯，那次行動幾乎沒有任何收穫。波森跟總探長說，很多人看見平佛，但沒有任何人看到潘蜜拉。看來這天跟前一個禮拜一樣，也不會有什麼進展。

之後，丹尼斯接到一通由托馬斯署長打來的電話，得知使館界巡捕房曾經逮捕平佛好幾次，罪名包括遊蕩、涉嫌販賣贓物，還有拉皮條。沒有一項罪名成立，但是令托馬斯感到詫異的是，英國使館居然還沒跟丹尼斯聯絡——因為他恰巧知道平佛早已被列入他們的「嫌犯名單」裡。

托馬斯還說了一件值得注意的事。他建議丹尼斯向英國使館詢問一個位於西山上的天體營，特別是其中一個叫作溫沃斯．普倫提斯（**Wentworth Prentice**）的美國人，以及一個叫作喬治．葛曼（**George Gorman**）的愛爾蘭人。他們跟平佛一樣，據說都是天體營的成員，也是打獵時的同伴，他們常跟一小群人到北平郊區的水田與山丘去獵鷸鳥跟鴨子。

一開始丹尼斯以為托馬斯在開玩笑。北平有天體營？但的確有一個，而且顯然已經存在兩、三年了。

那個叫作普倫提斯的美國人是發起人。他是一個在東交民巷外面開業的牙醫，本應是頗受敬重的專業人士，但是卻跟一些可疑的人一起做一些可疑的事。跟許多洋人在夏天的做法一樣，那群人在西山租了一間古廟，當作遠離沙塵與濕氣的避暑住處。但這個避暑住處不太一樣：那不是讓他們在野餐後可以碰面的據點或者休息的地方，而是個天體營。當地的中國警察放任他們的活動，也許是因為收了錢，總之他們只是一群瘋瘋癲癲的洋人而已。誰知道他們在搞什麼鬼。

根據托馬斯所言，據說普倫提斯會在他那間位於東交民巷的公寓裡舉辦裸體舞會，一群大男人花錢請女孩們脫光衣服跳舞給他們看。顯然英國使館也知道這件事。這的確是有一點放浪形骸，有一點古怪，但這有犯什麼罪嗎？

至於那個愛爾蘭人喬治．葛曼，他拿著英國護照旅行，在來到北平之前，曾在好幾個中國的城市流浪。他在這裡宣稱自己是倫敦《每日電訊報》（*Daily Telegraph*）的特派員，但實際上他只是偶爾幫那家報社寫些稿子而已。他也會幫一些日本的報刊寫文章，有時候則是幫《北京時事日報》（*Peking Chronicle*）撰稿。人們大都把他當成一名親日分子，許多人還記得當日軍於一九三一年佔據東北時，葛曼曾直接在日本人的手下做事，凡是日本政府不喜歡的外國記者報導，都會遭其反駁，其言詞多有令人存疑與感到困惑之處。

聽到這些事之後，丹尼斯不禁覺得納悶：當平佛的名字被通報出去後，為什麼英國使館對這一切隻字未提？他說出自己的疑慮，托馬斯猜想，既然天體營有幾十個成員，無疑的其中應該也包括北平城裡一些受敬重的洋人，甚至可能有一兩位英國高官，他們可不喜歡被警方盤問夏天於天體營裡都在做什麼事，也不想被問到有關那些裸女跳舞的事。平常看那些醫生、銀行經理或者海關官員個個一板一眼，沒想到竟然每週六會在西山上搞天體營。他們應該也不希望這種事被披露吧？

溫沃斯．普倫提斯醫生象徵著北平洋人圈的兩種嘴臉。那些人在北平備受敬重，但是一去參加他在西山辦的天體營與在城裡公寓辦的裸體舞會時，一個個都成了罪人。

丹尼斯要人再去拘留室把平佛帶到偵訊室。韓署長也在場，丹尼斯用自己聽見的傳聞來質問平佛。是該下重手的時候了，這樣他才會有所反應。

「我們來談談在西山的天體營吧。」丹尼斯一說出口，平佛的臉色就變得一片蒼白。但是，既然他知道警方已經摸清楚他的底細了，終於也願意開口了。

他承認自己去過，過去兩年的夏天都會到普倫提斯租的那個古廟裡。那裡的主事者是那位牙醫，他不希望有偷窺狂去窺看，所以他聘請平佛去負責保全的工作。當地的警察並不覺得那有什麼問題，一方面那是個只有洋人會去的地方，另一方面只要拿著塞了一點錢的信封去打通警察的主管，他們就不會來找麻煩了。一群人在週末的時候到那裡去，脫光衣服野餐、打網球或裸泳——做的事跟一般到西山去的洋人一樣，只是沒穿衣服。他們在晚上舉辦宴會。這一切也沒傷害到任何人，平佛的工作簡單極了。那座古廟很偏僻，沒有可以遠眺它的高處。

丹尼斯想知道，還有誰與此事有關？除了普倫提斯之外，還有那個叫作葛曼的愛爾蘭人，但平佛不知道其他參加者的名字。有些人是東交民巷裡的大人物，有些在外交界的地位稍微低一點，也有一些是「身世令人存疑」的女人。

丹尼斯問平佛說怎麼會被聘到西山去工作，而且聽說他跟普倫提斯與奧林匹亞夜總會的經理喬伊・諾夫，還有幾個他們的朋友曾一起出去打過兩、三次獵。牙醫曾問他說，週末時想不想多賺一點小錢。平佛並不排斥天體營這種事，而且這可是有人付錢給他看裸女耶，能有多難？他跟曾在美國海軍陸戰隊服役、有時兼差做保全的諾夫一起負責那裡的維安工作，但諾夫並沒有每週都出現。

平佛表示，那些裸女舞會也沒什麼大不了。他會在船板胡同街上挑個想要多賺一點小錢的女孩，她們也許是在奧林匹亞夜總會或者白宮舞廳工作。那只是為了幫「一群紳士們找樂子」，欣賞的人只有普倫提斯那些上流社會的朋友，表演地點就在他那間位於使館路上的公寓裡，如此而已。一兩個俄羅斯女孩藉此賺點晚餐錢，又何罪之有？

丹尼斯問他，那他鞋子與匕首上的血跡呢？是打獵時沾到的嗎？還有他的衣服是怎麼回事——其餘的衣服在哪裡？聽到這些問題，平佛又再次把嘴巴閉緊了。

丹尼斯感覺到已經達成某種效果，於是暫停偵訊，先去吃午餐。此刻他已經掌握了好幾個名字：普倫提斯、葛曼、諾夫，還有週末那些鬧劇，包括天體營與裸女舞會的細節。可能最後會證實這根本沒什麼，但的確很奇怪。平佛問說這何罪之有，也許他是對的。丹尼斯自己也在想，潘蜜拉跟這件事又有什麼關係？但是的確有重疊與關聯之處。他必須進一步深入調查，把線索串聯起來，這樣才能對這些人有所了解，綜觀他們之間的互動關係。

他回到六國飯店吃西餐，換一件襯衫。當他回到飯店時，接待人員拿了一張紙條給他，要他盡快打電話回天津給他的祕書。回電後，祕書跟丹尼斯說他被召回天津了，召回他的人正是領事艾佛列克本人。

自從丹尼斯於一九三四年從倫敦來到天津之後，瑪莉．麥金泰（Mary McIntyre）就一直是他的祕書，如今她跟丹尼斯說，天津英租界工部局高層中的最高層，也就是艾佛列克，正在大發雷霆。他要丹尼斯立刻回天津去。明天一早就要開會，總探長一定要在場。他必須搭乘下一班火車回去。除此之外，沒有更多的細節。

丹尼斯在北平搭上了「國際號」，列車穿越郊區那一片又一片的高粱田，最後抵達天津東站[1]，那裡是腳夫、人力車夫與計程車群聚競爭的地方，大家都想從旅客身上掙得一點錢。司機已經在等他了，車直接開進英租界，把丹尼斯載回他那位於香港道的住家。兒子已經睡了，丹尼斯親親他的額頭，吃了一頓倉促準備好、只有冷菜的晚餐，接著就到辦公室去處理一堆文書作業了。

到了那裡，副手們向他報告他不在時天津發生了哪些事。過去一週有好幾個案件上了法庭，有些餘波則是休假的部隊引起的，他們鬧事的地方都是在都柏林道與博羅斯道[2]的那些低級酒吧與妓院，那兒向來是租界裡的騷亂之源。有些文件需要他簽署，再來才是潘蜜拉．威納凶案的調查狀況。

表面上看來，沒什麼好說的。比爾．葛林史雷德親自去調查她男友米夏．何葉爾斯基，而且也排除了他是嫌犯的可能性。葛林史雷德還去了一趟天津英國文法學校。當時學校還在放假，同學們要到隔週週一才會回去上課，但是老師們對葛林史雷德很感冒——一提到潘蜜拉，他們似乎就很緊張。他們會感到心煩，不確定校方要怎樣處理這個狀況，這都是可以理解的。但是他們個個顯得緊張兮兮，不管葛林史雷德問什麼，他們都請他去問校長悉尼．葉慈（Sydney Yeates）。

因為葉慈不在學校，葛林史雷德就到他家去，也就是位於馬廠道的學校宿舍，潘蜜拉也曾是那裡的住宿生。但是僕人們跟他說葉慈不在家。葛林史雷德懷疑他們在掩護主人。警察的直覺告訴他，校長應該在家，但不想跟警察講話。艾佛列克領事與天津英國文法學校的一些校董（大都是一些當地的重量級人士）和葛林史雷德聯絡，語氣明確地要求他別再找學校的老師與學生問問題，也別再去學校宿舍。葛林史雷德覺得這實在很奇怪，而丹尼斯也不知道自己該怎麼想。

丹尼斯受命去參加的那個會議預計於隔天一早八點召開，地點在他那間位於維多利亞道上戈登堂裡的辦公室。戈登堂象徵著英國在天津的權勢，其建材是英國軍隊把該市古城牆摧毀後所得的深黑色石頭。它的名字是用來紀念綽號「中國佬」的查爾斯．戈登（Charles 'Chinese'

Gordon），因為一八六〇年的時候，還在伊利金伯爵（Lord Elgin）麾下的他，就是從這裡揮軍北京的。他們的部隊最後燒毀圓明園，北京也遭到英法聯軍的燒殺擄掠。

後來，戈登組織了一支由自願軍與傭兵組成的部隊，自稱「常勝軍」，於上海郊區打敗太平天國的部隊。當時仍在執政的清朝統治者感激不盡，給予他大量獎賞，不管在中國或祖國英國都聲名大噪，被各大報取了一個「中國佬戈登」的綽號。最後他又踏上征途，在蘇丹死於救主軍（Mahdi）的寶刀下，成為永垂不朽的大英帝國英雄。「中國佬戈登」這個名號甚至比「喀土木[3]的戈登」（Gordon of Khartoum）還要響亮。

戈登堂是英國租界的行政中心與權力核心。辦公室設於此地的單位包括英租界工部局、法院，還有丹尼斯所掌管的巡捕房。這棟建築看起來像一座哥德式古堡，骨子裡是保衛大英帝國權勢的堡壘，每個出入口都有一座教堂裡常見的那種拱門，其前門龐大厚重，為了防禦外來攻勢而打造得異常嚴實。前門從來沒有被用過，因為大家都是從側邊的入口進出。如果天津的英國人遭遇危險，戈登堂會變成他們的最後一道防線，必須死守的一座圍城。戈登堂前面有一排老舊的大砲，那是在攻下天津後法國人致贈的賀禮。

戈登堂位於英租界河壩道的黃金地段上，與天津俱樂部和利順德大飯店（Astor House Hotel）比鄰，同一條路上的正對面，就是在規劃上完美無瑕、與英國任何一座城鎮的市立公園相較也毫不遜色的維多利亞公園（Victoria Park）。隔著海河與戈登堂對望的，則是已經由中國收回的俄國租界[4]。

那天早上，除了有艾佛列克與葛林史雷德出現在丹尼斯的辦公室外，其餘還有天津英國文法學校董事長E．C．畢德斯（E. C. Peters）[5]、英租界工部局董事會主席亞瑟．提波（Arthur Tipper）[6]，以及該局的法律顧問P．H．B．肯德（P. H. P. Kent），他們都是天津市最有權勢的人，也是英租界的主事者。

瑪莉．麥金泰端茶進來給所有人，並且遞給艾佛列克領事一個文件夾。一直等到她退出去，把門關上後，大家才開口說話，房間裡還可以聽見門的另一頭傳來她打字時發出的噠噠聲響。丹尼斯想要向與會者報告，表示凶案的調查終於有了進展，但才一開口，就被艾佛列克突兀地打斷。這位領事生氣時，他的英文就會帶著濃濃的利物浦腔。他在駐華外交界升遷得很慢，都已經五十六歲了，才在最近被拔擢為領事。

葛林史雷德與丹尼斯總探長對看了幾眼，然後聳聳肩，表示他也不知道這是怎麼回事。看來在這房間裡只有他們倆不知道為什麼要開會。

艾佛列克直接切入重點。他是個有話直說的人，儘管身居高位，但卻公然承認自己是個無神論者，並且在爭議聲中娶了一個天津英國會計師的遺孀，因此外交暨聯邦事務部裡面那些比較傳統而有虔誠宗教信仰的成員不太喜歡他。也許此刻已經時移事易，不會再發生有人因為娶了寡婦而遭朱爾典大使罷職的那一類事件，但是白廳是個偏見根深柢固的地方。艾佛列克跟大夥兒表示，今天早上的會議，主要是為了天津英國文法學校的悉尼．葉慈校長而召開的，而且會議內容絕對不能外洩——大家必須搞清楚這一點。如今面子快要掛不住的，不只是天津英國文法學校，還有天津市的英租界，甚至包括全中國的英國人。

領事從瑪莉．麥金泰剛剛給他的呂宋紙文件夾裡面抽出許多紙張，發給大家。丹尼斯注意到那文件夾跟一般的有所不同，沒有蓋上橡皮圖章，標示內容物為何。那張紙上面列出了警方那邊留存的有關悉尼．葉慈的個人詳細資料，包括職業、住址、出生年份與出生地（一八九三年生於牛津市），並且指出其所有家庭成員：妻子，露易絲．艾薇，娘家本姓巴恩，一八九五年生於牛津郡黑丁頓鎮（**Headington**）。小孩，芭芭拉，一九二四年生於牛津市。

悉尼．葉慈是天津英租界的核心人士。他曾是牛津大學彭布羅克學院（**Pembroke College**）的學生，在移居非洲前，曾於英格蘭當老師。後來他在奈及利亞成為督學，接著到仰光去教了一段時間的書，才在一九二三年到中國來擔任天津英國文法學校的副校長一職，一九二七年升任為校長。

丹尼斯只從遠處看過葉慈。那是因為在家長與校方的曲棍球友誼賽偶爾人數不足時，總探長就會上場去湊數，因此曾見過他站在場邊，有時候則是在戈登堂的工部局會議裡，或者是在聖安德魯節、聖喬治節、英聯邦日（**Empire Day**）以及英王誕辰紀念日的活動中。丹尼斯覺得那個人長得就像是個校長：他總是用髮油把頭髮往後梳，帶著凹痕的下巴、深陷的雙眼讓他看來更嚴肅，還有那一片學生說他生氣時就會顫抖的上唇。他看起來比四十三歲還老，粗厚的黑框眼鏡更加深了幾分蒼老樣。他長得很高、很壯，而且對待學生的嚴厲方式也是出了名的。

就算大家並不覺得他特別友善，那也沒關係，問題在於丹尼斯也聽過悉尼．葉慈管教過嚴的流言。有家長在私底下抱怨，少數幾個則公開提出批評。這位校長喜歡體罰，他常用一根來自仰光的藤條抽打學生的屁股，如果不治療的話，瘀青的鞭痕就會長水泡或者變成膿包。有人說他之所以被仰光的校方要求離職，就是因為抽打學生時下手有點太狠了。

在悉尼．葉慈的管理之下，天津英國文法學校**的確**變成一間嚴格的學校。任何學生如果一週內被罰兩次留校，這意味著又要吃校長的一頓鞭子，但是家長們一開始之所以會把小孩送來這裡，不就是因為這種嚴格的校風嗎？更何況，在大英帝國的各所學校裡，葉慈可不是唯一一個用棍棒懲罰學生的校長。

學生們對葉慈的看法也很兩極。許多人喜歡並且尊敬他，覺得他很「爽朗」。其他人則是認為他懶散──當上校長後，再也不像以前那樣常教書了，也有人宣稱他會喝酒、打人，而且待人粗暴，總是喜歡糗學生或者羞辱他們，讓他們出洋相。丹尼斯曾看過葉慈在豪華的天津俱樂部裡喝酒，但他喝的並不比其他人多。對丹尼斯而言，葉慈不過就是有一點優越感作祟，他總是不忘提醒別人自己有牛津大學的背景，也太常在公開場合穿上學士袍與方帽。

此時艾佛列克直接問丹尼斯說，他是否確定北平那樁凶案的受害者就是潘蜜拉．威納，丹尼斯說他確定。他還跟領事說，北平警方還沒有用謀殺罪起訴任何這樁凶案的涉案人，但是調查仍在持續中。還有，他到底為什麼被叫回來回答這些問題？

接下來換天津英國文法學校的畢德斯董事長主導發言了。他說，去年上學期期間有人提出一些指控。他們無法徹底斷定指控內容的虛實，但情況還是令人憂心。他們在校內進行調查（當然是偷偷摸摸的），最後查出了一個結果。然而，因為最近發生的事件導致媒體有可能會介入報導，而有些細節如果真的見光，對學校沒什麼好處。而且這些細節絕對跟北平那一樁不幸的慘案沒有關係。

丹尼斯感到一陣疑惑，他覺得自己這個總探長真是白幹了。他想要知道，是什麼指控？什麼調查？

畢德斯往艾佛列克那邊看過去。而艾佛列克則是看著法律顧問肯德，肯德點點頭。艾佛列克領事用他那種別具特色的率直方式把所有的事都說了出來。

上學期，潘蜜拉．威納的父親找上學校董事會，宣稱女兒在學校住宿期間，某人曾用不當的方式對待她，那個人就是悉尼．葉慈校長。這讓她倍感痛苦與心煩，威納威脅校方，如果不處理這件事的話，就會把葉慈的事揭露出來。他也用自己的影響力請艾佛列克介入，因此校方才會進行調查。看來葉慈的確曾用校長不該用來對待學生的方式去對待潘蜜拉，也許他當時是喝醉了。而且，因為他有照顧住宿生的義務，其行為就顯得更為不當了。

過去也有人提出指控，但他們都不了了之。不過，威納的立場比大多數的人還要堅定。葉慈承認自己有部分行為的確不妥，並且表示想等到學年結束時在夏天提出辭呈，否則就會因而蒙羞，以後就再也不能教書了。威納讓潘蜜拉離校，打算要帶她回英格蘭去完成學業。為了維護女兒的名聲，他同意讓他在漫長的暑假開始時以健康為由提出辭呈。如果鬧成了醜聞，不管是對於葉慈或校方，還是對潘蜜拉而言，都沒有好處。

丹尼斯感到很震驚。他自己也是個家長與父親，聽到這件事時，他的反應跟一般的家長一樣，又驚恐又沮喪，居然有校長會用這種方式對待學生。他正要開口，但又被艾佛列克打斷。領事宣稱，因為潘蜜拉不幸身亡，所以校方不得不提前讓葉慈離校。凶案發生時，校長正待在天津，所以他絕非嫌犯。如果有必要的話，葛林史雷德總稽查可以隱祕地針對葉慈的不在場證明進行查核——當時他跟妻女待在家裡。最重要的是，不能讓民眾知道這件事，而且絕絕對對**不能**被報紙報導出來。

艾佛列克繼續說，在會前他們已經做好決定，週一假期結束時，葉慈就不會回學校了。他跟家人應該盡早返回英格蘭。此事將由畢德斯全權安排，並且由他向全校師生解釋，說校長是因為健康因素而去職。代理校長一職將由副校長約翰·伍鐸（John Woodall）升任。他們必須把實情告訴伍鐸，但是除了他與威納，還有這房間裡的人之外，沒有人會知道此事。艾佛列克會確保當地的報社一定會要求所屬記者不要理會任何流言蜚語。天津英國文法學校的聲譽……

在艾佛列克獲得在場所有人承諾絕對不會洩漏此事之後，會議就結束了。他說丹尼斯可以回北平去繼續進行調查了。當他們起身離開之際，沒有人有辦法直視丹尼斯的雙眼，就連言行如此直率的艾佛列克也辦不到。實在沒有別的言語可以形容這種事：在天津英租界巡捕房總巡的辦公室裡，剛剛發生了一件掩飾犯罪的行為。

丹尼斯感到憤怒無比。為了維護英國的體面，他變成了一個無能的人。現在他懂了：幾天前，當他問威納說，潘蜜拉為什麼要離開天津，回英格蘭去時，威納的回答是，**我還以為你已經知道了**。

他**早該**知道的。而且，不知道這件事不僅讓他變成一個無能的人，也讓他在調查凶案的關鍵時刻被迫離開北平。

隔週，悉尼．葉慈帶著妻女返回英格蘭，並且是一有船就離開天津，再也沒有回來。

偷偷調查、祕密會議，然後有一家人被趕出城——這一切對於丹尼斯來講實在太詭異了。而且，儘管在他辦公室裡大家都約定要保密，流言蜚語不免還是越來越多。一則謠言指出，多數天津英國文法學校的高年級生性關係複雜。校內似乎有一群放蕩的學生，而潘蜜拉就是其中之一。有人宣稱葉慈不但是個酒鬼，也是個惡霸。他與潘蜜拉有染，還逼她做一些事。

謠言傳得越來越凶：驗屍報告顯示潘蜜拉在死前有孕在身，孩子是葉慈的，而且在她遇害當晚，有人在北平看到他。事實上，他常常從天津溜到「荒地」裡去找樂子。潘蜜拉在相館拍的肖像照被刊登在天津的各大報上，被人拿來傳閱與品頭論足。大多數人很同情她——她是一樁可怕凶殺案的無辜受害者，這種事有可能發生在任何人身上。其他人可不這麼想。他們看到一些報導寫道，「潘蜜拉可不是什麼乖乖牌」，在來到天津之前，她在好幾個學校都闖過禍。他們發現她實際上的年紀比外表大，在北平同時有好幾個男朋友。他們相信，天津文法學校裡那個風雲人物米夏．何葉爾斯基被她玩弄了，可能她在生前都一直過著墮落的生活。

這兩種看法反映出兩個不同的潘蜜拉：潘蜜拉是個好女孩，一個學校裡的平凡女學生，但潘蜜拉也是個貨真價實的女人，她太過獨立，已經失控了。不管是在天津英租界裡各個舒適的交誼廳內，或者戈登堂裡天津俱樂部的那些柔軟皮革椅上，大家都在議論著哪一個才是真正的潘蜜拉。

葉慈帶著妻子與女兒芭芭拉消失後，流言傳得更厲害了——她女兒本來也是常在天津英國文法學校裡獲獎的學生。令人納悶的是，他們為何走得那麼突然，沒有對任何人留下隻字片語。出乎意料的，約翰．伍鐸就這樣被拔擢為代理校長，進而搬入馬廠道上的學校宿舍，儘管各大報也配合演出，刊登了葉慈稱病去職的官方消息，但這一連串事件實在太奇怪了，不禁讓許多人起疑。大家都在嚼舌根，猜測聲四起。有些人深信葉慈就是謀殺潘蜜拉的兇手，為了避免讓英國丟臉，才會幫他掩蓋此事。

天津英國文法學校一年一度的「演說日」與頒獎典禮將於三月底來臨，這是學校行事曆上的一件大事，《京津泰晤士報》進行了如下的報導：

天津英國文法學校的校董畢德斯先生提議為最近離開的葉慈先生高聲歡呼三次……大家用一致的喧鬧聲回應畢德斯先生，由此可見，同學們都極為敬重其前任校長。

也許這說得對，也可能不對——報紙的報導仍然與官方說法一致。報導中沒有提到缺席的潘蜜拉，也沒寫到凶案。沒有人弔唁她，也沒有人為她默哀。

「演講日」過後不久出版的那一期校刊《文法學人》，刊登了新任校長約翰・伍鐸寫的一篇文章，題名為〈追憶葉慈先生〉。文中他一樣堅守官方立場，但是裡面一句他用來稱讚離職同事的話，卻成為天津人在客廳與俱樂部交誼室裡不斷討論的話題：

他在一九二七年成為校長，一當就是十年，而正因為在蘇伊士運河以東的這個世界裡，真相是那麼容易就會被扭曲為醜聞，同時家長、董事會成員、教職員與學生們的利益是那麼容易就會發生衝突，各方的歧異又是如此之大，這個職位可以說是杏壇上最困難而且最具挑戰性的工作之一。

這個世界裡，真相是那麼容易就會被扭曲為醜聞。約翰．伍鐸非常清楚有關於前任校長的那些流言蜚語，而天津英國文法學校還是一個充滿祕密的地方。流言是永遠不會消散的。

同時，因為這個沒有用的線索，丹尼斯總探長**已經**離開北平兩天了，這是極具關鍵性的兩天。

譯註

1 即天津站。

2 Dublin Road 即現時鄭州道；Bruce Road 即現時煙台道。

3 喀土木為蘇丹首都。

4 俄租界早已於一九二四年由蘇聯政府還給中國。

5 畢德斯：曾任怡和洋行經理。

6 亞瑟·提波：原籍澳洲本迪戈人，於一九〇五年抵達中國北方，因從事「太陽保險」（Sun Insurance）經紀而致富。

12 長眠北平

當丹尼斯總探長搭火車返回天津時，潘蜜拉的遺體也正準備下葬，長眠北平。大概有五十個人聚集在英國公墓裡寬敞的墓邊區域，挖墳的人必須加把勁，才能挖開已經結凍的地面。那已經是當天傍晚，微弱的太陽西沉了，冷個不停的一月天讓致哀者更感肺部一陣冰涼。空中灰雲密布，五點鐘之前太陽就要下山了，接下來四處很快就要被薄暮籠罩，然後黑夜也跟著來了。

> 凡我人類皆出自母體，一生苦短。降生後，如花朵凋零；如陰影逝去，未曾久留。[1]

英籍牧師葛里菲斯（Reverend Griffiths）此刻正站在墓邊致詞，儘管儀式進行時威納的頭都低低的，但他並沒有在傾聽。早在幾十年前，他就已經選擇擁抱知識而背棄任何有組織的宗教體制，但是重禮節的心態是根深柢固而無法去除的。為了讓葬禮仍有某種儀式可言，葛里菲斯牧師才會被請到場。潘蜜拉自己也不信教，但她在就讀聖方濟白衣修女會的學校時，每次學校聚會，也都跟著朗誦〈主禱文〉（Lord's Prayer）。

吾主深知我心中祕密，敞開汝慈悲的耳朵，傾聽我們的禱詞，原諒我們……[2]

如果威納抬起頭往西邊看，就會發現狐狸塔距他不到四分之一英里的路程，隱約可見。一九二二年時，他也曾站在同一個地方，看著摯愛的葛蕾迪絲．妮娜躺在棺材裡，被放進潘蜜拉身邊的那個墓穴中。當時他女兒才剛滿五歲。她的一頭金髮被剪成像馬桶蓋的髮型，有幾顆乳齒已經掉了。當時她身穿黑色大衣與黑色羊毛長襪，看著自己幾乎不認識的媽媽被下葬。此刻母女倆已經並肩躺在一起了。

慈悲的主很樂意收留這位逝去的姊妹之靈魂，因此我們將其身體埋入地下，塵歸塵，土歸土……

艾瑟兒．古瑞維奇與其母親也在公墓裡的致哀者行列中，此外還有莉莉安．馬凌諾夫斯基，以及潘蜜拉在北平念書時認識的一些朋友。盔甲廠胡同宅子裡的僕人們聚集在一側，潘蜜拉的保母正在啜泣。托馬斯署長代表使館界巡捕房到場，但似乎天津那邊沒有任何人過來。

英國使館只派了少數幾人到場，但沒有高階官員，他們只是來履行最基本的義務而已。波森與畢內茨基沒有來，他們仍持續進行調查工作，但是韓署長來了。他沒有擠在墓邊最前面的人群裡，而是待在後面，其餘到場表達支持之意的，大都是威納的友人與同事。

沒人知道為什麼使館的高階官員沒有到場。難道是因為威納的外交生涯被迫中斷，雖是陳年往事，但仍困擾著使館？還是因為那個傳遍全城的流言？威納自己當然也知道目前正在謠傳什麼：

是那個老傢伙自己幹的。

就像他幹掉他老婆一樣。

他總是跟死亡脫不了關係。

她是個奇怪的女孩。

被他們拘留的那個男人是誰？

潘蜜拉生前總是那麼野。

中國人說她是狐狸精。

不管是中國人或洋人的公墓，都在北平的城牆外，而且墓園都是根據官家的命令設置的，遵循的是自皇朝時期就已經訂立的規則，其目的在於避免有人在市中心安葬死者。迷信的北平人總是會避開一些地方，也就是那些狐狸精的棲息地。在庚子拳亂鬧得最凶時，所有洋人都躲在英國使館裡，心裡想著自己一定躲不開被人侵擾屠殺的命運，而拳民們挖出洋人的屍首，其中有些是自從一八六一年就長眠於英國公墓裡的。他們將屍骨亂扔，四處可見，除了褻瀆死者之外，也讓人在被圍困之餘又心生恐懼。

上帝與妳同在。與妳的精神同在。

葛里菲斯牧師完成了儀式，哀悼者們在猶豫還要待多久，最後覺得差不多可以了，便紛紛離開了。他們走回那些在等著他們的車輛，回到城裡，仍舊用自己的方式過活。

威納是最後一個離開的，他看了妻女之墓最後一眼。矗立在那裡的墓碑很簡單，上面刻著：

葛蕾迪絲．妮娜．（瑞文蕭）．威納　一八八六—一九二二

潘蜜拉．葛蕾迪絲．瓊莫斯．威納　一九一七—一九三七

當他轉身走開以後，拿著鏟子的工人才開始把堅硬而且已經結冰的土壤填進墳墓裡。

譯註

1 語出英國聖公會教派的《公禱書》（*Book of Common Prayers*）。

2 同樣出自《公禱書》。

13 一位可敬的有力人士

協和醫學院的病理實驗室傳回一份沒有確定結論的報告。平佛的鞋子、手帕與匕首刀鞘上面的血跡，非常可能是來自於動物身上的。那些血跡與潘蜜拉的血並不吻合。匕首本身是乾淨的，平佛的房間裡也找不到其他血跡。他們已嘗試了可能的一切辦法，但遇到了當時科技水準的瓶頸。

平佛終於承認他還有另一個住處，他個人物品中那一串鑰匙可以用來開那裡的門鎖。那房間在另一個出租旅店裡，嚴格來講位於東交民巷內。這樣一來他便受到了東交民巷的保護，也意味著如果要搜查那裡，必須要獲得東交民巷當局的同意，如此一來便阻礙了警方的辦案程序。最後波森與畢內茨基還是進了那個出租旅店的房間，除了少數衣物之外，沒有什麼發現。

韓署長請求英國使館准許他正式逮捕平佛。因為中國與外國政府之間的管轄權與協議混亂不清，多所重疊，所以在韓署長逮捕任何外國居民之前，都必須獲得授權。因為平佛涉嫌謀殺一位英國國民，儘管他們認為平佛是加拿大人，但標準程序是先請求英國使館的准許。不過，菲茨莫里斯領事拒絕了，他說他不認為有足夠的證據可以定罪。韓署長說，逮捕平佛的目的是將他拘留，以便讓他們去蒐集足夠的證據，但是菲茨莫里斯的立場十分堅定，這是原則的問題。所以平佛就這樣被放走了。

一月十六日星期六晨間，他早早就離開了王府井大街的內一區署，重獲自由。沒有人看見他離開。媒體不會在那麼早的時候出現，但是為了預防有人在外面拿著相機守候，他還是走後門。他的鞋子、手帕與匕首全都發還給他，任由他就這樣消失在王府井大街上的晨間人群中。沒有媒體拍到他的照片。

韓署長發布了一份新聞稿表示，嫌犯因為罪證不足而被釋放，此外沒有任何評論。

有關平佛的訊息，如今可說半真半假——丹尼斯知道他們還沒有探查到平佛的底細與祕密，但他們已經找到了一些連結。令他鬆了一口氣的是，韓署長已經下令要把溫沃斯・普倫提斯帶來署裡偵訊。

不可避免的是，一定會有人把消息走漏出去。也許是協和醫學院裡的某個人，或者是某位清楚辦案經過的巡官，也有可能是一個看過詳細驗屍報告的英國官員。不管消息來源出自何人，週日的各大報已經掌握了潘蜜拉的心臟與其他器官不見的事實。

凶案發生後，混雜著事實與謠言的生動案情迄今仍讓北平的洋人心有餘悸，現在一聽到潘蜜拉的心臟遭人偷走後，又是一陣驚惶失措。但是，一個年輕女子的心臟居然會被人這樣掏出來，這似乎宣告了他們之前感到快要來臨的某種東西已經抵達了。如果在這個世界裡，像她那種無辜的女孩都會慘遭屠戮，內臟遭取出，渾身是傷，屍體就這樣留給黃狗吃，顯然再也沒有人是安全的，也沒有任何東西是神聖的。

迷信的當地人用狐狸精作祟的事件頻傳來解釋現狀，宣稱這象徵著美好的世界已經逝去，一切都失控了。其他煽動性的流言則是指出，野蠻的中國人把洋人的心臟掏出來製作違法的藥物，又或者是拿來進行某種隱祕的古代宗教儀式。有些住在東交民巷的洋人一定是在深夜看了太多以「傅滿洲」[1]為主角的系列小說，或者是把一些八卦小報裡沒有根據的報導信以為真，以為義和團又捲土重來了。總之，只要想到潘蜜拉屍體的慘狀，沒有人不感到一陣戰慄。

韓署長大發雷霆，要手下們在王府井大街內一區署後面的院子裡排排站讓他們冷得要死，自己則是快把喉嚨給喊破了。但是他也知道，就算消息是其中一位巡官洩漏出去的，那個人也不會自己走上前來承認。

週日下午威納召開了一個記者會，地點就在英國使館外面，此舉激怒了菲茨莫里斯，但他也只能在使館裡發脾氣而已。一大群男記者與少數幾個女記者乖乖地聚集在一起，備好手中筆記本，在他們已經寫了一半的文章中，威納被描寫成一個傷心欲絕、但又堅忍不拔的父親。韓署長有個中國籍線民是某家英文報社的記者，署長跟他聯絡，要他一字不漏地回報威納說了些什麼。

威納深諳演講之道。記者為了保持血液循環，不斷甩手，而他在大家面前則是站得挺直，一臉嚴肅。閃光燈啪啪啪的聲音此起彼落，接著發出嘶嘶聲響。他的眼神威風凜凜，穿著一套早在幾十年前就已退流行的正式黑色西裝，搭配一件乾淨的白色襯衫與黑色領帶，威納看來就是一個十足的退休外交官，一個善於公開演說的人。他也是個悲痛的父親，一個滿腹委屈的男人。

他跟大家說，就他所知，警方沒有任何進展。所有嫌犯在偵訊過後都已被釋放。為什麼呢？是因為警方無能嗎？他暗示英國使館拒絕允許正式逮捕某個嫌犯，而他自己——威納本人，則是被排除在辦案過程外，就連他也是嫌犯之一。此刻潘蜜拉已經下葬，但完整的驗屍報告仍然密而不發，必須要等到再度召開審訊會議，才能公布醫學事證。

威納跟媒體說，他聽見有流言蜚語指出，他就是兇手。他也知道又有人把他可憐的老婆之死怪在他身上，這實在令人心痛，還有記者都在挖掘他過去的事情。他非常激動，他很生氣。他感到義憤填膺。

他說，如今各種無益的流言四起，關於潘蜜拉的器官為何會失蹤、她的屍首為何遭支解有各種揣測。他深深吸了一口氣後再繼續。他不覺得殺他女兒的是中國人。他曾聽說兇手是三合會成員或薩滿教僧人，還有人說器官被偷去當藥材，或者他女兒是被殺掉獻祭了，但這都是一派胡言。至於說潘蜜拉的死因是狐狸精作祟，那更是不值一哂之說。身為評價極高的《中國神話辭典》（*Dictionary of Chinese Mythology*）與常常再版的《中國神話與傳奇》（*Myths and Legends of China*）等兩書之作者，威納率直地宣稱：「在這個國家，沒有任何社會學學說、神話與傳奇，或者藝術、科學與哲學的主張，和偷人心臟有關。」

如今威納對大眾說，這所有的流言蜚語都只是障眼法。兇手是個住在北平的洋人，而且有人知道他是誰。他們知道他做了什麼，但是在掩護他，但威納無法想像其目的為何。他跟群聚的記者說，警方已經很接近了，而北平的洋人圈裡面有人知道內情，只是不願現身舉發。

接下來威納真是語出驚人。既然使館界巡捕房的賞金不能奏效，那麼他就用自己的錢來加碼。此刻他把賞金加到五千金幣——很少人把這種貨幣拿來使用，但常常將其當作存款。事實上，這是威納的畢生積蓄，而且百分之九十九的北平人就算努力工作三輩子，也賺不到這筆錢。媒體紛紛拿這一點來大做文章。

丹尼斯總探長早在週日晚間就已經回到北平，他發現英國使館要他隔天一早就去。他們不是用命令的口吻，而是把他請過去：「……有鑑於民眾已知道案情與相關資訊，我們……」他決定要聽聽看館方的說法——反正他早就覺得他們會找他了。

嚴格來講，北平的英國使館並非大使館，而是領事館，而且自從英國駐華大使許閣森（Hughe Knatchbull-Hugessen）跟著蔣介石的國民政府遷往南京之後，就一直是這樣了[2]。北平早就已經是外交界的邊疆地區，但丹尼斯非常了解那些外交官與館裡的職員，儘管地位大不如前，但還是一樣自負且自以為是，也很自私自利。最重要的是，他們的排外性很強。

丹尼斯先到使館門口，也就是威納前一天召開記者會的地方，經過衛兵與石獅之後，他被帶往一個小圖書館，館內擺著座位很深的椅子。裡面看來有點像倫敦的紳士俱樂部，但是壁爐裡的那一點火實在微不足道，無法發揮取暖的作用。牆邊靠著一座座書架，只有火爐上方沒有。那塊牆面的壁紙已經稍稍褪色，上頭掛著英王愛德華八世的肖像。看來愛德華八世雖然早已於前一年十二月宣布退位，但是繼位的弟弟喬治六世之肖像還沒送到北平來。

館方派兩位官員來接待丹尼斯。對於他的到來，他們熱絡地滿口稱謝，但他可以感覺到，他們的骨子裡還是藏著改不了的外交官架子。接著菲茨莫里斯領事也進來了，身邊圍繞著幾位顧問，他非常直率地對丹尼斯下了幾道命令。往後丹尼斯不得再與威納接觸，只因那位老人家承受的苦難已經夠多了。使館方面也對中國警方發出同樣的請求，而且韓署長的長官，也就是掌管北京公安局前門總部的陳繼淹局長[3]，也會協同辦案。

他跟丹尼斯說，突襲船板胡同根本就是個錯誤。當晚總探長手下一位警官也隨行，這等於是違背了總探長先前所接受的命令。丹尼斯已經逾越了他的管轄範圍，領事命令他不能重蹈覆轍。

菲茨莫里斯說：「切記，你在這裡沒有權力逮捕任何人——在與韓署長聯合採取任何行動前，都要先知會托馬斯署長。」

此時丹尼斯才被告知，英國使館對於此案自有一套看法，而總探長忽略了最明顯的地方：中國人。這是一個擠滿移民的城市：在長年的水災、旱災、農作物歉收與貧窮的折磨與刺激之下，再加上日軍的劫掠，鄉間的年輕人紛紛湧進城裡，他們沒有錢，前途黯淡。丹尼斯必須了解的是，北平不只是一個政治壓力鍋，城內居民的性苦悶也已經到了極點。有百分之六十四的人口是男性，大部分都很年輕，而且許多是來自鄉間的難民。也許他們的性需求總是無法獲得滿足，娶不起老婆，也沒錢嫖妓。他們沒受過教育，不受控制，也非基督徒，並不總是有辦法壓抑自己。在這種氛圍中，會爆發如此瘋狂的性侵事件自然也很合理。丹尼斯應該督促韓署長鎖定這些男人，不要走進死胡同，追求沒有結果的辦案方向。

要講的就是這些。接著他馬上說總探長可以離開了。

丹尼斯沒有把英國使館的建議當真。在韓署長向他說明最新狀況後，他反而是去找溫沃斯．普倫提斯。他不用花太多工夫找人，這位牙醫就在他那一間位於使館路三號，與「荒地」的邊緣很接近的公寓裡。

丹尼斯與托馬斯離開托馬斯的辦公室，走一小段路就到了普倫提斯的公寓，公寓位於比較現代化而高級的區域裡，隔壁就是老舊的德軍軍營。這種公寓很受美國人歡迎，月租雖貴，但是有各種現代化的設施，陽台正對著德華銀行（Deutsch-Asiatische Bank）與規模龐大的法國使館。這個由許多公寓樓房構成的街區旁邊，就是法國俱樂部的溜冰場。

牙醫的公寓看來整齊而潔淨，令人意外的是，窗戶居然都是敞開的。他向丹尼斯解釋，因為他的房東剛剛把公寓重新粉刷了一遍，在北平的隆冬裡居然做了這種蠢事，不過中國房東們就是這樣。普倫提斯看來很輕鬆，而且同意接受他們倆的偵訊。因為使館界巡捕房太小了，他們就以王府井大街內一區署為偵訊地點，這是先前托馬斯就已經與韓署長取得共識的。

丹尼斯可以看得出來普倫提斯是個有錢人。沒錯，誰都知道牙醫是個能讓人賺大錢的行業。他的頭髮很整齊，後面剪得很短。他有一口好牙——丹尼斯心想，牙醫自己的牙齒都給誰看呢？他的西裝比打獵的同伴平佛稱頭許多，而且老實說，也比丹尼斯的西裝稱頭多了。他看起來是個對衣裝很講究的人：胸口口袋裡塞著一條手帕，穿的鞋擦得發亮，而且領帶也打得完美無瑕。

就提供資料這方面來講，美國使館實在比英國使館好太多了。溫沃斯．包德溫．普倫提斯在一八九四年六月六日誕生於康乃狄克州的諾威奇市（Norwich），其父麥隆．包德溫．普倫提斯（Myron Baldwin Prentice）是個雜貨店老闆。第一次世界大戰期間，普倫提斯在哈佛大學的牙醫學院就讀，畢業後結婚，然後舉家搬到北平來，於一九一八年開始在東交民巷裡執業。他在這個城市已經住了幾乎二十年，可能是城裡最有名的外國牙醫。普倫提斯是權貴們的牙醫。

一切都很正常，但有個地方看來讓人覺得比較不順眼。普倫提斯的妻子朵莉絲·愛德娜（Doris Edna）還有他們的三個小孩，包括朵莉絲（Doris）、溫沃斯（Wentworth）與康斯坦絲（Constance），已經在一九三二年回到美國去，並且定居洛杉磯。他們再也不曾回到北平來。美國使館那邊沒有他們已經正式離婚的記錄，但似乎普倫提斯已經有好幾年的時間沒跟家人一起住了。

還有另一件事。先前美國使館那邊曾經關切過普倫提斯最小的孩子，也就是二女兒康斯坦絲的福祉問題。美國使館曾於一九三一年幫她建了一個檔案，但是內容只有一行文字：「普倫提斯小姐——一九三一年十一月二十八日——三九三·一一一五／一四——在華美國人的福祉，與安危。」檔案裡沒有詳細的資料，使館那邊也無法提供更具體的內容。丹尼斯不知道朵莉絲是不是自願離開北平，或者是被普倫提斯趕走，又或者她是為了保護孩子，為了躲避某件事或者是某個人才逃走的。

儘管普倫提斯是出於自願才來王府井大街，但是進了區署之後卻口風很緊。他說他不是潘蜜拉的牙醫。北平有一部分最有錢與最有影響力的人都找他看牙，但是在潘蜜拉的凶案發生前，他連她的名字都沒聽過。

他毫無保留地跟警方說：「我這輩子跟那個女孩未曾謀面。」

當被問到一月七日晚上的行蹤時，他說他下班後就到王府井大街去看電影了。他沒有保留票根，而且他是自己一個人去的。他宣稱，看電影是再自然不過的事——他老婆還在北平時，他們倆常常一起去看，但此刻他別無選擇，只能自己去。他想念他的家人。

丹尼斯用堅定的口吻逼問他：「你真的不是她的牙醫？」

「我不是。我這輩子沒見過那個女孩子。」

丹尼斯先結束這次偵訊，事後再確認潘蜜拉到底是不是普倫提斯的病人。直接問威納當然是最簡單的，但是英國使館嚴令禁止丹尼斯再與那位老人家接觸。他查看這位牙醫的病歷資料，裡面沒有任何一個叫作潘蜜拉的病人，或者是姓威納的。但是艾瑟兒．古瑞維奇的資料在裡面，所以丹尼斯又去了一次匯豐夾道上的古瑞維奇家。艾瑟兒不知道自己跟潘蜜拉是不是都去看同一個牙醫，她甚至不知道潘蜜拉在北平是不是有個牙醫。

丹尼斯重新檢視驗屍報告的內容：

……牙齒——健康——嘴裡有二十六顆牙，她這個年紀的人一般都有二十八到三十二顆牙——後面有兩顆牙齒不見了——稍早有人以專業的手法將那兩顆牙齒拔除——兩顆門牙有缺口——應該是在掙扎時損傷了……

北平協和醫學院的胡醫生證實了潘蜜拉後面的牙齒在她死前就已經被拔除了：牙齦已經痊癒，這表示不是最近拔掉的。看不出她最近有做牙齒的跡象。

丹尼斯與韓署長又要求普倫提斯來王府井大街接受第二次偵訊。這位牙醫還是堅持他的說法：「我不是她的牙醫。我這輩子沒見過那個女孩子。你們為什麼要問我有關她的事？」

接著丹尼斯詢問他與平佛的關係，並且告訴他，先前他們偵訊過平佛。普倫提斯承認他偶爾會跟平佛一起去打獵，同行的還有喬伊．諾夫，以及其他幾個人，大都是美國人。而他為什麼不能去打獵？畢竟他是城裡的名人，幾個俱樂部的會員，哈佛牙醫學院的畢業生，而且在北平的洋人圈裡又已經混了那麼久。他再次指出，城裡有很多名人都會找他看牙。丹尼斯注意到這句話隱含著威脅的意味——他與權貴們的關係很好。

那天體營的事呢？丹尼斯持續追問。那些裸女舞會呢？

但是普倫提斯並未因此而閃爍其詞，只是把一切都推得一乾二淨。那個天體營是正派經營的，而且這種崇尚裸體的風潮在歐美都已行之有年。他說總探長大可以不必那麼假正經，北平城裡有些最牢靠而值得信賴的市民都是那個天體營的成員。如果有什麼不妥的事情發生，中國警方早就出面取締了，但他們卻已經辦了好幾年。至於說那些裸女舞會，不過是有人在說閒話，純屬流言蜚語。普倫提斯在公寓裡辦的聚會，其實只是一些志趣相投的男人私底下一起參與的文化饗宴。

普倫提斯被偵訊的消息走漏了風聲。各大報紛紛報導了西山的天體營，不過東交民巷公寓裡的那些裸女舞會仍然是個祕密，又或者是因為這種窺淫狂對於報社來講太過變態，以致不願讓其見報。這又是一件令北平許多洋人感到震驚的事，普倫提斯對他們來講是個可敬的社會名流。

見報後的隔天，有一篇關於潘蜜拉凶案的長篇社論出現在《北京時事日報》上——儘管該報早已被日本人掌控，但大多數北平的洋人仍然是其讀者。那篇文章的作者是跟普倫提斯同為天體營成員的喬治．葛曼。葛曼抨擊警方與丹尼斯總探長偵訊普倫提斯一事，聲稱他知道當晚普倫提斯的確是去看電影了，因此是無辜的。普倫提斯品行良好，且為東交民巷裡首屈一指的牙醫。中國與英國的警方根本就是亂搞，沒有頭緒，只會把無辜的洋人給牽扯進去，但卻不知道自己應該追查的兇手其實是中國人。

丹尼斯覺得葛曼對於辦案方向的批評太過頭了，為了釐清那些批評，應該與葛曼當面對質，所以把他找來了。那個愛爾蘭人與妻子和兩個青春期的孩子住在東交民巷的一個小房子裡，丹尼斯認為，這對於一個北京俱樂部的常客來講，實在是很不尋常的一件事。

葛曼不在家，但他老婆跟丹尼斯說他們都感到心煩意亂，因為在凶案發生的前一天晚上，潘蜜拉曾去他們家喝茶，然後跟他們家一起去溜冰。潘蜜拉把腳踏車留在葛曼家，溜冰後才來牽車。是葛曼夫婦介紹她到他們家附近的法國俱樂部的。當葛曼太太在報上看到潘蜜拉在溜冰場留下最後的行蹤後就消失了，她也感到很震驚。

丹尼斯離開葛曼家的時候並未獲得新的線索，只是對潘蜜拉在一月六日的行蹤有更深入的了解而已。他想要進一步偵訊普倫提斯，挖掘更多有關打獵的事，搜索他的公寓，因為丹尼斯注意到公寓裡有打獵的設備。總探長覺得，儘管牙醫的家人突然離開並不能證明任何非法的情事，但就是有點不對勁。韓署長同意丹尼斯的看法，他也覺得天體營不太對勁，只不過那並不違法，而且也沒有人抱怨些什麼。至於那些裸女舞會，就算真有其事，因為是發生在東交民巷裡，也不是韓署長可以管得到的。

丹尼斯請求菲茨莫里斯領事准許他逮捕普倫提斯，以便進一步偵訊他，但領事還是拒絕了，理由是罪證不足。有很多人會去打獵，而且丹尼斯不能證明普倫提斯認識潘蜜拉，或者他曾治療過她。天體營與裸女舞會都是怪事，但領事覺得，它們並不能證明牙醫與女孩的死有關。過去不曾有東交民巷的居民被逮捕到中國警方的警署裡去，他可不想創下這先例。

丹尼斯必須承認菲茨莫里斯是對的。他沒有任何證據，他所有的只是身為警察的直覺而已。普倫提斯的神態中有一種難以言喻之處。也許是他的微笑，就是他似乎在嘲笑丹尼斯的那種眼神。那不是一種有形的東西，只能說是一種態度，一種高傲的態度。但光靠這一點是絕對不夠的。

丹尼斯回到了原點，而且不是第一次了。

譯註

1 *Dr. Fu Manchu*：英國小說家薩克斯．羅默（**Sax Rohmer**）筆下虛構的中國大惡人，邪惡的化身。

2 此處原著有誤。國民政府遷都南京是一九二八年的事，許閣森則只是一九三六至三七年間的駐華大使。一九三七年的時候北平是院轄市。

3 原文為**Chief Chen**，一九三五至三七年之間的北平公安局局長是陳繼淹。陳繼淹（一八九八—？），字希文，河北阜平人，畢業於北京陸軍大學，著有《張北縣志》。

14 激進與時尚的混合體

調查工作毫無進展。此時，韓署長的二十日辦案期限已經過去，丹尼斯總探長則是快要支撐不住。北平的寒冬實在太過漫長而冰冷，丹尼斯儘管累得筋疲力盡，但卻睡不著。自從一月八日以來，他沒有一夜好眠過。他抽菸抽得太凶，也喝了太多威士忌蘇打，而且咳嗽的問題始終好不了。他常常在積雪的街道上奔走，走到四肢被凍僵，而六國飯店裡的專屬醫生開了一種味道噁心的綠色藥劑給他吃，也沒有奏效。而身為一個警探，他不免懷疑自己是不是忽略了凶案中某個極其明顯的環節。

此刻韓署長說他相信這個案子應該是永遠破不了了。日軍的腳步越來越近，兇手離他們越來越遠。北平人漸漸開始只顧著自尋生機。每天都有暗殺事件傳出，城裡也已經展開了游擊戰，日軍則是駐紮在距離紫禁城與東交民巷只有九英里遠的盧溝橋，只待上面一聲令下，就會往城裡挺進。在南京的蔣介石仍然默不作聲，這對於北平的命運而言無疑是一種凶兆。

畢內茨基小隊長已經奉召返回天津——那裡的情勢已日益緊張。他們也要丹尼斯回去，不過他請求再待個幾天，希望能獲准滯留北平，看著調查工作完成。在他那些失眠的夜晚與疲累的白晝裡，潘蜜拉不斷浮現在他的腦海中——一個充滿魅力的女學生。他自己幾乎都已經要開始相信狐狸精的傳說了，想像著自己看見牠們在明城牆牆頭跳舞，在狐狸塔的屋簷上閒逛，晚上在那一條又一條的胡同裡遊蕩。牠們一邊找尋下手的對象，或者把屍體的骷髏頭頂在頭上，一邊嘲笑他。牠們跟他在追查的兇手一樣摸不到、搆不著，消失於北平的暗夜裡，就連黑影也不曾出現過。牠們在內城憑空消逝，他連看都看不見，就像兇手遁入城裡一樣。

靠著那綠色的藥劑，他把那些幻覺壓了下去。

在公開場合裡，丹尼斯總是企圖要打消那些有關狐狸精與器官竊賊的流言。他對那些說法一笑置之，同時抨擊那些中文報紙，說它們不該把潘蜜拉一案跟《十日談》（*Decameron*）裡面吃人心的故事混為一談——這本小說充滿情慾元素，多有猥褻之處，在當時已被翻譯成中文，廣為流傳。透過匿名的訊息來源，媒體總是喜歡把報導聚焦在潘蜜拉的心臟被偷走一事。

在這方面，托馬斯署長倒是給了丹尼斯一則線報。波森探長在順利飯店的酒吧裡成為眾人的目光焦點，他喝了很多酒，一邊吹牛，一邊享受被注目的感覺。托馬斯的線報來源也指出，這位喜歡嚼舌根的探長常常去「荒地」裡鬼混，而且不是去洽公。為了避免消息繼續走漏，丹尼斯派他回天津去。

總探長還制止了有關變態虐待狂的傳言，並且宣稱有關於威納的流言蜚語都是「不負責任的一派胡言」。至於悉尼．葉慈與他在天津英國文法學校的那些事，丹尼斯則是完全不提。

同時，他也找不到平佛與潘蜜拉，還有普倫提斯與潘蜜拉，以及潘蜜拉與「荒地」那個地方的關聯。他知道平佛、普倫提斯與喬伊．諾夫之間的關係是什麼，他們除了一起打獵，還是西山天體營的成員，並且也都會參加普倫提斯家的裸女舞會。他們都與「荒地」有關，與北平洋人圈裡墮落的一面有關，但那關係就是連扯不到潘蜜拉身上。

就連打到區署裡的電話也變少了，或者說是報案的內容已經改變了。再也沒有打來承認殺了潘蜜拉的怪電話：如今他們總是打來說，看見日本特務在水井裡下毒，或者是於西山上看見裕仁天皇與蔣介石正在一起散步。

也許該是結案回家的時候了。如今他們八成抓不到潘蜜拉的兇手了。現在只剩下一些官方程序還沒走完而已。

直到一月二十九號，潘蜜拉凶案的審訊會議才再度召開。當時是週五早上十一點，會議於英國使館裡舉行，再度由菲茨莫里斯擔任主席，由他在庭上擔任驗屍官。這一次審訊會議的內容是要聽取目擊證人與警方提出的證詞與事證，還有完整的驗屍報告。

前一天晚上北平開始下雪，全城變成一片白色世界，而白雪很快就化為灰黑的爛泥。與上一次審訊會議相較，如果真有什麼不同的話，應該是這次法庭裡比當時還要冷。那個時候，似乎還可能很快地把兇手逮捕到案。那個時候，還有很多可怕的案情是大家不知道的。

為了再度召開審訊會議，使館特別將旁聽席增多，結果座位還是不夠。長凳上面坐滿了證人：包括古瑞維奇一家人、莉莉安・馬凌諾夫斯基、威納的僕人，以及其他可以透露潘蜜拉生前最後幾天行蹤的人、遛鳥的老人常寶成，以及十九號警察崗哨站的高巡長以及許巡官。托馬斯署長與使館界巡捕房的皮爾森巡官也都在場，當然還包括了韓署長以及丹尼斯總探長。

愛德華・威納挺直腰桿坐在那裡，像是一尊雕像似的，不跟任何人說話。他不發一語，對於自己被菲茨莫里斯排除在凶案的偵辦工作外，被丹尼斯忽略，令他感到非常憤怒。

結果，潘蜜拉・威納一案的審訊過程比北平人印象中過去的任何凶案都還要久，這第二次會議持續了三天。第一個證人常寶成站起來作證時，外面還下著雪，在使館譯者的協助下，他複述了自己發現潘蜜拉的屍體之經過。接下來則是高、許兩位中國員警，他們把寫在筆記本上的東西念了出來。

韓署長說出當時他如何處理狐狸塔的犯罪現場，把大多數可怕的描述略去，但是最後還是試著澄清那一則有關黃狗的流言。托馬斯與皮爾森兩人都為韓署長對於現場的描述背書。

接著，根據已知線索，韓署長把潘蜜拉生前最後一天給勾勒了出來，盔甲廠胡同宅子裡的門房與廚子也複述了他們的證詞。輪到潘蜜拉的保母站起來發言時，她哭了起來。會議到這裡暫停，第一天就這樣結束了。

第二天是週六，由艾瑟兒．古瑞維奇試著把她所知道的說出來。她爸媽證實了潘蜜拉於那一個週四造訪他們家。至於莉莉安．馬凌諾夫斯基上來作證時，則是與潘蜜拉劃清界線，表示她們倆雖然相識，但並非很熟。而六國飯店的接待人員趙錫門所複述的，是潘蜜拉那天下午曾造訪飯店，原因不明。

因為是週末，菲茨莫里斯在午餐時間暫停，宣布週一早上再聽聽最後一批證人，也就是北平協和醫學院的醫生之證詞，但會議**不對外公開**。記者紛紛提出抗議，但菲茨莫里斯不予理會。

到了週一，北平仍是雪花片片飛舞的天氣，街頭冰冰冷冷。使館衛兵守住通往法庭的大門，第一個作證的人是胡醫生。他陳述的是驗屍的各項發現與死因——頭骨碎裂後腦部大量出血。他細細述說死者在死前顯然有過掙扎，死後屍體遭支解，像是手術刀造成的傷口，斷裂的肋骨，數個器官遺失，還有被割掉的胃部。在描述潘蜜拉的遭遇時，他試著保持專業的精準度，但是也不斷停下來，因為他所說的一切實在過於殘酷可怕，迄今仍感震驚。

胡醫生在法庭上表示，頭部的致命一擊會讓潘蜜拉在幾分鐘內就死亡，而且她身上那些切割戳刺的傷口則是在死後五、六個小時內留下的。如果這件事是在室外摸黑完成，做案的人一定非常熟悉這種事，可能是個屠夫或獵人。胡醫生的看法是，兇手或者兇手們本來有意將其大卸八塊，但終究放棄了。

在胡醫生之後上來的是北平協和醫學院婦產科教授詹姆斯．麥斯威爾醫生。根據麥斯威爾的證詞，殺死潘蜜拉的人「不是個一般的性虐待狂」。他說，「各種跡象顯示，做案的人是個瘋子」。麥斯威爾也說，潘蜜拉「的性器官曾遭侵入」，此話暗指她的陰道遭到割傷，同時他又說，「但無法斷定這是在她死前或死後發生。」

接下來，藥理學家哈瑞．范戴克則是指出，兇手沒有對潘蜜拉下毒，她身上也驗不到三氯甲烷。她吃的最後一餐是中國菜。

最後韓署長又站上台跟菲茨莫里斯說，警方找不到兇嫌，也沒逮捕任何人。丹尼斯證實了韓署長的聲明，接著便很快地坐下了。他沒有提及先前菲茨莫里斯親口表示，不准韓署長逮捕平佛與普倫提斯，也沒提及威納被使館列為「不受歡迎的人物」。丹尼斯沒有提到自己正承受著要他返回天津、回歸正常警察工作的壓力。

至於威納，從頭到尾都保持緘默。他沒有再度被叫上去作證。威納認為自己在英國使館前面階梯上召開臨時記者會之舉，早已被菲茨莫里斯視為一種藐視他的行徑——的確這也是威納的本意。會議的第三天，這位老人家大部分的時間都只是坐在那裡，雙手抱頭。

聽完所有的證詞之後，菲茨莫里斯宣布潘蜜拉是死於他殺。這個決議意味著，這是一個未解的案子，有待破案，需要持續調查，並且再度召開審訊會議，在庭上針對調查結果進行判決。

菲茨莫里斯原本打算透過**不對外公開**的審訊庭，來避免潘蜜拉凶案中那些可怕的細節外洩，沒想到隔天還是全都被公開了。媒體設法取得了北平協和醫學院驗屍團隊的證詞。

看到潘蜜拉的屍體遭人弄得支離破碎，還有她遭到性侵犯的消息，全北平又陷入一陣驚恐，但是大家對本案的興趣已經變淡了。報紙頭版所報導的變成其他令人害怕的事，此刻潘蜜拉的消息被降格到內頁去，排在那些來自歐洲的壞消息之後。德法的關係惡化到歷史的新低點，德國的戈林元帥（Goering）在羅馬受到墨索里尼（Mussolini）的熱烈歡迎，而德國部隊已經在西班牙屬地摩洛哥登陸。

同時，中國的情勢整體來講也正在快速惡化。宋將軍的冀察政務委員會之種種決策惹惱了日本人，而日本人想在鄉村地區鼓動無政府主義風潮的詭計也遭識破。特務無所不在，大家都擔心鄰居會不會就是間諜。信任感開始崩解：任何人都可能被日本政府收買，淪為漢奸。

曾有一位住在上海的資深西方記者用這麼一句話形容那一個時代：「就好像住在火山口上面」。本來應該與共產黨組成抗日民族統一戰線的蔣介石，剛剛肅清了一次紅軍在江西省發起的叛亂活動。至於北平本身，街頭已經出現了日本人的坦克車。

坦克轟隆隆地開過鬧區，沿著王府井大街往下開，經過偵緝隊。日軍的零式戰鬥機飛越空中，發出蚊子般的嗡嗡聲響，好像在嘲笑百姓似的。日本使館矢口否認日軍別有所圖，宣稱這些只是軍事演練，帶有善意的行軍活動。市民們可不這麼想，北平城裡的善意已經所剩無幾。

北平市北邊的日軍軍營不斷擴增兵力。距離北平市區外圍僅僅幾英里的地方，出現大量的軍人與器械，如果說那只是部隊的單純調度，根本站不住腳。日本人持續把鴉片走私到城裡，廉價出售。北平警方大力掃蕩鴉片煙館與煙商，但抓了一個就會有三個取而代之，他們都受到日本資助。

隨著人們不斷溜出城外，趁還能走的時候趕快逃，不管是六國飯店的雞尾酒時間、北京飯店的下午茶舞會、北京俱樂部的午餐餐會，或者順利飯店的啤酒聚會，人潮已經變少了。北平的洋人人數開始急速減少——零星的人口外流已經演變成逃亡潮。

不過，丹尼斯總探長還是留了下來，他心意已決。他跟那些天津英租界工部局的上司們據理力爭，他們同意給他更多時間，但他也不能永遠待在北平。他可以待到農曆春節結束，接著就必須返回平日的崗位。

這對一個女人來講實在是太難以承受了，過去將近一個月以來，她的精神狀態始終是一片混亂。在審訊會議結束的兩天以後，她終究去了一趟王府井大街的內一區署。她心煩意亂，要求要見承辦潘蜜拉．威納凶案的警探。韓署長帶著她去找丹尼斯總探長，因為她是個洋人——又是一個心頭煩亂的白人女性。

但她可不是個會輕易感到心煩意亂的白人女性——她可是海倫．佛斯特．斯諾，她有個讀者們熟知的筆名叫作尼姆・威爾斯（Nym Wales），而她的一大群朋友則稱其為「珮格」（Peg）。海倫是個生氣勃勃、苗條而充滿吸引力的女人，她有一種許多人難以抵擋的魅力，因此人緣極好，而且她真的很美，如果不幹記者，也有可能成為模特兒。事實上，為了賺錢，她偶爾會幫一家叫作「駝鐘」（Camel's Bell）的服飾店當模特兒，那家精品店位於北京飯店的大廳裡，店裡的毛皮、絲綢與旗袍可說是有錢旅客的最愛。跟她那喜歡大鳴大放的丈夫相較，海倫是一個比較沒那麼極端的人。儘管埃德加・斯諾有時候很惱人，但誰都很難不喜歡海倫。

當韓署長在王府井大街區署大廳裡看見她的時候，心裡覺得，如果潘蜜拉有機會長大的話，就會成為這種女人。丹尼斯也同意：她們的確有一些相似之處，只不過海倫的年紀大概比潘蜜拉大個十歲左右。

在這之前，不管是韓署長或丹尼斯，都沒有跟斯諾夫婦談過這一起凶案。對於韓署長來講，這對夫妻可算是麻煩人物，且就這個案子而言，他們也沒有任何嫌疑。而既然他們住在東交民巷以外的地方，就官方的立場來講，他們也不在丹尼斯總探長能管得到的範圍裡。

而如今他卻要安排在那天晚上去拜訪海倫一趟，並且聽一聽她要說些什麼。他能不去嗎？她家的地址是盔甲廠胡同十三號，與威納的宅子只有兩戶之隔，而且在胡同裡的同一邊。當她為他寫下地址時，她說：「他們的對象是我，而不是潘蜜拉。這是個警告。」

自從一九三五年開始，海倫與她丈夫就一直住在北平，在這之前埃德加待過上海，因為嘲諷汙辱了當地的美國居民，而變得不受歡迎。他們的宅子跟威納的一樣是傳統四合院，但不同之處在於他們家有許多現代化的設備。而且他們家也比較大，佔地大概一英畝，有一個由前面兩個廂房構成的溫室。裡面還有馬廄、一座網球場，以及一座四周用玻璃圍住，可以拿來開花園宴會的涼亭。埃德加把花園裡的一個小屋整修成自己用來寫作的房間，在夏季酷熱難耐的那幾個月期間，院子裡的高聳銀杏樹可以幫他們遮蔭。

海倫．佛斯特．斯諾說，他們家是「在狐狸塔附近那間鬧鬼的宅子」。當丹尼斯於指定的時間抵達時，薄暮已經籠罩了整個大地。在東交民巷外的北平街頭，到處是灰牆，而且沒有街燈。威納他們家已經完全一片漆黑了，無疑的，潘蜜拉的父親還深陷在悲傷與悼亡的情緒中。盔甲廠胡同好安靜，不管是汽車或人力車，想要進到胡同裡都不容易，而且因為這一帶有狐狸精作祟，人力車車夫都不願意過來。

這條街上沒什麼其他顯眼的宅子，斯諾夫婦他們家很容易就成為一座最豪華的四合院，但是看起來好像一座圍城。宅子的每一道牆頭上都裝有碎玻璃，藉此預防有人入侵。大門外站著四個外貌凶狠的中國年輕人，可能都是山東來的，他們的故鄉數百年來一直是中國軍人的主要來源。入口處被一個火盆照亮，那四個人的腰際都掛著綁有飾帶的大刀。他們的雙臂交叉在胸前，站得直挺挺，一臉凶神惡煞的模樣。

海倫．佛斯特．斯諾出現時，身穿黑色絲絨長褲與一件尺寸太大的黑色高領毛衣，頭髮往後綁，沒有化妝。她在院子裡發抖，看起來虛弱而緊張，她薄薄的嘴唇對著那四個人擠出一抹微笑，示意丹尼斯是她在等的客人。他們這才解除警戒，讓他進去。

她跟丹尼斯說：「為了讓我感覺安全一點，埃德才聘了他們。他認為我是窮緊張，但是他們可以讓我放心。」

從四合院的裡面看來，丹尼斯覺得完全就是他可以想像的那麼一回事：兩個有錢而富有冒險精神的美國人，用美金在中國過著闊綽的生活。就旅居中國的人來講，他們的室內用品可說是應有盡有了：用桃花心木雕成的菸灰缸、寧波製造的漆器，還有清朝的黑檀木家具。很顯眼的是，他們比中國人還愛絲綢，座墊的套子與沙發罩子都是絲綢做成的，架子上還擺出各種充滿濃濃中國風的小擺飾：扳指、指甲套、佛陀雕像以及一根華麗的鴉片煙管。還有一些鍍金人偶造型的落地燈。室內還有許多書架，一堆堆雜誌，一台無線電收音機，一台留聲機與許多唱片。

整個地方給人一種溫馨而有吸引力的感覺，現代化但卻又古色古香——對於丹尼斯這個英國人來講，這是標準的美式風格。與這裡形成極其強烈對比的，是同一條胡同裡威納家的宅子，那間四合院裡只有一具電話能讓人看出現在是一九三七年，而非古代。

丹尼斯點了一根菸。海倫拿了一個上面有「達樂輪船公司」（Dollar Line）I標誌的菸灰缸給他——無疑的，他們也跟別人一樣，會偷輪船船艙裡的東西。在舒適的斯諾家宅子裡，丹尼斯感到渾身筋疲力盡。他的骨頭想要在一個溫暖的地方好好休息，六國飯店的那張床墊已經被先前幾千個房客睡得凹凸不平，害他的背部痛得要死。床鋪不夠長，因為他的身材實在太瘦長了，房裡的暖氣系統讓他的喉嚨乾燥不已——因為他是個老菸槍，喉嚨本來就常常不舒服，如今又因為感冒，使得症狀更加惡化。他全身的關節都在痛。

根據海倫後來的回憶，當晚丹尼斯臉色慘白發青，她注意到，他之所以會在夜裡顫抖，「不只是因為天氣寒冷」。她遞了一杯白蘭地給他暖暖身子，驅除寒氣。他接過杯子，暫時覺得恢復了元氣。埃德加．斯諾不在家，丹尼斯與海倫聊了開來。他問她，潘蜜拉的死是為了警告她，這到底是什麼意思？

這實在說來話長。斯諾夫婦同時喜歡兩個非常不同的中國：他們曾到偏遠山洞，去與躲藏在那裡的共產黨人共度時光，並且創辦了一份政治立場極為激進，名為《民主》的刊物，但也是北京飯店的常客，在飯店裡那模仿凡爾賽宮鏡廳（Hall of Mirrors）而蓋成的舞廳中，貼著臉一起跳舞。他們也常在盔甲廠胡同宅子裡的客廳與花園裡舉辦宴會，招待革命志士與知識分子，有中國人也有洋人。

那個月，埃德加的《西行漫記》正在最後的完稿階段，該書敘述了他於一九三六年夏天到秋天與中國紅軍相處時的所聞所見。書裡面還記載了他與中共那位神祕領導人毛澤東的數次對談內容，根據坊間的耳語，這將會是一本震撼力十足的書。的確，事實證明《西行漫記》讓埃德加・斯諾一砲而紅，書也賣翻了。他於書中指控蔣介石與國民黨的貪汙問題，與此形成強烈對比的，是埃德加相信前途一片看好、而且充滿純真革命理想的共產黨人。跟在去年十二月綁架蔣介石的少帥張學良一樣，埃德加支持雙方聯手抵抗日本，還有在亞洲與歐洲都有的法西斯主義勢力。

他也希望蔣介石能停止那即便在抗日民族統一戰線建立起來後仍然持續的剿共行動。剿共的政策最早可以回溯到一九二七年發生在上海的「清共」事件，當時許多共產黨人與左翼分子都遭到屠殺，蔣介石把一些惹麻煩的工會領袖與共黨特務斬首，至少三千人橫屍街頭。上海公共租界、法租界與租界外的地區可說血流成河，那些日子裡，外國列強都只是束手旁觀。對此感到厭惡無比的埃德加・斯諾曾經撰文報導。

在這之前，北平的一票老中國通根本不把毛澤東的共產黨人看在眼裡。他們只看到共產黨在上海遭肅清，在江西諸省組成蘇維埃特別政府後又被擊潰，被迫踏上前往陝西的「兩萬五千里長征」之路，而蔣介石的軍隊則是在後方不斷追殺他們。共產黨人行軍三百七十天，走了八千英里的路程，他們飢寒交迫，又累又病，沿途不斷有人脫逃與死亡。一開始的十萬之眾，只有七千人走到了陝西延安山區的洞窟裡，他們躲在那個蔣介石的勢力無法企及之處，計畫東山再起。埃德加前往延安訪問他們，傳回來的新聞稿對他們滿是歌頌之詞。此時外國租界當局完全不相信他，蔣介石與國民黨則視其為眼中釘。

蔣介石不喜歡的人都會被列入一張名單裡，製作名單的是「力行社」，也就是一般人所謂的「藍衣社」——一個行事作風明顯帶有法西斯主義色彩的祕密警察單位，一支具有軍方色彩的部隊，其任務是剷除國民黨政敵。那張名單裡包含了所有的中共成員，還有任何中共的同路人，有中國人也有洋人。因為埃德加的手稿內容被人洩漏出去，所以海倫相信他就在那一份名單裡，她自己也是。

在藍衣社裡面有一個更為嚴密且具有殺傷力的組織，其名為「軍統局」。軍統局的頭頭是一個來無影去無蹤的人物，他叫作戴笠，當時的人給他取了一個外號：「中國的希姆萊」[2]，這個組織就是以蓋世太保為藍本而建立起來的。戴笠是全中國最可怕的人，他是蔣委員長的「耳目與匕首」、特務頭子將軍。他對洋人的厭惡是有名的，特別是英國人，他覺得英國駐華特務機構實在太愛管閒事。戴少將專門幫國民黨解決問題，掃除政敵，手下有許多刺客供其調度。據說，任何人只要惹到戴笠，下場就是小命不保。那一年冬天，到底是誰策劃了北平那些不斷發生的暗殺行動與政治謀殺事件？對此有許多謠言，每一則都提及了戴笠的名字。

海倫跟丹尼斯說，她覺得戴笠與藍衣社已經失控了。他們挾怨報復，變得像殺人狂。他們的勢力遍及全北平，通常是以地下組織形式存在，但有時候則是公開的。滿腔熱忱的年輕藍衣社刺客，於晚間在狐狸塔附近的明城牆牆頭聚會，就在盔甲廠胡同不遠處。她知道她的裁縫師據說就是成員之一。他們對戴笠敬如天神，常常練習太極拳與舞劍，他們很了解同時也尊崇一九〇〇年的義和團拳民，他們相信魔法以及人類器官可以拿來當藥吃。他們會把人的心臟挖出來，至少傳說中是如此。

海倫說，藍衣社想要殺掉埃德加。他們不希望《西行漫記》問世。既然他們可以在北平各地暗殺蔣介石與戴笠的政敵，有誰能阻止他們暗殺洋人？海倫相信，也許一月七日晚上她才是真正的目標。藍衣社社員想殺她來警告她丈夫，但是他們錯殺了潘蜜拉。

丹尼斯必須承認這個推論頗有道理。事實上，到目前為止，這是唯一合理的說法。它可以用來解釋動機。他似乎願意考慮這個可能性。

海倫·斯諾很害怕。本來她希望這位蘇格蘭場警探可以叫她別想那麼多，冷靜一下，不要再去想這些愚蠢的念頭。他丈夫不願把她的話當真。他覺得自己是「天之驕子」，他相信，「在中國，洋人仍是不可侵犯的」。但就算以前真是那樣好了，自從潘蜜拉·威納被殺之後，事實證明現在已經不是了。都已經有洋人被謀殺，心臟還被掏了出來，還說什麼「不可侵犯」？

一月七日晚間，埃德加·斯諾與海倫去參加一場宴會，同行的是他們的美國同胞，北平燕京大學的經濟學教授哈瑞·普萊斯（Harry Price），以及他老婆貝蒂（Betty）。這兩對夫婦常常一起出遊，到北戴河沙灘上去過暑假，討論日益惡化的世界局勢，互訴他們對於共產主義意識形態的偉大憧憬。那個週四晚上大概十點，斯諾夫婦攔了一輛計程車回到盔甲廠胡同的家裡，當海倫聽見凶案的消息時，她知道當凶案發生時，他們就在那附近。

海倫當然已經聽過了關於本案，關於威納、平佛與普倫提斯的一切謠言。她知道西山天體營的事，也偶爾聽見僕人討論狐狸精的傳說。但為什麼要殺一個從學校返家度假的年輕女孩？她感到很納悶。還有另一個理由，一想到這可能是誤殺的凶案，她就感到不寒而慄。

想知道斯諾夫婦家的地址並不難，特別是因為他們有活躍的社交生活，而且戴笠的影響力又無所不在。任誰都可以很快發現海倫常常沿著明城牆走路或騎腳踏車返回盔甲廠胡同。跟潘蜜拉一樣，她總是會走那一條穿越東交民巷的路線回家：晚上雖然沒有燈光，但是可以藉此避開那一條條胡同構成，容易讓人迷路的「荒地」。

海倫．佛斯特．斯諾的穿著入時——她總是腳踩高跟鞋，穿著長裙，披著毛皮披肩。她的個人風格混合著激進的政治立場與時尚打扮。潘蜜拉如果打扮得像照片中那樣迷人，在黑暗中與匆忙之間，任誰都有可能誤認她是海倫。如果真如海倫所說，是個不知名的刺客，那就更有可能了。她們倆的身高相近，外觀也一樣：都是一頭金髮的苗條女子。海倫通常把頭髮往後緊束，有時旁分，有時中分——跟潘蜜拉一樣。她們幾乎就住在隔壁，也都騎腳踏車在附近活動。在夜裡，很難看出潘蜜拉比海倫年輕十歲。

丹尼斯不知道該跟海倫說些什麼。他坐在她家的火堆邊，往外看著盔甲廠胡同，聽著狐狸塔那邊的黃狗嚎叫聲隨著夜風傳過來。他很驚訝埃德加居然就這樣出門，把妻子留在家裡。丹尼斯總是覺得夜裡的盔甲廠胡同很可怕，但這似乎就是埃德加與海倫喜歡它的理由。他們知道狐狸塔的狐狸精會來這裡作祟，但是她笑說，她的確像「獨居」，只不過有十五個僕人跟她住在一起，其中還有四個身懷大刀的硬漢。

丹尼斯問她：「難道妳不知道兇手一定是躲在某處，也許就在這附近？」

總探長已經智窮力竭了。他發現自己越來越不像自己。不再是個立場超然的警察，而是把這凶案當成個人的事。海倫．斯諾的白蘭地在他的嘴裡留下苦味，又或者是因為感冒病毒擾亂了他的味覺。他需要休息，他必須返回天津的家裡。他覺得自己的病好嚴重，已無用武之地。

他對海倫說：「這裡到處都沒有燈。出了妳家，任何事都可能會在一片漆黑之中發生。」他苦勸她趕快打包搬出去，遠離盔甲廠胡同。這是個被詛咒的地方。丹尼斯總探長感覺到自己表現出驚惶失措的神態──他必須冷靜下來。應該離開北平的人是他。

但是他心裡想，話說回來，儘管戴笠與其藍衣社刺客的手法殘暴，但是他們的暗殺行動必須快速而果決，將人一槍打爆頭，接著再去找下一個敵人，下一個叛徒。戴笠喜歡「清除乾淨」這個詞。他的手法與潘蜜拉的遭遇並不相符。總之，丹尼斯是個務實派：他知道，想要證實或者排除戴笠與此事有關，是不可能的。不管是韓署長或他那些在前門公安局總部辦公的上司們，沒有任何人敢為了這件事而找上戴笠。

不管海倫．斯諾這個「誤殺」的理論有幾分可能性，這個辦案方向是永遠不會有結果的。有些問題永遠不會有人開口問，有些中國人的權勢是如此之大，永遠可以逃過謀殺罪的制裁。

戴笠就是這種人。他是個謎中之謎。

譯註

1 達樂輪船公司：蘇格蘭船運鉅子羅伯・達樂（Robert Dollar, 1844-1932）創辦的船公司。

2 希姆萊（Heinrich Luitpold Himmler, 1900-1945）：納粹的蓋世太保頭子。戴笠（一八九七—一九四六）：原名春風，黃埔陸軍軍官學校第六期。長期從事特工與間諜工作，一九四六年戴笠因飛機失事身亡，被美國《柯萊爾斯》雜誌稱為「亞洲的一個神祕人物」。

15 牛年屬火

二月十一日是禮拜三，農曆牛年從那一天午夜開始。韓署長與丹尼斯待在王府井大街內一區署，區署裡像是一座空蕩蕩的鬼城。儘管已經有了心理準備，但是當成千上萬個鞭炮同時在全城啪啪啪炸裂開來，他們倆還是嚇得跳了起來。目前是農曆春節假期，全北平都在休息，但是在春節開始之前，人們早已忙了好幾天。那幾天裡，區署外的王府井大街從來沒有那麼忙碌過，各種噪音比平常還要大聲，因為有錢的中國人忙著把大包小包的家當塞進司機開的車裡，而固執的洋人則是仍然迎著寒風在街上走著，用手按住頭上的帽子，要到北京飯店去吃午餐。

對於北平的商界來講，農曆新年前的年關是了結舊帳的時刻。商人和銀行員用飛快的手指撥打算盤，把整年的帳弄清楚，派人出門急匆匆地在城裡到處收回未付帳款。先前開出去的欠條要趕快贖回來，大家都訴諸一種建立在信任與面子之上的信用制度，這可是中國特有的。除非情況特殊，否則要到春節過完才會讓人再賒帳。大家忙著要在除夕休市前趕往各大市場採購年貨：小麥、豆製糕餅、麵粉、棉花與股票——不過，買賣金條的市場是全年無休的。

城裡的窮人或者剛從鄉下進城的人走在王府井大街上，他們瞪著那一家家現代化的商店與亮晶晶的黑色轎車。人力車車夫的生意很好，他們會向任何一個帶著大包小包的人招攬生意。銀行派出去收帳的人不管搭乘的是人力車、發出火花的有軌電車或者轎車，上下車都是用衝的。到處都有店主拿著一袋袋現金從店裡走出來，在兩側保鑣的護衛之下前往銀行。

有好幾天，北平的各大銀行與會計師事務所都會延長營業時間，許多人排隊等著要把欠帳繳掉。儘管中國現在有紙幣，這種貨幣是由上海的國家銀行所發行的，但是緊張兮兮的北平人對它沒有信心。在這個城裡，有現金的人也許會被當成王公，但是手握銀元的人才是天神。

隨著新年接近，韓署長手下所有穿著黑色外套的巡官們全都上街去巡邏了，他們手握警棍，吹著哨子，在廟宇旁的市集與賣食物的大街上維持秩序，或者是觀看街頭的即興雜耍與京劇演出。擁擠的人群是扒手與其他罪犯的最好掩護，便衣警察也在值勤，他們混入人群裡，注意任何出亂子的跡象。為了避免人群嫌走動速度太慢或者因為發脾氣而引起推擠的狀況，各個主要路口的巡邏人力都增為兩倍。韓署長預估，出城的道路與火車路線會因為土匪洗劫民眾而變得更加混亂。托馬斯、皮爾森以及他們手下的有限警力，也加強進出東交民巷的守衛工作。北平公安局的自行車隊負責監控廟宇和公園，為了在假日期間巡邏各大商業區所需要的人力，負責協助一般員警的，是為數一千多人的保衛團隊，也就是配戴臂章的義警們。歡慶新年的群眾很容易變得驚惶失措，過度激動，而且今年大家興致特別高昂。誰知道明年還能不能慶祝？活在當下可以說是北平的務實特色。

漸漸要走入尾聲的鼠年，其特色是機會與看好的前景，但是隔年可能會悽慘一點。即將來臨的牛年象徵著層出不窮的問題，而且是人們必須遵守紀律與犧牲許多東西。牛年屬火，而兩者相合，則代表著一頭待戰的野獸：火牛。

坐在王府井大街內一區署裡的韓署長與丹尼斯心裡所想的不是牛，也非老鼠，而是狐狸。不是火，而是血。潘蜜拉的血現在在哪裡？這是個他們永遠無法回答的問題。他們看了那些照片上千遍，但是也看不出什麼線索。潘蜜拉本身屬羊，而羊是十二生肖裡女性特質最強烈的。屬羊的人被認為比較容易受情緒、負面的想法與幽暗的環境所牽動，他們常常是無可救藥的浪漫主義者，容易被操弄，因此需要他人的照看與愛護。屬羊的人有一點過於自我，但是心腸很軟。而潘蜜拉．威納則是比較像一隻待宰的羔羊。

包括狐狸塔那一帶，煙火照亮了全城上空。盔甲廠胡同裡處處是鞭炮聲，明城牆上有人在放沖天炮。人群湧進蘇州胡同，街上賣蜜餞的小販們生意興隆。東交民巷裡處處笙歌舞影，六國飯店、順利飯店與北京飯店的酒吧裡擠滿了人，不過這盛況可能再也不會出現了。在不停歇的閒聊與流言蜚語中，人們喝掉的香檳、威士忌與琴酒幾乎可以倒成一條河：據說，為了加強防禦，達勒姆輕步兵團（Durham Light Infantry）已經抵達上海，美國海軍陸戰隊的援軍也在路上了。北平的冀察政務委員會如今已經無力回天，宋將軍隨時都有可能棄城而逃。

「荒地」裡也是這樣，每一家酒吧都在度過它們全年或者從俄羅斯聖誕節以來最熱鬧的一晚。不管是卡夫卡茲酒吧、奧林匹亞夜總會、白宮舞廳，或者其他低級酒吧與猥褻的夜總會，都是人滿為患。人們無視於警方的掃蕩與處決令，那些日本人出資、韓國人經營的毒窟也是生意興隆。皮條客、海洛因毒犯與兜售情色卡片的人，群聚在船板胡同與後溝胡同的路口。

至於在船板胡同二十七號的歐帕里納酒吧裡，吧檯後方不斷有人把酒傳給那些離鄉背井、失去國籍的過客們，他們喝的是亞美尼亞白蘭地與便宜的烏克蘭紅酒，希望藉此忘記自己身在何方，以及為何而來。隔壁二十八號的妓院又重新開張了，女孩們比以前都還要忙。喝醉的人開始吹牛，帶著異鄉人的絕望與鄉愁，但整個「荒地」裡的酒吧卻收入大增。這整個區域漸漸失控，原本就是個道德淪喪而腐敗的地方，如今更像是酒神降臨似的，大家都想在曲終人散前好好玩一玩，因為該來的真的很快就要來了。

盔甲廠胡同則是不像以往那樣一到晚上就杳無人跡（狐狸精會避開砰砰砰的噪音），孩子們在街頭巷尾奔跑，而鞭炮則是像來福槍射出的子彈，不斷往牆壁上彈過去，其目的在驅邪納福。但其中有一座宅子黑漆漆的。

走出盔甲廠胡同後，越過東交民巷與明城牆的盡頭，英國公墓的墳地一片死寂無聲。在其中一座埋葬兩個人的墳墓旁，一個老人家站著低頭凝望新墳裡摯愛的妻女，想念著她們。

回到王府井大街上，兩位警探坐著迎接屬火的牛年到來。區署外某處的人群裡，有一個（或好幾個）人的雙手沾血，是必須接受法律制裁的兇手。似乎全北平城裡的舊帳都已經了清，就只有這麼一筆帳還沒有。

幾天後，丹尼斯總探長永遠地回到天津了。他循著來時路回去，從北平中央火車站搭火車離開。當火車啟動離站時，他往左邊看著矗立在明城牆上方的狐狸塔。他即將把狐狸精、那位死者與其遺屬，還有兇手都拋諸腦後。上級派韓署長去偵辦其他案子，在這個動盪不安、舉步維艱的城市裡，他還有別的責任要承擔，而日子總得繼續過下去。

還不到六月底，最後一次審訊會議就召開了。愛德華．威納再度親臨英國使館，而菲茨莫里斯一樣是擔任驗屍官。無疑的，與一月的上一次審訊會議相較，到場的記者少了許多。不僅潘蜜拉已經不再是頭版的新聞焦點，就連這凶案，也因為沒有新的東西可以報導，已經有好幾個月幾乎不曾出現在報紙上。

此時的頭條新聞是日軍包圍北平、步步進逼的相關報導。如果就整個世界來講，那一年六月的焦點則是退位的溫莎公爵迎娶了曾住在上海的社交名媛、剛剛離婚的華麗絲．辛普森（Wallis Simpson）：他們的情史是一九三〇年代以來最精彩的名人八卦。女飛行家愛蜜莉亞．

厄爾哈特（Amelia Earhart）則是靠獨自駕駛飛機環遊世界的壯舉，擄獲人心與頭條新聞版面。二十萬人徒步走過剛剛落成的舊金山金門大橋。希特勒的興登堡號飛船原本讓納粹引以為傲，但卻在幾十秒內就付之一炬。在此同時，經濟大蕭條與日本人讓全世界始終不得安寧。

只有幾個特約記者出席，他們只希望用兩三行字換來一張薪資支票。那天是六月二十六日週六，春天已經變成夏天，而且雨季也來了。這年是近年來雨量最多的一年，籠罩著使館的不再是白雪，而是雨滴。一旦雨停了，濕熱難耐的溽暑即將降臨。

北平的洋人人數持續減少。盔甲廠胡同的四合院宅子裡，隨著春天結束，那些櫻桃樹的繁花落盡，美好的香氣也跟著消失，而威納的許多鄰居都離開了。埃德加．斯諾與海倫夫妻倆也回到了延安市那些共產黨盤據的洞穴裡。只有固執的威納留了下來，但大都待在室內，人們不常看見他。這是第三次，也是最後一次潘蜜拉凶案的審訊會議，而且很快就結束了。因為沒什麼新案情可以報告，再加上還有別的案子要忙，韓署長只派了一個副手出席。庭上沒有傳喚新證人，也沒有提出新事證，菲茨莫里斯很快便進行了判決。

他宣布：「沒證據可確認兇手的身分。我在此裁定：死者是遭一個或一個以上的兇手謀殺。」

威納籲請領事持續追查此案，但菲茨莫里斯不理他。這個案子將不會再進行調查。

隔週尼古拉斯．菲茨莫里斯離開中國，照例於夏天回到英格蘭去休長假，而威納則是繼續獨自待在盔甲廠胡同。

16 令人不寒而慄的東升旭日

接著，一切都結束了。北平於七月二十九日落入日軍手裡。一天後，外國租界以外的天津也淪陷了。夏天在這個月變得越來越熱，整個北平也隨之益顯急躁。可怕的寒冬早已遠颺，隨著白晝越來越長，令人畏懼的濕氣變得無所不在，而這個城市所剩下的好日子也越來越少。

早先在六月，華東地區爆發了腺鼠疫疫情，它就像是個凶兆似的降臨在北平的門口。不管是敲門聲、人力車的爆胎聲，或是計程車排氣管的爆裂聲響，都會讓人們不由自主地閃躲。王府井大街上有軌電車因為沒有上油而發出吱嘎聲響，原先根本沒人會在意，但此時卻害大家嚇得發抖。這些原本只是繁忙日常生活中的噪音，如今卻一聲聲侵擾著北平民眾的潛意識，令人心生警惕。他們在城裡了嗎？他們終究還是來了嗎？有時候，等待時的緊張心情比真正受到攻擊時還要強烈；有時候人們會以為那一天永遠都不會來臨。

七月初，日軍於盧溝橋尋釁生事後，情勢升高為雙方的交火以及小規模衝突，最後演變成日軍與中國公開對戰。北平城淪陷後，成為中華民國臨時政府的所在地——如果不能用殘暴來形容這個由漢奸組成的傀儡政權，至少也可以說它是可笑的。

漫長的等待結束後，這個古都遭到佔領。北平的燈光沒了，買食物的隊伍變長，通貨膨脹問題漸漸浮現，越來越多人遭到逮捕或失蹤。每天都有日軍從前門大街湧入城裡，前頭有坦克車開路，跟在後面的是四個縱隊的步兵。北平的知識分子與洋人大都已逃走，留下來的大宅子與四合院紛紛遭日軍佔用，飯店也是。日本人在城外實施所謂的「三光政策」：燒光、殺光、搶光，等於是將焦土政策用於北平市方圓一百英里內的區域。日本人是勝利者，他們可以隨意處置戰利品。

太陽旗插在中國的國土之後，隨之而來的是各種野蠻的暴行。北平與天津只是個開端而已。日軍於八月攫取了上海，租界變成一個被戰爭給包圍的孤島。住滿了中國人的閘北地區被焚毀殆盡。公共租界與法租界裡的歐洲人可能正在上海外灘的華懋飯店開晚宴，在上海花旗總會[1]喝威士忌蘇打，在法式運動俱樂部[2]享用餐前酒，此時他們會走出來，站在陽台上，望遠鏡在大家的手上傳來傳去，觀看著城北地區被火海吞噬。

上海南火車站遭到炸毀，一整列火車上正要前往杭州避難的中國老百姓，全部成為機關槍下的冤魂。日本皇軍沿著長江往前挺進，難民潮也湧入了公共租界。

十二月時，輪到南京蒙難。日軍開抵南京後，蔣介石被迫往內陸的漢口撤退，而日軍在城裡大開殺戒，歷時六個月，這在現代史上是沒有前例的。很快的，世人將此事稱為「南京大屠殺」，三十萬中國老百姓慘遭失控的日本軍隊強暴、拷打、肢解或屠殺。到了一九三七年年底，大家都可以看出中國為了求生而與日方展開了一場激鬥。

在這史無前例的恐慌之中，沒有人注意到潘蜜拉．威納的凶案發生後已經屆滿一年了，北平的媒體根本忽略了她。還有誰會記得她呢？當時全城已經開始實施戒嚴令。除了前門，所有其他城門都關了起來。每一條大街的角落都堆滿了沙包，日軍的機關槍始終瞄準著中國的人群。幾乎所有的生意都已停擺，過去聚集在珠寶市街、燈市口、錢市胡同與東珠市口的人潮已經消散。店鋪都結束營業了，古董市場也已關閉，而食物必須用配給的。

有錢的北平人早已打包細軟離開了。過去洋人在週末用粗壯蒙古小馬舉行比賽的跑馬場裡，那些小屋變成荒宅，八寶山高爾夫球場已是荒煙蔓草。居民們再也不能到西山的那些廟宇去度週末了，根據官方的命令，那些都是一般人不得靠近的地方。

北平城又變冷了。這一年的農曆春節來得比較早，一月三十一日就報到了，但是禁止放鞭炮，因為那聲音跟槍聲太像。必須有所犧牲的牛年結束了，隨之而來的是具有無懼、勇氣與決心等特色的虎年。在一九三八年，這些特質是中國人亟需的。

北平僅存的洋人心裡覺得恐懼而空虛。外交人員的妻子、家人，還有原先負責護衛美國使館的海軍陸戰隊早已被送回國。歐美政府官員對住在東交民巷外的洋人提出警告，表示其安全再也無法獲得保障，敦促他們搬進東交民巷。東交民巷裡的飯店房價高漲，只有少數的外國人能搬進去，飯店雖然爆滿，但仍試著提供暖氣、食物與熱水。

比較窮的洋人於匆忙間在東交民巷裡搭起了帆布帳篷住進去，夏天快被熱死，冬天則是差點被凍成冰。有些人不理會官方的命令，守在東交民巷外的北平城裡，希望這場暴風雨能夠趕快過去。還有一些人，像是白俄人與猶太難民，他們別無選擇——既沒有官方文件，也沒有使館可以投靠，大部分也都沒錢。

但是，儘管很多人離開了，北平的人口整體而言還是大增。北平的「三光政策」迫使更多的農民湧入城裡避難。進城的人數遠遠多過出城者，許多絕望的新居民都處於餓死的邊緣。犯罪率大增。

中國人的謠言此刻又聚焦於新的話題上。據說，為了準備迎回末代皇帝溥儀，紫禁城的各大殿閣正在重新粉刷，而共產黨的特務們則計畫要把它整座炸掉。仍在漢口的蔣介石要不是會把政府遷往位於長江上游、像要塞一般的重慶，戰到最後一兵一卒；就是會與日本人議和，在春天結束前投降。

即使北平被佔領了，即使全中國到處在開戰，即使他自己的身體狀況不太妙，這一切都無法轉移威納對於女兒被殺一事的注意力。前一年六月菲茨莫里斯敲下木槌，宣稱凶案的調查已經終結，當時他實在是感到心灰意懶。他的心臟變弱，醫生吩咐他要多休息。在外交官、警察與記者都已經放棄這個案子之後，他的意志更為消沉了。

在人們的記憶中，一九三七年夏天是有史以來最潮濕的，為了躲避這種被中國人稱為「伏天」的濕黏氣候，威納住進了他那間位於北戴河沙灘上的房子裡。他在那裡呼吸海邊的空氣，試著恢復體力，並且企圖走出那一樁凶案為他帶來的情緒低潮。他也帶著所有的相關資料，包括報上的文章、審訊會議的記錄，以及驗屍報告，還有許多同情者寄來的信件。他把過去瀏覽中國古代書卷的精神用來仔細研究那些資料。

那一年整個秋天與冬初，他不斷籲請駐北平與上海的英國政府當局，不要放棄他女兒的案子。他寫道：「只要我一息尚存，就不會對此事罷休。」

他也寫信給各大報，包括《字林西報》、《京津泰晤士報》與《華北明星報》等等。他自費出版了一本籲請該案重啟調查的小冊子，一翻開就是一封敦促大家把潘蜜拉凶案拿出來討論的公開信。他籲請天津的丹尼斯總探長與前門的北平警察局總部。他以父親的身分，誠心誠意地懇託：

……在那可怕的清晨裡，我目睹了我孩子那一張和善的小臉被人割得近乎毀容，沾滿了鮮血，她的屍體支離破碎，躺在地上，我的眼睛似乎快要掉出來，那震驚的情緒在我心裡留下了一個永難磨滅的傷口。每一天的時時刻刻，那一幕都會在我的腦海浮現。

他的信件寄出去後不是石沉大海，就是遭到拒絕。到了一九三八年一月，他已經接受他的懇託都被人當作耳邊風的事實，也不再透過各種管道提出呼籲了。他打算自己出馬。

威納的氣力大增，旋即開始把自己的餘生拿來追求唯一的目標：自行調查他女兒的凶案。他決心親眼看到她沉冤昭雪，固執地拒絕放手。過去多年來，許多人都覺得威納是個怪人，而他自己則是說他「與眾不同」，還有那些有時候會惹火其他人的特質，如今卻有助於他去挖掘真相──例如他總是堅持追根究柢，他有專注在某一個理想上的意志力，而且其理解力極強。

他開始自己查案，踏上一趟探訪北平底層社會的旅程，直闖其髒汙而腐敗的最底層。也許北平的有錢白人已經不多了，但是那些沒有國籍的白俄人無處可去，而罪犯們則是不想離開──他們相信自己在日本人的統治下不僅可以存活，甚至能大撈一筆。威納就是要跟這一群人打交道。他付錢給線民，也就是那些夜店與低級酒吧的常客，他們深知底層社會的祕密。他們認識普倫提斯與平佛，也熟知他們那些所謂「性崇拜」的勾當。他們是「荒地」裡妓院中那些白俄女人的常客。

他也聘人幫他揭發真相——包括一些退休的中國警探，他們都是一些被日方認為不具政治忠誠度的好人，因此被逐出了北平的警界。他們把散布在華北各地的中國籍目擊證人給找出來。他派探子在城裡到處分發傳單，這次上面印的是中文，藉此以賞金徵求目擊證人。北平的經濟崩潰了，這是他的大好機會。失業率飆高，食物的價格漲了四倍，當鋪數量陡升。人們越來越缺錢。

他銀行帳戶裡的錢越來越少，但是人們開始提供資訊。也許不只是因為他們收了那些冷冰冰的錢，可能他們也有罪惡感，知道太多東西但又不能說出口，這對他們來講是一大負擔。威納把五年的歲月拿來做這件事，而對於北平城裡許多只待在辦公室、不外出查案的警探來講，他所揭發的一切，遠比他們能想像的還要惡劣而邪惡。

同時，不管有多麼痛苦，他必須從頭查起，過濾那些真假參半的線索與謊言，才能重新認識他女兒的真面目。

譯註

1 American Club：旅居上海的美僑俱樂部。

2 Cercle Sportif Français：旅居上海的法僑俱樂部。

17 造訪底層社會

當過英國領事、出身中殿律師學院的愛德華．威納大律師知道，凶案的關鍵是犯罪的第一現場，也就是**犯罪的地點**，丹尼斯與韓署長未曾尋獲的凶殺案發生地。威納深信，兩位警探的假設是正確的：如果能找到血，就能找到兇手。

到了威納自己開始進行調查時，位於前門的北京特別市政府警察局總部已經下令韓署長，不能再談論該案案情。王府井大街區署裡的專案小組早已被撤掉，犯罪現場的照片也都被拿了下來，歸檔收好。回到天津的丹尼斯總探長也已經正式接獲上級的命令，要他不能再與威納聯絡。戈登堂的艾佛列克領事覺得丹尼斯揭露出來的醜事已經夠多了。

至於威納的死對頭菲茨莫里斯領事，在審訊會議開完後，他就回到英格蘭去過暑假，再也沒回北平，而是以五十六歲的年紀退休。有流言指出，倫敦的高層對他沒什麼信心，所以把他打入冷宮。新任領事艾倫・亞契（Allan Archer）於一九三七年九月上任。

儘管政府不聞不問，同胞們也不了解他，威納在各國的外交圈的確有一些朋友——像是北平的美、日使館與上海的法國領事館。他也找到一些已經被日軍列為不受歡迎人物的卸任北平公安局警察來幫他。不管在檯面上或檯面下，都有許多人在幫他。還有人提供匿名線報給他。

其他人則是給他一些建議。他們要他去找古瑞維奇家的女兒，也就是潘蜜拉遇害當晚跟她去溜冰的同伴再談一談。他們要他去找案發沒多久後就被逮捕的人力車車夫孫德興。這兩個人知道的內情一定都比供詞還多。特別是，他們要他聚焦在溫沃斯・普倫提斯那一夥人身上。那位牙醫是核心人物，關鍵中的關鍵。先前，他那一座在一九三七年夏天遭日本人關閉的天體營，都是雇用「荒地」裡有名的混混當守衛。而且，據說他在公寓裡舉辦的那些派對，可說是極盡墮落之能事。

威納的線民跟他說，凶案發生不久後，普倫提斯牙醫曾經派他的密友、同為美國籍的喬伊・諾夫，到天津去找一個可靠的委任律師，以備他遭到逮捕時可以聘用。同時，低調地待在「荒地」裡的平佛問他的同事們：警方「是不是已經逮捕了那個美國佬？」這句話也被人不小心聽到了。那個牙醫有許多祕密，基於某些理由，他害怕遭到逮捕。還有，如同威納早就知道的，他跟警方講的全是一派胡言。

要不是上司禁止丹尼斯總探長跟威納聯絡，他也會知道這個謊言。威納手上有證據：他曾收到一張用手寫的證據，是一張以專業的身分寫下的便條紙。日期是一九三六年十二月一日。

在此確認我的聲明無誤：潘蜜拉的整個療程將不會超過五十美元。當然，這裡所謂的治療就是指左上方的犬齒，而不涉及任何於稍後需要治療的牙齒。

W．B．普倫提斯謹上

普倫提斯曾經是潘蜜拉的牙醫。在便條紙上所提到的治療裡，他只是稍稍把她的左上方犬齒扳直，那些進行驗屍的醫師不見得會注意到此一細節。事實上，他們根本就完全忽略了這一點。但更重要的是，普倫提斯一再向警方否認他見過潘蜜拉。為什麼會這樣？

威納去找曾經也讓普倫提斯看過牙齒的艾瑟兒．古瑞維奇。她仍然與她爸媽一起住在匯豐夾道上。他們沒有祖國可回，也沒護照，只有那已經失效的沙皇時期文件，他們無處可去。

艾瑟兒很害怕。自從潘蜜拉死去以後，她的壓力一直很大，跟威納講話時，她非常緊張。他追問，她們幾個女孩一起去溜冰那一晚到底發生了什麼事？最後艾瑟兒終於透露，前一晚，也就是一月六日星期三晚上，她曾看到潘蜜拉跟一個男人講話。但是她說不出他的名字，也不願意說。艾瑟兒跟她的朋友莉莉安．馬凌諾夫斯基都沒有跟警方提到這一點。艾瑟兒告訴威納，她們怕惹上麻煩，不想跟凶案沾上邊。

威納認為那個男人就是普倫提斯，而且艾瑟兒顯然很怕他。他不禁注意到，那位牙醫的公寓幾乎就位於溜冰場的正對面，而且與「荒地」也是近在咫尺。

不過，儘管艾瑟兒沒有把普倫提斯的名字告訴威納，她還是給了他另一個名字。那個週三晚間她恰巧遇到潘蜜拉時，陪在潘蜜拉身邊的是葛曼一家人，她認識他們家那兩個青少年。她曾去他們家喝過茶，然後跟全家人一起去溜冰。

此刻親日分子喬治．葛曼的所作所為，已經完全都是在討好佔領者的政權，他成為日方控制的《北京時事日報》之編輯，每天負責他們的政戰工作。葛曼一直是個拿錢辦事的傢伙：他撰文攻擊警方的調查暗指普倫提斯與他的同夥涉案，他也控訴丹尼斯與韓署長鎖定的人，可是北平洋人圈的高貴成員，也就是溫沃斯．普倫提斯與喬伊．諾夫。喬治．葛曼支持那位牙醫在潘蜜拉遇害那一晚的不在場證明，宣稱他在看電影。

先前威納並不知道他女兒於生前的最後一週曾與葛曼一家人出去溜冰。喬治．葛曼與普倫提斯兩人是密友。葛曼是天體營的成員，據說也會跟平佛和諾夫一樣去參加普倫提斯辦的「裸女舞會」。威納從來沒有想到這個人，直到看見他在警方辦案期間於報上發表的那些文章，但他是最近才又聽到這個名字。

這個案子的調查終結後，威納必須一再敦促警方把潘蜜拉的東西還給他——包括她的衣服與個人物品，還有波森探長與畢內茨基小隊長從她房裡拿走的東西。最後一個警察把東西送過來，它們全都被包在一張棕色的紙張上，用一條油膩膩的繩子綁了起來。她的衣服上仍有血跡，不過血色已經變成深棕色，就像乾掉的肉汁。其中有一包東西是潘蜜拉的絲質內衣、破掉的方格花紋裙、羊毛衫、鞋子、海軍藍大衣與腰帶。另一包東西裡面裝著她的白金腕錶、從她房裡拿走的一個小型銀質首飾盒、一把玉梳、髮夾，還有她的日記。威納讀了她的日記本。

在她死前一年，也就是一九三六年夏天的一則日記中，他看到了一件事。潘蜜拉跟好幾個家庭一起到距離北平十幾英里處，一個叫作「八大處」，也就是有八間古廟的地區去野餐，那裡是大家都喜愛的避暑勝地。到了西山，大家就比較沒那麼拘束了——穿的不是正式服裝，而是涼爽的白色亞麻服飾。

當時威納跟平常一樣，仍然忙著做研究與寫東西，所以潘蜜拉接受邀請，沒人陪她就自己去了。她寫道，有一個叫作喬治．葛曼的已婚男子、兩個小孩的父親向她「求愛」——意思是他對她調情，也許還提出進一步要求。根據潘蜜拉的日記記載，她回絕了他，還笑說這實在是一件蠢事。

因為無法與丹尼斯總探長討論案情，威納不知道他對這日記內容會有什麼看法。當威納讀到日記內容時，甚至不了解丹尼斯是否知道喬治．葛曼與普倫提斯的交情。而且，如果丹尼斯事先不知道，他很有可能把那件事當作一位家庭友人無傷大雅的調情之舉，言行因受酒精與熱氣的影響而不夠謹慎。又或者丹尼斯會把這件事當作是一個年輕女孩會錯意了。但是，此刻這件事的意義實在重大無比——它把葛曼與潘蜜拉串了起來，而葛曼則是與普倫提斯有關。

後來威納做出的結論是，自從那個夏日在西山上遭到潘蜜拉拒絕後，葛曼就懷恨在心。她覺得他是在微醺之餘，才會做出那沒有惡意的調情之舉，但他卻是認真的。他是存心要讓普倫提斯與他的同夥盯上潘蜜拉，讓普倫提斯把她放在心上。凶案發生那一週他們一起去溜冰，這證明他知道她回到了北平。

威納又重看了一遍葛曼在報上為普倫提斯辯護的那篇長文，然後仔細瀏覽一九三七年一月七日北平的幾份報紙。當時有兩家電影院在播放外國電影，分別位於大柵欄與前門，當晚在五點三十分之後就沒有放映電影了。普倫提斯宣稱他在八點到王府井大街看電影，此事根本就不可能。葛曼為普倫提斯圓謊。

也許喬治・葛曼跟普倫提斯說，週三晚上他會跟潘蜜拉到溜冰場去，普倫提斯也去了。又或者他是從對面公寓裡往外看著那個弧光燈照射的溜冰場。總之，他似乎就是在那裡接近潘蜜拉的。

威納拿著他的證物到英國使館去，他籲請新任領事艾倫・亞契跟警方說，不管葛曼為了替普倫提斯辯護而說了或者寫了什麼，都是不相干而且錯誤的，但是亞契拒絕了，而且明白地告訴威納：「你搞錯方向了。」

但是威納知道他沒有搞錯方向，而且如果之前丹尼斯總探長在辦案期間仍獲准與他聯絡的話，他們倆就都會搞對方向。但是，在偵訊普倫提斯時，上級已經命令丹尼斯不能接觸威納，所以韓署長與總探長才會找不到普倫提斯與潘蜜拉之間的關係，不管是身為其牙醫，或者透過葛曼而搭上她。丹尼斯不知道北平的電影放映時刻，顯然他也沒去查證。

事實上，葛曼於西山上求愛遭拒後，才隔幾個月，他女兒就成為普倫提斯的病人了，而且兩人都謊稱與她無關。

然後，極其僥倖地，他碰巧遇見了某個人。他知道他就像那些在辦案的警察一樣，有時候會交上一些好運。一九三八年九月，威納走在前門附近的八寶胡同裡，有個外國女孩跟著一個歐洲男人從他身邊走過。他走到街角，正要轉進西交民巷時，聽見有人叫他的名字。他轉頭看見那個女孩，此時只有她一個人，正朝他這邊奔跑過來。

跑到他身前之後，她問說：「你是威納先生嗎？」

她是個白俄人，但英文說得一點腔調都沒有。她跟威納說，之前她曾去盔甲廠胡同找過他一次，但是他到北戴河去了。如今她已經訂婚，隔天就要離開北平，到天津去結婚。她的未婚夫在轉角處等她，所以她只有片刻時間，接著就要回去找他了。她跟他說，威納是她以前的一個老師，她想打聲招呼。但事實上她想跟威納說一件事，如果他能保證不把她的身分說出來的話。

她很快地向他解釋，她曾在天津住過十七年，跟他女兒也算舊識。在天津英國文法學校時，她比他女兒低兩、三個年級，她跟大家一樣，聽見死訊時都很震驚。凶案發生前六個月，這名女孩曾到溫沃斯．普倫提斯的牙醫診所去看診，對於他幾乎不收錢，她感到很訝異。然後他開始對她毛手毛腳了起來，懇求她「跟他約會」，還說他要帶她去吃晚餐，「肯定讓她覺得很值得」。她被嚇到了，拒絕了他。幾週後他看見她獨自走在使館路上，於是便從人力車上跳下來，在後面追她，試著把她攔下來交談。

她知道普倫提斯還曾接近其他英國與俄羅斯女孩，邀請她們參加他跟夥伴們的「宴會」。有些人接受了，她們便被帶往「荒地」，到船板胡同裡的某個地方，但她們每一個對於接下來的事都三緘其口，而且如今大多數都已經離開中國。

那個女孩認為在「荒地」裡舉辦的那些「宴會」到底是怎麼回事，實在再明顯不過了——那些女孩被迫與普倫提斯和他的朋友們發生性關係。事後她們不敢吭聲，因為她們知道普倫提斯一定會推得一乾二淨。涉案的其他人也一定都會否認。到頭來，任何指控只會讓女孩們的名譽受損而已。在這無情的社會裡，會被指責的就只有女方。

那個白俄女孩不明白為何普倫提斯跟那一夥人沒有被逮捕與起訴。自從他老婆帶著他們的三個小孩離開他，回到美國後，有關他的謠言就到處流傳著。那個牙醫騙某些受害者，說是要跟她們結婚——那個白俄女孩聽說，其中一人發現被騙後便自殺了。

威納最害怕的事情如今要開始成真了。與那個俄羅斯女孩偶遇後，他派他的私家偵探回到六國飯店去找趙錫門，那個說曾在凶案發生那天下午看到潘蜜拉到接待櫃台去的門房。趙錫門透露了那天櫃台接待員的名字，偵探們去找他。儘管那個接待員太害怕了，不願曝光，但給錢後，他們還是獲得了想要的資訊。

一個與普倫提斯外型相符的洋人曾在一月七日星期四那天留了一張字條要給潘蜜拉。他給了很多小費，跟那個接待員說，如果任何人問起那件事，什麼都不要講。那個接待員很了解洋人偷情是怎麼回事，一看就知道。賓客們總是希望飯店人員能保密，別把他們的風流韻事說出去。

那天下午，潘蜜拉進了飯店，拿走字條，說聲謝謝就走了。接待員不知道上面寫了些什麼——那不干他的事，他只要輕輕鬆鬆地拿到錢就好了。他還承認，先前警察去問話時，他沒把這件事講出去，還說他同事趙錫門不知道字條的事。

威納帶著有關平佛、諾夫與普倫提斯的描述回到了盔甲廠胡同。警方未曾對外發布過有關於他們的描述，也不曾把資料給媒體。警察並未在這條胡同裡問人是否見過他們。洋人大都已經離開，關閉門戶，把房子交給中國僕人照顧。在胡同裡那些四合院宅子工作的僕人們都很喜歡潘蜜拉，如今有人問起他們，大家都很樂意幫忙。他們記得一月六日那天曾看見平佛出現在盔甲廠胡同裡。威納住的胡同很窄，房子蓋得很密，面生的洋人很容易被記住。

威納試著把事件發生的順序重建起來。平佛是普倫提斯的手下，根據葛曼的消息，他知道潘蜜拉已經從天津回到北平。來到盔甲廠胡同後，他跟潘蜜拉說普倫提斯在六國飯店留了一張字條給她，要她去拿。他們要開一個宴會，相關細節都寫在字條裡。威納這才看出所有事情是怎麼串在一起的，多虧了他與那個俄羅斯女孩的偶遇，如今他已經更清楚看出普倫提斯的計畫是什麼了。

那位牙醫跟他的夥伴們四處物色可能下手的外國女孩，跟蹤她們，纏上她們，邀她們一起吃晚餐，參加宴會，結果卻把人帶到「荒地」。他們在那裡硬上女孩們，事後吩咐她們不能作聲，如果不從的話，就威脅她們，女孩們的名譽可能不保。她們人微言輕，不可能敵得過其他人的閒話，而且她們所指控的可是社會地位崇高的專業人士。沒有人會相信她們。

這就是他們的把戲。那些男人以前得逞過，然後他們也那樣對待他女兒。但是因為某個原因，整件事都失控了。

譯註

I 作者用的英文是 **Jiao Min Hutong**，應該是指八寶胡同附近的西交民巷。

18 船板胡同

在日本佔領北平後，「荒地」似乎未受影響。也許全城就只有這麼一個地方是還能照常運作的。如今城裡有那麼多日本兵，他們在華北過了好幾個月的苦日子，自然亟需「荒地」提供大量的服務。士兵們想喝酒，想嫖妓。這兩者在「荒地」那個地方絕對不會缺貨。

那裡不再是有錢的洋人在週末到貧民窟去探奇，或者少數中國人去找非法樂子的地方。如今前者已經逃了，後者則是害怕地躲在家裡。「荒地」已經成為日本人與變成漢奸的大部分北平黑社會分子的專屬樂園。

威納知道，警方辦案時，船板胡同的線索並沒有查出一個結果。他聽他的探子說，當時胡同裡的那些人被警告，要他們別多嘴。他也確認了波森探長是酒鬼這個謠言。那一晚他們突襲船板胡同二十七號之後，他再度回到奧林匹亞夜總會，繼續讓經理喬伊．諾夫招待喝酒。而且，波森利用他的職權在東交民巷的各家酒吧散播謠言。他語帶威脅，喝醉後鬧脾氣——再加上大家本來就怕政府，同時不想涉案或者被陷害，難怪許多人都三緘其口。丹尼斯總探長對北平的了解不夠深入，所以沒有持續追查船板胡同二十七號的事。平佛、諾夫與普倫提斯本來就是打獵時的同伴，而不是因為潘蜜拉這件事才產生了聯繫——之前因為沒有人知道她來過「荒地」，所以也沒有人去深究他們的這一層關係。

威納在街上巧遇那個俄羅斯女孩不久後，他的探子就設法聯絡上孫德興，也就是凶案發生當晚，被人撞見在沖洗座墊血跡的那個人力車車夫。孫德興宣稱，一些中文報紙寫了許多有關他的東西都是錯的，還編造了他沒有講的話，這令他很震驚。報紙報導他被逮捕，但他沒有，只是被偵訊而已。還有報導指出，他車上座墊的血來自於一個跟人打過架、喝醉了的美國海軍陸戰隊隊員，後來那個人被找到了，也確認此事——就連孫德興自己也是第一次聽到這種說法。

這位人力車車夫遭到偵訊時，他就跟韓署長交代了當晚發生的事，接著他就被趕出區署，警方要他滾蛋。他之所以沒有拆穿報上的那些謊言，是因為他很害怕。跟許多北平的人力車車夫一樣，為了增強工作時的體力與驅寒，他也會吸一點鴉片煙，而且他知道韓署長正在到處抓煙毒犯，有不少人最後在天橋被處決。

孫德興又繼續做他的人力車車夫。但是，時至今日，因為北平已遭日本佔領，世道更差了。不僅乘客少，通貨膨脹嚴重，他又是個窮光蛋。威納的探子說，他們正在尋找有關凶案的線索，為了錢，孫德興已經準備好要現身說法了——他可以把之前錯誤的報導導正。所以，他把凶案隔天告訴韓署長的事又說給威納聽。

一月七日晚上他在船板胡同等著做生意。大家都知道胡同裡二十七號是一家低級酒吧，常有醉醺醺的人走出來要坐車，而二十八號是一家生意很好的妓院——在那裡也不用等多久就有客人了。那一晚「荒地」的生意興隆，因為當天是洋人的假日。

十點過後不久，孫德興看見一輛車從東交民巷的方向開過來，停在二十八號的外面，有四個人走了下來。先是前座那個中國司機旁邊的矮子走下車。孫德興不知道他是誰，但是他記得那個人的鼻子比一般外國人都還要大。從後座下車的，透過照片，孫德興知道其中一人是普倫提斯，然後是一個兼有歐洲與中國血統的人，比較年輕，最後則是一個金頭髮的白人女孩。他們一起走進二十八號，穿越小小的門口通道，進了四合院裡面。那個女孩走在兩個外國男人中間，兩人分別抓住她的左右臂。

司機迴轉後，朝著東交民巷的方向把車開回去。孫德興看不出那個司機的長相，只知道他穿戴著全北平司機一致的黑色制服與帽子。車子也是黑的，有著棕色車頂，但不知道車子的品牌款式。當時他就打定主意，既然那輛車沒有留在那裡等人，剛剛進入二十八號的那幾個人裡面，很可能至少有一個會搭他的車子返家。所以他就蹲在人力車的電石燈旁邊開始等了起來。

當年孫德興才只有十九歲。他的體格與耐力都比北平大多數的人力車車夫還好，而且當晚他很有耐性地在二十八號外面等到午夜過後。他終究等到了客人。有個俄羅斯女人，他知道那是妓院的老鴇，還有一個中國男人，他們出現在門口，把他叫過去。然後，兩個男人帶著一個外國女孩，從妓院牆邊的一扇門裡走到街上來，他們撐著她的腋下，扶著她，孫德興說他們用「蛙行」的方式在走路。他們把她擺上人力車，她完全沒有動彈。

兩個男的坐在她的兩旁，三個人擠在寬闊的座位上。儘管當晚很冷，但那個女孩的衣著單薄，只穿著襯衫、羊毛衫和一件短裙。她的臉有一部分被一塊白布遮住了。孫德興以為她喝醉了。他在「荒地」常載到喝得爛醉的、有時候甚至是幾乎不省人事的乘客，已經習以為常了。

當然，一開始跑動之後，他就看不見她了，而且那兩個男的也已經把車上給乘客用來防寒遮雨的帆布篷給拉了下來。但是孫德興可以聽見那個女孩的喘息聲。

他也注意到那女孩身上裙子兩側的鉤釦被扯開了，而她的衣服看來好像被人從下面整個往上撕開一樣。

先前妓院的老鴇已經吩咐過孫德興，要他載著那兩男一女沿著船板胡同往東南方走，到明城牆旁的那條路上，然後從那銜接城牆內外的小小連接點，也就是那一座石橋，走到城牆外。孫德興感到納悶，在那種寒冷而且風大的夜裡，為什麼要去那種偏僻的地方？那裡沒有任何房子與酒吧。但是他依照吩咐把三個人送到「荒地」的南端，也收到了車資。他懷抱希望等待著，希望能拿到一點小費，但是其中一個男人叫他趕快走，他在絕望之餘還是多待了一會兒，希望能再拿到一點錢，但是比較矮的那個男人卻亮出刀子，在他眼前晃來晃去。

孫德興不需要進一步的暗示也知道該趕快閃人了，於是他就朝哈達門的方向回去了。在回家的路上，接近凌晨的某個時刻，他停在東交民巷邊緣的法國醫院門口，就在王府井大街不遠處。他在那裡跟門房聊天，述說他遇見的怪事。後來威納的探子跟那幾個門房聯絡時，他們也證實了此事。

那一天早晨稍晚，孫德興注意到人力車座墊上的血跡，於是到狐狸塔旁的運河邊去清洗它們。他很擔心：那個金頭髮的白人女孩是他昨晚最後一個乘客，而那一定是她的血跡。接著他就被兩個巡官抓住，帶到王府井大街的區署去，在那裡只有一個人曾偵訊他，那就是韓世清署長。

威納非常清楚，跟丹尼斯總探長說那血跡來自於一位美國海軍陸戰隊隊員的，就是韓署長。韓署長宣稱他跟那個陸戰隊隊員查證過，說法屬實，所以放走了孫德興。隨後，丹尼斯再也沒有理由去想孫德興這個人。但是，如今孫德興說，根本沒有什麼跟人打過架的海軍陸戰隊隊員。當時他跟韓署長提過，在船板胡同載了一個金髮女孩，還說他在俄羅斯聖誕節那一天載著他們到明城牆去。孫德興只想趕快離開區署，回去工作。

威納拿出潘蜜拉遇害當晚穿的衣服給孫德興看，她在狐狸塔被發現時就是身穿那些衣服。孫德興也確認，那些衣服跟那個女孩在船板胡同上車時穿的衣服很像。

這下子威納必須推敲出很多問題。如果孫德興說的是實話（威納想不出他有什麼理由要說謊。如果他說謊，怎麼有辦法確認那麼多有關那天晚上的細節？），那麼韓署長不只掩藏了一項重要事證，還故意留下了假線索。他也說了謊。這是因為韓署長跟丹尼斯總探長一樣，都被上司下了辦案的指導棋嗎？他是不是受命在調查時避開船板胡同二十八號？還是那家妓院的老闆買通了他，藉此盡可能避免影響生意？難道韓署長一直以來都在收黑錢，幫他們擺平這種事？

威納知道北平的治安工作是怎麼進行的。對於那些妓院老闆或者老鴇來講，花錢請警方保護，實在是稀鬆平常的一件事。很多警察都在收錢，但並不是每個人都有貪汙。甚至韓署長有可能覺得自己只是撒個小謊而已──也許他認為，像潘蜜拉那樣的女孩哪有可能去妓院。

還有，在英國使館把丹尼斯調離此案之後，威納跟韓署長見過一次面。威納只爭取到這麼一次與韓署長見面的機會，如今他懷疑，英國使館也對北平警方的高層施壓，要韓署長不能繼續與他接觸。在那次與韓署長晤談時，威納提到他知道平佛是船板胡同裡某個地方的常客。韓署長的臉上閃過一絲擔憂的表情，威納這才搞懂那是怎麼回事：韓署長一定以為他指的是船板胡同二十八號。當威納說出那個地方是船板胡同二十七號，也就是歐帕里納夫婦開的酒吧時，他看得出韓署長鬆了一口氣。這是一個威納到現在才想通的細節。如今他敢肯定，船板胡同二十八號所掩藏的祕密就是當晚兇案的關鍵。

一九三八年九月底，威納又回到英國使館去找艾倫．亞契，提出孫德興的證詞。他這次打定主意，一定要亞契領事仔細聽他說。一開始亞契的確有，也承認這一項新證詞「讓他覺得是真的」。威納要求亞契與英國大使聯絡，要他重啟本案的調查工作。亞契說他會看看自己能做些什麼，然後就領著威納走出他的辦公室了。

隔天，威納家收到一張條子，上面宣稱那一項新證詞「因為可信度不足而被排除掉了」。此刻亞契宣稱，孫德興提出的事證「純屬虛構」，「沒有價值」，「不可能是真的」。他指出，那位人力車夫推翻了自己在一月時向韓署長提出的供詞，而且又有鴉片煙癮，因此無疑的是個騙子，為了能多吸一次鴉片煙，他什麼話都能編。接著，亞契重申了菲茨莫里斯前領事稍早提出的警告，要威納別繼續管這個案子。

威納覺得這實在是太不可思議了。他們這些人口口聲聲說「這個案子」，但那慘死的受害者可是他的女兒，似乎沒有人覺得這是一件值得好好調查的大事。威納帶著孫德興一起回到英國使館，要他當面向領事說出那件事，但亞契毫不讓步。他跟威納說，他是不會採取任何行動的。當孫德興說出完全不同的供詞時，他也拒絕評論為什麼韓署長會騙總探長，虛構出一個跟人打過架的美國陸戰隊隊員。

亞契的訊息再清楚不過了，既然已經結案，威納就應該把它放下。同樣很清楚的是，亞契領事不認為這個中國人力車車夫是可靠的目擊證人。孫德興的證詞牽涉到了白人，亞契與英國駐華當局都不希望把自己搞得臉上無光。

威納不願就此放棄。又出現了其他目擊證人。有一個在附近修車廠工作、叫作王世明的技工在看到傳單之後，跟威納的探子聯絡。王世明在一月八日凌晨曾看到狐狸塔，也就是潘蜜拉的陳屍處有燈光。一個中國老人也是目擊證人，這位木炭商出面指出，他也在同一時間看到燈光。當時他正要到哈達門大街去賣木炭，幾個小時後他在回程路上又經過狐狸塔，當時已是破曉時分，他發現燈光不見了。第三個目擊者則是一個叫作庫洛胥欽（Kurochkin）的白俄人，當時他正開車走在內城南牆邊的路上，也看到狐狸塔那邊有燈光。

那位技工跟木炭商之前沒有出面，是因為他們都不懂英文，而警方之前發出去的傳單卻全都是用英文印的。而白俄人庫洛胥欽則是在潘蜜拉的凶案發生的隔天，就到東北出差去了，在那裡待了很久，直到此刻才聽說這件事。

威納認為，如果一月八日凌晨狐狸塔旁真有燈光出現，那就可以回答一個先前不曾有人問過的問題。潘蜜拉的屍體被發現後，狐狸塔底部的一道溝渠裡也發現了一盞燈，它被登記為證物，但沒有人知道它到底是與凶案有關，抑或是在案發前就被丟在那裡的。依技工、木炭商與那位白俄駕駛的證詞看來，那盞燈是兇手們留下來的。不管那是誰，總之把潘蜜拉的屍體丟在狐狸塔的人需要一點燈光。

所以，威納又回到英國使館去，再度籲請亞契領事重新調查凶案。威納做好準備，打算重述所有額外的證詞，那些都是他靠自己的資源蒐集來的，警方在調查時並未發現：包括艾瑟兒．

古瑞維奇的新說法、六國飯店那一張要給潘蜜拉的字條、確認平佛曾於一月六日出現在盔甲廠胡同的許多證詞，還有普倫提斯寫的有關潘蜜拉治療費的那一張字條，它不但能證明普倫提斯就是潘蜜拉的牙醫，也戳破了普倫提斯說他未曾見過她的謊言。再來就是潘蜜拉到溜冰場時葛曼也在場，還有他曾經想跟她發展不倫戀的關係；凶案發生當晚，普倫提斯根本不可能是在看電影；孫德興把一個不省人事、外型與潘蜜拉相符的女孩載到石橋去的那一樁怪事；現在，又有多達三個目擊證人於一月八日凌晨看見狐狸塔那裡有燈光。

威納深信，這些就已經構成了可以重啟調查的充足理由了，至少證明他們有理由調查船板胡同二十八號。事實上，那家妓院還不曾被警方調查過。

還有，最重要的是，看來韓署長曾經故意混淆本案的事證，偽造那位人力車車夫的證詞。不管他為何要這麼做，事實證明，真正的事證還沒有被調查過。

這次亞契甚至根本拒絕接見他。英國駐華當局用非常明確的方式拒絕了威納——雖然這是他的祖國使館，但他們再也不歡迎他了。

但他還是堅持下去。透過北平前門總部陳繼淹局長這位警界老將，威納取得了那一盞在狐狸塔發現的燈，請人幫他驗上面的指紋。他很驚訝先前警方居然沒有這麼做，如今檢驗的結果是查不出任何指紋了。太多人處理過那一盞燈了，上面的指紋都已遭到破壞。看來畢內茨基小隊長並未好好保管它，以致這項證物被毀了，無法復原。

更重要的是，威納從警方的記錄發現，所有從犯罪現場取得的那些證物都沒有驗過指紋——不管是潘蜜拉的衣服、鞋子、皮帶、日記，或者是那一張法國俱樂部溜冰場的會員卡，都沒有。這實在令他瞠目結舌。他要求即刻將所有物證送去檢驗，但結果都一樣，全都被毀了，因為先前有太多人碰過它們，所以採不出任何一枚清楚的指紋。

威納還記得他在盔甲廠胡同家中被丹尼斯總探長偵訊的那一天。波森與畢內茨基在他家四處走動，收走了潘蜜拉的個人物品，隨便將東西擺在大衣口袋裡，也沒把他們拿走的東西列出來，寫一張正式的執據給他。發現這些證據完全沒用之後，他一點也不感到意外。先前警方一直用粗心大意的方式對待潘蜜拉的東西。威納一再對王府井大街內一區署提出要求，他們才把她那些個人物品發還給他，包括那一支他想拿來當紀念品的貴重白金鑽錶。他們從她房裡拿走的銀質首飾盒在歸還時也已經破掉了。

此時威納打算直接跳過英國領事，越級上告。先前他已經很看不起五十歲的亞契了，將其視為無能之輩。亞契沒有通過一九一一年的招聘考試，於是動用關係取得任命狀，是走後門進入外交界的。他也不曾受過法學的正式訓練，但卻在庭上為他人斷案。

稍早於一九三八年，大英按察使司衙門的按察使，也就是英國最高階的駐華法官造訪北平時，威納曾企圖與他見面。亞契擋著不讓他們見面。威納此刻已經被禁止進入英國使館大樓，於是他直接向因南京淪陷而暫時待在上海的新任駐華大使卡爾爵士（Sir Archibald Clark Kerr）

提出請求，這也促使亞契寫信給卡爾，於信中表示：

……威納先生也深知，在凶案發生時，英、中兩國警方已經針對這個辦案方向進行過徹底調查了，不幸的，完全沒有結果……所有其他辦案方向也都被做過最徹底的調查，只是政府仍無法將罪犯繩之以法——如今我們已試過所有可能的辦案方向，但毫無成效，也用過了一切能用的方法。

卡爾是最近才被安排赴任的，之前他並不認識威納，也不知道他女兒的凶殺案，而他支持他手下的北平領事。接下來，在亞契的建議之下，卡爾以倫敦一席極具威望的漢學教授席位利誘威納，要他別繼續調查了。威納可以返國投入不受人注目的學界，別再四處發聲。

此舉惹惱了威納，他於回信中表示：「我感到受寵若驚，但是——我拒絕！我認為，躲避與偷溜可沒有辦法解開我的幼女慘遭殘殺的謎團……」

他壓抑自己的怒氣，一再籲請大使幫助他，但是卡爾堅持，應該要交由亞契來決定是否要採取進一步行動，但威納早已證明了，亞契雖說「已試過所有的辦案方向」與「徹底調查過」，但實際上完全不是那麼回事。

最後，在一九三八年十二月，威納寫信給倫敦的外交暨聯邦事務部，附上一份他的調查報告，也給了卡爾大使一份。一九三九年二月，外交暨聯邦事務部承認收到了他的報告，而他們建了一個類似備忘錄的檔案。那一份備忘錄也指出：

將威納先生信中所有附件讀完是沒有必要的；光是稍稍看一下他在二十七到二十八頁提出的結論，以及在三十三到三十五頁針對菲茨莫里斯與亞契兩位先生所進行的攻擊即已足夠。

威納以及他花錢請來的幫手，耗費了十八個月的工夫才蒐集到報告中的相關資訊。如今這份報告遭到完全的漠視，幾乎沒有人讀過它，外交暨聯邦事務部只看到他在報告中，直接抨擊了事務部本身與其所屬官員。

但威納還是不放棄。他付錢給他手下僅存的兩個探子，要他們監視船板胡同二十八號，吩咐他們偷偷與員工接觸，付錢買線報。他發現了很多事——一些丹尼斯總探長從不知道，而就算韓署長知道，也沒有透露過的細節。

一九三七年一月時，船板胡同二十八號的老鴇是一個韓國與白俄混血的胖女人，她叫作列辛斯基夫人（**Madam Leschinsky**），與她同居、甚至有可能娶了她的，是一個叫作麥克·康席格里歐（**Michael Consiglio**）的男人。這個男人是退役的美國海軍陸戰隊隊員，兼有義大利與菲律賓兩國血統，曾經在北平與天津兩地服役，離開部隊後，跟列辛斯基夫人在一起，成為全職的妓院經營者。

威納在美國使館仍有朋友，他們幫他找到美國政府幫康席格里歐建的個人檔案。根據記錄，他並未持有菲律賓的護照，也沒有美國護照。他是在當地被招聘的，在中國加入了海軍陸戰隊，服役的地點也只有在中國。對於美國的駐華部隊來講，這沒什麼奇怪的，因為當時菲律賓是美國屬地，康席格里歐光是靠菲律賓血統就足以獲准從軍。

自從康席格里歐退役後就幫他建立個人檔案的，是美國使館的三等祕書，資深的中國通亞瑟·凌華德（Arthur Ringwalt）。身為一位妓院的經營者，他是一個「受關切的人士」，而且根據凌華德的描述，「其外貌凶狠殘暴無比」。康席格里歐的軍旅生涯期間並未獲得任何殊榮，事實上，他是被部隊開除的。

潘蜜拉凶案發生的隔天，列辛斯基夫人與麥克·康席格里歐便結束營業。不久後，就把房子轉租出去，逃往天津——租金四千銀元，比當初他們付出去的錢還少，而且據說這妓院一天還能為他們帶來一百銀元的收入。後來他們又逃往上海，隱姓埋名，遁入法租界，據說他們使用的是於匆忙間取得的中國護照。

威納查不出船板胡同二十八號的屋主是誰，但總之就是在屋主的敦促之下，列辛斯基與康席格里歐才會匆匆逃出北平，甚至遠離華北。他聽說妓院的老闆還付了一千銀元，幫他們逃走。當時在妓院裡接客的女孩們也都被趕走了，誰知道她們流落何方。有人吩咐大家，不管是誰問起那個地方，特別是問起了一九三七年一月七日那一晚發生了什麼事，都務必要三緘其口。據說大部分的中國籍員工也都各謀生路去了，或者在日軍佔領後逃離北平。

如果他們沒有犯下任何罪行，也不知道任何罪行的內幕，為什麼要賠本賣掉一個利潤這麼高的營業場所，甚至逃出北平？還有，如果不是為了避免讓人發現船板胡同二十八號是個犯罪現場，進而被迫長期關閉，為什麼那些神祕的妓院老闆要付錢收買列辛斯基與康席格里歐？威納越來越確定，那些老闆一直都有付保護費給北平警方，也許是直接付給韓署長。所以韓署長才會避免帶隊突襲那個地方，還有威納提到那個地方時，他才會那麼緊張，甚至捏造了人力車車夫的證詞。

但是，列辛斯基與康席格里歐，還有妓院的老闆都知道，一旦有個前任英國領事的女兒在他們的地盤上遭到謀殺，不管付了多少保護費，都幫不了他們。除了把妓院關掉，等待風頭過去之外，他們別無選擇。

如今，船板胡同二十八號又重新開張了，換了一批新的經營者。不管是老鴇、妓女或者客戶，全都跟以前不一樣。現在的客戶絕大多數都是日本人，但「荒地」是一個應變能力超強的地方。如果現在這批佔領者想喝的不是紅酒，而是清酒，沒有問題，而且那些白俄妓女來總是跟客人說：「想做生意嗎？」如今她們會改口問說：「想找樂子嗎？」一樣的遊戲，只是換了幾個字，而且競爭也更為激烈。

日本人佔領北平後，在全城開了兩千多家店，其中五百家是妓院，還有一千家是賣毒品的。

船板胡同二十八號變成一個讓人滿足好奇心的地方，也因此才能繼續撐下去。它是「荒地」裡僅存的幾家白俄妓院之一，因為那些俄羅斯難民早已打包細軟，到上海與天津的外國租界去避難了，因為那裡尚未落入入侵者的手裡。對於日本皇軍的士兵來講，那些白人妓女極具吸引力。

威納花了好長時間才找到船板胡同二十八號的新老闆。結果，她是來自天津的白俄人，多年來都是在天津英租界的博羅斯道、靠近美國軍營的地方，經營一些很賺錢的妓院。如今她自稱巴芮娜·夏姿克（Brana Shazker），住的地方是和平飯店（Hôtel de la Paix），也就是一般通稱的「電報飯店」（the Telegraph Hotel）——外界對此處的評價向來不錯，飯店就開在一家傳統的四合院宅子裡，位置在北京飯店後面的大院府胡同裡。顯然夏姿克從船板胡同二十八號所賺的錢，比列辛斯基與康席格里歐還要多，因為日本士兵們大排長龍，每個人都想嘗一嘗俄羅斯女孩的風味。

威納在一九三九年三月留了一張字條給巴芮娜·夏姿克，說想跟她談一樁生意。兩人在和平飯店見面時，她滿臉微笑——直到她知道威納的身分，還有他的來意。接著她大發雷霆，開始尖叫大吼。她說，那一晚她不在船板胡同，甚至也不在北平，當時她還在管理天津博羅斯道上的妓院，而且她可以證明這件事。她老老實實地買下了那家妓院的租借權，而她完全不知道一九三七年一月間在那裡發生了什麼事。

說完後，巴芮娜·夏姿克就把威納趕出她的房間，直截了當地表示，未來再也不想跟他見面或聯絡。

這麼一來，威納更加確信，船板胡同二十八號就是他要找的地方。想要知道那個地方藏有什麼汙穢的真相，其實還有別的方法。在北平他有個朋友是城裡白俄人的領袖，這位多爾貝謝夫先生（**Mr. Dolbetchef**）痛恨蘇聯，一直以來都在散播反史達林的思想。多爾貝謝夫所領導的團體相當有組織，在白俄人裡面很少見，其職志是推翻史達林與布爾什維克黨，而且這一類團體多少都受到一些在華白俄人的支持。同時，史達林的祕密警察與戴笠的藍衣社也都盯著他們。結果，他們都變得很偏激，大家都花很多時間來詆毀其他團體，主張自己才有資格領導在華俄國人的反共運動。

有些人覺得多爾貝謝夫那一群的立場並不堅定，因為他們的行動都是出於日本政府的鼓動，受其保護，也有可能獲得資助。儘管如此，多爾貝謝夫與白俄人的圈子還是有深厚的關係，他跟威納說，他有一個贊助者就是目前船板胡同二十八號的老鴇，她是幫巴芮娜·夏姿克經營妓院的人。

她名叫蘿絲·葛伯特（**Rosie Gerbert**），而把這件事告訴多爾貝謝夫的，是一個叫作坎恩（**Kan**）的俄羅斯猶太人，他在內城的羊宜胡同[2]賃房而居。許多清貧的白俄與猶太難民住在那些破爛的出租旅店裡。多爾貝謝夫把坎恩介紹給威納，因為據說坎恩曾跟葛伯特來往過，當時她所經營的妓院位於牛庄，這是位於北平東北方渤海灣裡的小通商口岸。

蘿絲．葛伯特的妓院裡死了一個妓女，於是她被迫匆匆離開牛庄。葛伯特她家的地下被起出了價值八千銀元的珠寶以及七千銀元的現金，應該是死者所有。當地政府給她二十四小時的時間離開，她隨即出現在北平，還有了一份新工作，但做的還是老本行，地點在船板胡同二十八號。

多爾貝謝夫知道巴芮娜．夏姿克不願與威納配合，他覺得葛伯特應該比較願意幫忙。他約了他們倆，三人一起在他的辦公室碰面。不過，儘管蘿絲．葛伯特願意跟他們見面，但卻幫不上忙。

威納一開始就問說：「你聽過潘蜜拉．威納的凶殺案嗎？」

「凶殺案？我沒聽過什麼凶殺案。」

她宣稱一九三七年一月時自己不在北平。多爾貝謝夫說他知道當時她的確在北平，她馬上大發脾氣，抨擊多爾貝謝夫，還說她反正不是俄羅斯人，而是波蘭人。她還咒罵威納，堅稱她不是船板胡同二十八號的老鴇。

威納懇求她，還試著安撫她。「我只想問一句話，妳能幫我嗎？」他籲請她幫忙，但她沒回話，只是用俄語咒罵多爾貝謝夫，接著就衝出他的辦公室。

看來巴芮娜．夏姿克的動作比威納還快，她已經先交代過蘿絲．葛伯特了。

所以他必須從別處下手，試著找出一九三七年俄羅斯聖誕節那一晚待在船板胡同二十八號的人。他的探子找出當晚在那裡工作的幾個人，包括王辰俞跟劉保忠兩名小廝，還有廚師陳清俊，他們都仍住在北平。不過，儘管有現金的利誘，他們仍不肯合作。

結果，威納居然在意想不到的地方找到了幫手——一個日本人。日本使館的一等祕書島津久永（Hisanga Shimadzu）向他伸出援手。原因到底是什麼，並不是很清楚，不過很有可能是為了讓前任英國領事尼古拉斯．菲茨莫里斯的面子掛不住。一九三六年時，曾有一個日本人在北平遭到喝醉的英國士兵殺害，日本政府覺得這件事被菲茨莫里斯給掩蓋了過去。此事仍讓日本人感到憤恨難消，因此他們很想證明英國司法機關與官員是腐敗而無能的。

就威納自己而言，不管是誰伸出援手，他都願意接受。威納與島津在御河東岸[3]的日本使館見過幾次面，當時有另一個男人旁聽他們討論的一切，他拒絕與威納握手與交換名片。他看來是個有力人士，但是話不多，只是自稱他姓松尾。

島津請如今控制著北平市的日本傀儡政權華北政務委員會幫忙。委員會諭令之前在紫禁城附近強佔一大樓為總部、令人喪膽的北平日本憲兵隊，把船板胡同二十八號的小廝與廚子找出來交給威納。憲兵隊展現出他們傳說中的效率與影響力，才幾天時間，就把小廝王辰俞交給了威納。

在金錢的收買之下，再加上憲兵隊令其合作，王辰俞把另一個小廝劉保忠也給找來。劉保忠跟威納說，凶案發生當晚，他曾在船板胡同二十八號聽見至少兩聲尖叫聲以及砸家具的聲音。

儘管劉保忠的職稱只是一介小廝，但他在妓院裡的工作比較像是中國員工的頭頭，負責監督控制底下的人，必要時會下令他們閉嘴。他是妓院入口的守衛，當列辛斯基夫人把人力車車夫孫德興叫到門口時，他就在她身邊。顯然他知道一些祕密，但威納也怕人們為了拿錢，光是說一些威納想聽的話。於是威納先探探他的虛實。

他問說：「是那個肥胖的俄羅斯女人列辛斯基殺了那個女孩嗎？」

那位年輕人很快地用中文說：「不是她殺的。」

那麼是誰？但是劉保忠不敢講。他覺得他說的已經夠多了，不過他的確也提到，他相信列辛斯基夫人那裡有一件用來蓋在潘蜜拉臉上的血衣，因為她怕自己被傳喚到法庭上，所以留下了那件證物。為了證明自己的清白，幫其他人洗脫罪嫌，她會把那件血衣拿出來。

威納問劉保忠，凶案是在哪裡發生的？

劉保忠說：「在韓式客房裡。」也許是因為列辛斯基夫人有一半韓國血統，房間才有那名稱。

威納問說，當晚跟潘蜜拉在一起的那些人叫作什麼名字，但劉保忠宣稱他不知道。其中一個，事發前就已經是船板胡同二十八號的常客，但劉保忠只願意說「他是個美國牙醫」。

在這一番新證詞的支持之下，威納回到憲兵隊，要求他們正式偵訊王辰俞與劉保忠，並且持續尋找那名廚子。但是憲兵隊表示，偵訊工作應該交由陳局長領導的前門市警局總部來進行[4]。

威納認為他們在搪塞他。他知道時機不利於他：此時已經是一九三九年六月了，六週前，日本人設立的中國聯合準備銀行分行經理，才剛剛在天津英租界裡的大光明電影院，遭到中國的愛國志士暗殺身亡。各方都知道幾個兇手就藏匿在租界裡，因為英國當局拒絕交人，日軍將整個地區封鎖起來，而這就是後來所謂的「天津事件」。

英日關係本來就很緊張，此刻可說已經到了彼此敵視的地步。而在天津方面嚴拒日方壓力，不肯交出兇嫌的人，就是該市英租界的巡捕房總巡——理查．丹尼斯總探長。

只要天津的英國人拒絕合作，威納就不會受日本使館歡迎。就跟英國使館對他翻臉不認人一樣，日本使館也是。威納可以確定，那個神神祕祕、不願公開身分的松尾先生，事實上就是日本使館的情報頭子，而且也是極端民族主義組織黑龍會的領導人物之一，而日本使館就是該會的根據地。

最後，到了八月，駐東京英國大使勞勃．克雷基爵士（Sir Robert Craigie）命令丹尼斯總探長，把那幾個日本通緝的中國人交出去。丹尼斯別無選擇，那幾個人當天就被處決了。

後來，有一陣子北平警方看來好像已經打算幫助威納了。也許是為了報復英國人蔑視日方的命令，不願把那幾個中國人交出去為天津的暗殺事件償命，又或者是為了以此顯示警方仍有獨立於日本佔領勢力的一面，陳局長命令兩個副局長與威納合作，跟他說將會重新調查他女兒的凶案，而且神出鬼沒的偵緝隊將會介入此案。他們跟威納保證，王劉兩人將會被逮捕，並且加以偵訊，一旦找到那個廚子之後，也會比照辦理。

但是這一切承諾都沒兌現。北平警方再度切斷與威納的關係。他沒辦法查出到底是誰下令不要再與他聯繫，不過他猜那命令應該是直接來自於日本使館，很有可能就是那神祕的松尾先生。

在此同時，王、劉兩名小廝已經從北平消失了，無疑的，他們深怕自己再遭到可怕的憲兵隊逮捕。威納沒辦法找到他們，因此越來越絕望。他幾乎已經完全沒望了，因此又向亞契與英國使館求援。他在信中宣稱：「這一定是發生在底層社會的凶殺案。如果想破案的話，一定要直搗底層社會中那一群性變態洋人的巢穴。」

但是，他的請求再度遭到明確的拒絕。

沮喪的他仍然堅持下去。他一再聽說列辛斯基夫人與麥克·康席格里歐躲在上海法租界的一家妓院裡，用假名過活。有人跟他說，此刻列辛斯基夫人自稱秀拉，但是他也接獲好幾起相互衝突的不同線報，每一個秀拉的描述似乎都與她相符。線報中那些秀拉的身分，有來自北平的白俄雙性人，有曾在「荒地」的幾家夜總會工作過的美豔白俄舞女，有過去在白俄卡夫卡茲酒吧當過出納員、也偷賣紅酒貼補收入的男人，還有一個是差一點嫁給中國軍閥的韓國女人。

威納集結了這些線報，要求上海的法國領事馬塞爾·鮑德茲（Marcel Baudez）逮捕並且拘留秀拉。鮑德茲與威納相識已久，對他深感同情，但根據規定，這種請求必須由英國政府提出，而不是個人。鮑德茲向威納保證，如果駐上海英國大使提出正式請求，他就會吩咐法租界巡捕房逮捕所有特徵相符的人。

威納把資料交給上海法租界巡捕房，讓他們知道他想找的秀拉（或者是「席拉」）長什麼樣子：身高介於五尺八吋與十吋之間，長得很高大，但是並不肥胖，髮色淡淡的，但並非金髮，而且膚色白皙。這個人可能是四十幾歲，有韓國血統，但是看不出來是什麼人種，而且據說是雙性人。

上海的法國領事館認為，要找出這樣的人並不難，因為巡捕房向來緊盯著法租界內的底層社會。但是鮑德茲終究未曾發出逮捕秀拉的命令，因為卡爾大使並未提出正式請求。如今，威納在上海也成了不受歡迎的人物。

所以，他派他的探子南下，到上海法租界去尋找列辛斯基與康席格里歐，如今後者可能自稱吉拉迪或者索德尼茨基（或兩者皆是）。但是他們倆似乎風聞了他的行動，又逃往他處。上海的底層社會裡有消息指出，他們已經轉去日本人控制的青島市，威納在那裡沒有影響力，而且他的探子也不能輕易找到他們。

不過，叫作秀拉的俄羅斯人不只一個，而威納搞錯人了。據說曾經在船板胡同二十八號當老鴇的，並不是威納得到線報後，把資料提供給法國巡捕房的那個白俄雙性人。那個秀拉並未逃往上海，而是仍在北平。

威納獲得的一個好消息是，秀拉認識「荒地」裡的每一個人，知道每一件事。事實上，他是當地的傳奇人物，最重要的是，一九三七年一月七日當晚，他就待在船板胡同二十八號。雖然搞錯了人，但終究是個意外的大收穫。

亞歷山大．米海爾洛維奇（Alexander Mikhailovitch）還擁有伊凡、瓦尼亞與瓦奴胥卡等別名，而北平市「荒地」裡的常客則都稱他為秀拉（在俄國，亞歷山大常常被簡稱為秀拉），令人困惑的是，有時候他還會自稱吉拉迪。他出生在西伯利亞的托木斯克（Tomsk），父親是遭到布爾什維克黨暗殺的沙皇政府官員。秀拉跟一群難民逃離俄國，流落華北，最後於北平落腳。

秀拉的性別不明，儘管沒有人確定，但據說家人把他當成一個女孩扶養長大。他是個不男不女的混血兒，兼具歐亞血統。秀拉今天可以是個低調的紅酒商，隔天就變成卡夫卡茲酒吧裡的男性出納員（不過，大多數人都以為他就是那一家酒吧的老闆），後天則化身為讓富有的中國顧客們爭風吃醋的紅牌夜總會舞者，其身分為何，全看他的心情而定。

當女人的時候，漂亮的秀拉有一頭烏黑秀髮與美胸杏眼，還有整齊無瑕的白牙。據說有個中國軍閥曾經懇求秀拉嫁給他，在發現他是雙性人之後，為了避免丟臉而逃往其他城市。

當秀拉以男性面貌出現時，他會緊緊地把平坦的胸部綁起來，穿上合身的訂製西裝；當他是個女人時，則是穿上色彩豔麗動人的女裝，有時是中式旗袍，有時是西式洋裝，並且把烏黑秀髮放下來。

威納第一次去找秀拉的地方是卡夫卡茲酒吧，那裡曾是俄羅斯難民們最主要的夜生活舞台，如今因為許多白俄人離開北平，前往上海，生意已經大不如前。當晚酒吧裡的座位幾乎只有一半坐著人，氣氛低迷。一個顧客慢慢地喝著廉價的克里米亞白蘭地酒，藉此澆愁，只能斜眼看著那些濃妝豔抹的過胖俄羅斯妓女，大家都好窮。

威納留了一張字條給秀拉，說想跟他見面。秀拉用內城的一個地址回覆他，那是一間日本人擁有的出租旅店，位於住滿了白俄人與猶太人的羊宜胡同裡。

那天秀拉以男性的面貌現身。威納覺得他和藹可親，有同理心。秀拉聽過韓俄混血的列辛斯基夫人（有時她也自稱為秀拉），而且他也聽過普倫提斯那一夥人。他曾在「荒地」裡看過他們，也聽說過他們幹的那些事。他知道普倫提斯與喬伊．諾夫會一起去打獵，而且他們倆都常常隨身帶刀。他知道他們常誘拐一些年輕的外國女人，也知道他們那些有裸女跳舞的宴會，還有西山天體營是怎麼回事。

秀拉跟威納說，普倫提斯喜歡用刀威脅女人，玩弄她們，嚇唬她們。他把平佛當手下使喚，幫他出力，偶爾丟一些錢給他，讓他不會太有錢，但又不至於窮死。跟威納已經知道的一樣，他說普倫提斯跟喬伊．諾夫是朋友，諾夫曾開過妓院，也曾與歐帕里納夫婦合夥過，後來才成為奧林匹亞夜總會的經理。顯然諾夫與歐帕里納太太為了某件事而大吵一架，此刻已成仇人。秀拉說，最近這一陣子諾夫主要都是在「荒地」買賣海洛因。

秀拉建議威納去找兩個分別叫作瑪莉與佩姬的白俄妓女，她們倆在凶案發生前後的那一陣子，都在船板胡同二十八號接客。他也建議威納去找「荒地」裡一個叫作薩克森的皮條客，那傢伙每天晚上都在船板胡同、蘇州胡同與後溝胡同等地方的咖啡廳與餐廳裡廝混。如果找得到薩克森，他就很有可能找得到那兩個妓女——如果她們還活著，而且住在北平的話。不過，秀拉也要威納有心理準備：她們倆在「荒地」裡當妓女已經有很多年了，這個行業的人平均壽命並不太長。

秀拉宣稱，在潘蜜拉的凶案發生不久後，他曾與佩姬談過。韓署長與手下突襲船板胡同二十七號時，她跟其他妓女一起被抓走。她被帶到王府井大街的區署裡，在拘留室中被關了一夜，波森探長於凌晨時分偵訊她。佩姬說，那個英國探長已經喝醉了，對她很粗魯，毛手毛腳，並且斜眼看她。她很害怕，什麼都沒說。

獲釋後，她回到船板胡同二十八號，妓院的門窗緊閉，沒有做生意。但是女孩們都在妓院裡，列辛斯基夫人怕她們出去後，會把自己的所見所聞和盤托出，所以將大夥兒都留了下來。後來佩姬就逃離北平了，但秀拉不知她身在何方。

說真的，他們倆會形成合作關係的可能性實在非常低：一個是正直的退休外交官兼學問淵博的漢學家，一個則是過著夜生活的白俄雙性人。但是，透過秀拉的關係，威納的確找到了薩克森。

威納從來沒有見過他這種人。這位白俄皮條客可說是一貧如洗，他還是個三流海洛因藥頭，早在沙皇時期就曾於俄國留下前科，也是使館界巡捕房的常客。薩克森不只幫船板胡同二十八號仲介俄羅斯女孩，他服務的對象還包括「荒地」裡的其他妓院，而且他還就近住在隔壁，也就是船板胡同二十九號的一間破爛出租旅店裡。為了把手下女孩留在身邊，他不只拉皮條，也賣藥給她們。他讓她們無法少得了他，而且只跟他一個人買藥。

薩克森幾乎都是晝伏夜出，晚上總待在船板胡同的那些低級酒吧與咖啡廳裡。他的世界很小，而且淨做一些下流事。透過秀拉，他得知威納正用現金懸賞凶案的目擊證人，而且到盔甲廠胡同去的時候還帶著瑪莉，根據威納稍後的描述，「她是個外貌姣好，看來很健康，英語說得很流利的三十歲女子」。

瑪莉願意開口。她跟威納說，她很早以前就認識普倫提斯了，而且他是個極度變態的虐待狂。她曾數度看到他在船板胡同二十八號亮刀嚇人。女孩們都怕他以及他那個一樣喜歡亮刀的朋友諾夫——但是諾夫常常亮刀的地方是在船板胡同二十八號對面，一間店名叫作「福生」的小餐廳，那裡是女孩與皮條客見面或者休息的地方。瑪莉跟威納說，普倫提斯常常把船板胡同二十八號的房間租下來作樂，他總是用樓下的臥室，一般的女孩上工時很少去那裡，她們大都待在樓上。他們會打電話去預訂房間。房間的費用是二十五元中國法幣，必須以現金支付。

瑪莉曾被他找去公寓裡當裸體舞者，跳給他和朋友們看：他們會付錢，但也會對她們動手動腳。在常客中，她能叫出名字的包括平佛、諾夫、約翰．歐布萊恩，還有一個人，她只知道他名叫傑克，這些人也常跟著一起去船板胡同二十八號，大家都說他們跟普倫提斯「是一夥的」。

瑪莉說，潘蜜拉遇害當晚，跟幾個男的在船板胡同二十八號裡共處一室，普倫提斯就是其中一人。當時瑪莉、佩姬與其他女孩們在樓上接客，妓院裡鬧烘烘的。一群放假的義大利海軍陸戰隊隊員來到列辛斯基夫人的店裡找樂子，他們也在隔壁歐帕里納夫婦的酒吧裡喝酒。當時城裡的情勢很緊張，上頭禁止外國士兵們到船板胡同二十八號去，所以他們不能聲張。

瑪莉從樓上看見一輛車開抵妓院。三個男人跟一個女孩走下車，全都是洋人，他們一起進入四合院。那輛車掉頭後，朝著東交民巷的方向往回開。不久，瑪莉便聽見樓下傳來兩聲尖叫，接著又出現一陣非常刺耳的尖叫聲，然後是一個「非常嚇人的砰然聲響」，聽來像是家具被踢翻的聲音。

後來她曾跟佩姬談起這件事，事發時佩姬就在她的隔壁房接客。佩姬也聽見了那些尖叫聲與砰的一聲，在那之前，也曾看見普倫提斯與喬伊．諾夫一起抵達，隨行的還有一個混血兒，她覺得他就是那個自稱約翰．歐布萊恩的傢伙。她們倆都認識也很害怕那些男人。車子抵達後不久，瑪莉還看到那些義大利侍衛的軍醫卡普佐醫生（Capuzzo），他站在院子裡跟普倫提斯講話。

此時瑪莉跟威納說，「是普倫提斯殺她的。」

一說出口，薩克森就叫她閉嘴，而且他跟威納說，她說的東西已經足以領取報酬了。而完全受制於皮條客的瑪莉，也許是怕被捲入潘蜜拉的凶案，所以她也聽話照做，不願再多說什麼，他們倆不顧威納的懇求，離開了他家。

幾週後，威納與秀拉見面時，求他勸瑪莉再多透露一點，這次不要跟薩克森一起來。但是才幾週光景，情勢已經很快地有所改變了，這個時候秀拉宣稱，找瑪莉已經完全沒用了。她跟薩克森旗下其他女孩一樣，也有海洛因的毒癮。秀拉看見她流連在一些低級酒吧裡，雙眼呆滯，搖頭晃腦，吸毒吸到沒辦法繼續接客了。薩克森已經甩了她。

威納建議將瑪莉送去某處治療毒癮。秀拉相信，如果沒有毒可吸的話，她會在一天內發瘋，幾天內身亡。威納說，如果找得到她的家人，他願意去求他們伸出援手。秀拉坦白告訴他，瑪莉的父親的確住在北平，但他是個無可救藥的酒鬼。一開始就是他把秀拉賣去妓院的，藉此從薩克森賺的錢裡面分到一點甜頭。此時薩克森已經不能靠她賺錢——她父親當然也就不願幫她了。

威納不死心，自己去找瑪莉，踏遍「荒地」的每一家酒吧與妓院，但她就像是消失了一樣，未留下任何痕跡。

這下就只剩佩姬了。威納聽說她還待在華北的某處，他派出探子去找她。他們在日本人控制的東北哈爾濱找到她，那裡到處是流亡的俄國人。她願意私底下透露訊息，但不想出面。她拒絕製作口供——因為她太害怕遭到報復，而且她也一樣，在酒吧被突襲那一夜被逮到王府井大街區署裡時，曾遭到喝醉的波森探長粗暴的對待。但是她確認了一件事：那一晚待在船板胡同二十八號的人，包括了普倫提斯、歐布萊恩、列辛斯基、康席格里歐、義大利軍醫卡普佐醫生，還有那些義大利海軍陸戰隊侍衛。她跟威納的探子說，卡普佐和普倫提斯是老朋友，他們倆曾數度一起去船板胡同二十八號尋歡作樂。

佩姬也一樣，其海洛因毒癮越來越重。她身無分文，住在冰天雪地的哈爾濱市，居住條件極其惡劣。因為她沒辦法再接客了，所以也無法付錢買毒。威納考慮將她帶回北平治療，但在他有辦法安排之前，她就已經失去了蹤影，從此沒再出現過。

威納感到激動不已。如果當時警方能夠好好偵訊這些妓女，他們就能夠發現潘蜜拉曾出現在船板胡同，還可以把辦案方向引導到普倫提斯身上，以及他曾經看過、但是並不喜歡的約翰·歐布萊恩。歐布萊恩曾是追求潘蜜拉最久的人之一，結果威納現在查出，他居然也跟普倫提斯是一夥的。如果潘蜜拉受邀參加有歐布萊恩在場的宴會，她絕不會懷疑有任何不對勁。

威納只能猜想那一夥人到底是在什麼時候鎖定了他女兒，還有哪些人涉案。他光想就覺得很噁心。歐布萊恩、葛曼、平佛與普倫提斯——他們每個人與潘蜜拉之間都有不同的關係，而在一九三七年一月那個令人不敢去想的夜裡，他們全都在船板胡同二十八號。

譯註

1 此處本來是丹麥大北電報公司的辦公處，故得名。

2 原文為 Yang I Hutong，疑為羊宜賓胡同。

3 原文用的是 Rue Meu，即今日正義路。御河東岸的日本使館原為肅親王王府，庚子拳亂後，被日本人佔為使館與兵營。

4 此為作者筆誤，此刻已經是民國二十八年，北平公安局已經改為北京特別市政府警察局，而局長是由余晉龢特別市市長兼任，而非陳繼淹。

19 獵人們

一九三九年夏天，威納心裡明白，既然已經知道船板胡同二十八號是案發現場，他別無選擇，一定要親自去一趟。他覺得自己有義務去查看他女兒留下的最後蹤跡，這是他欠她的。同時他也有必要親自去看看那個地方。

他想要去跟歐帕里納夫婦談一談，所以就先到船板胡同二十七號去。他認為他們都知道隔壁店裡到底發生了什麼事，這是無可懷疑的。威納對他們夫妻不甚了解，只知道他們是白俄人。據說歐帕里納夫人曾當過五次寡婦，每一任丈夫都留了遺產給她，多年來引起不少人側目。威納也聽說過，她兒子亞胥卡偶爾也會跟普倫提斯一起打獵或喝酒。接下來當然就是歐帕里納夫人曾與喬伊．諾夫一起開妓院的事，不過兩人早已鬧翻。

但是，當威納到達那家低級酒吧時，發現店已經關了，而歐帕里納夫婦顯然是逃到上海去了。威納陷入了困境。

接下來，他想起了瑪莉給他的一則重要線報：妓院裡有一個獨立的房間一直是普倫提斯用來作樂的地方。那房間在一樓，位於妓院的南端，與船板胡同僅一牆之隔。這房間裡有一張床，還有個浴室。威納先前並不知道這個房間。他聽說一樓只有接待區跟餐廳，所有的臥室都在樓上。

他決定要親眼看看。他覺得那個地方應該是鎖起來的，如果不是熟人，而且顯然不是去「做買賣的」，就不能獲准進入。他曾經在夜裡經過，看見門口有凶狠的中國保鏢守著。此刻，他設法登上對面一家雜貨店的屋頂。胡同裡的房屋最多只有兩層樓高，但是從屋頂上，他可以看見圍牆裡的動靜，確定妓院裡的空間配置。

從屋頂下來後，他立刻穿過胡同，驚訝地發現船板胡同二十八號的門並未關緊，也沒有人在看守。進去後，院子裡的幾個中國僕人問他要做什麼。威納不理他們，快步往右走，走幾步就到了瑪莉跟他說的那個臥室。有個俄羅斯老人站在門口，但是並未擋住威納的去路。

開門後，他看見一間浴室，裡面有個靠牆的大浴缸，另一面牆邊則是洗手台。走過前廳後，就是一個大臥室，房間的中央擺著雙人床。裡面還有一個衣櫃、一張梳妝台，還有幾把椅子。威納注意到其中一把椅子被摔斷過，但已經用鐵片修補好了。

回到院子裡，他四處張望，還是不理那一位俄國老人與中國僕人。另一個中國男人站在廚房入口旁的樓梯上，靠牆看著他。威納走向他，希望他就是那個不管是他的探子或者日本憲兵隊，還有中國警方偵緝隊都找不到的廚子。

他問那個男人說：「這裡有人姓陳，叫作陳清俊嗎？」

「我就是。」

威納不敢相信他的運氣會這麼好。他邀廚子去一趟盔甲廠胡同，但是此刻巴芮娜．夏姿克從樓上臥室走了下來，開始對著他們倆大吼大叫。廚子便躲回了他地下室的廚房裡，而威納也匆匆離開四合院，回到街上，大門在他身後砰一聲關了起來，還上了門閂。

隔了好幾週之後，威納的探子開始常去船板胡同二十八號，試圖說服陳清俊，但是他們再也沒辦法進去了，也無法接觸到廚子。最後他們得知，他已經被開除，在巴芮娜．夏姿克的安排下，逃離了北平。

威納認為他已經掌握了一切資訊，唯一不知道的，就只有到底是誰給了她女兒致命的最後一擊——總之是普倫提斯、諾夫、歐布萊恩與卡普佐四人中的一個。還有另一個小小的細節總是令他感到不解。根據驗屍報告指出，潘蜜拉的最後一餐是中國菜。他知道，不管是在古瑞維奇家或者是到溜冰場的時候，她都沒吃中國菜，看來她在普倫提斯的公寓或者船板胡同二十八號也不太可能吃得到。最後，他終於解開了這個惱人的謎團。

經過長久的追查，威納的探子找到了韓壽慶的老同學——韓壽慶是那個已婚的學生，曾被威納用手杖打斷鼻梁。韓壽慶的同學們記得他跟潘蜜拉只是朋友，沒有其他糾葛。她遭到殺害一事令他很難過，而且他還跟同學們說，在她遇害的前一天，他還在哈達門大街上的美國藥局外面與她偶遇。對於他遭到她父親攻擊那件事，潘蜜拉心裡覺得很過意不去，而他提議兩人隔天晚上一起吃晚餐。

當威納的探子去查證這個說法時，那家藥局的老闆也記得，一月六日那天，潘蜜拉曾在藥局外面跟一個年輕的中國人聊天。

隔天晚上七點剛過不久，韓壽慶跟她在溜冰場外面碰頭，他們到東交民巷邊邊上東單牌樓胡同的一家中國餐館去。那家餐館很受韓壽慶的大學同學喜愛，距離盔甲廠胡同也不遠。他們騎腳踏車到那裡去，匆匆吃了一頓飯，然後韓壽慶陪著潘蜜拉騎腳踏車回到溜冰場，只花了五分鐘左右。他知道她家在另一個方向，但以為她要再跟那些一起溜冰的朋友們見面。

所以，威納就這樣知道了。潘蜜拉在離家只有幾分鐘的一家餐廳吃了最後一頓飯。他估計她回到使館路上的溜冰場時，大約是晚上八點。

他又寫信給外交暨聯邦事務部，詳細敘述他探訪那間妓院的經過，也列出了他蒐集到的其他新事證，包括他手繪的船板胡同二十八號平面圖，另一張則詳細描繪出船板胡同，並且標示出它與狐狸塔有多近。他隨函附上他與亞契領事以及卡爾大使之間的信件副本，並且在信函中引述了一則古老的中國成語：「水落石出」。

在外交暨聯邦事務部方面，則是只在威納最近的一封信上面加了一張字條：「潘蜜拉・威納凶案。威納先生持續進行調查，獲得了進一步的結果。」

此刻威納想取得的是自白書。漫長濕熱的一九三九年夏天過去後，隨之而來的是風大雨多的秋天。一封匿名信寄到了盔甲廠胡同給威納。寫信的人密告，曾聽過平佛宣稱「普倫提斯殺了她」，就在一九三七年一月八日那天。但是威納想要確認。他想要和當晚跟他女兒一起待在船板胡同二十八號那個房間的所有男人都談一談，包括普倫提斯、諾夫、歐布萊恩與卡普佐。

他們的背景非常複雜：有些是專業人士，有些則是窮光蛋，有些人表面上看來是北平洋人圈裡面的上流社會成員，有些人則是前科累累。其中有人住在設備齊全的公寓樓房，也有人住在廉價旅社。那一群人裡面有美國人、英國人、加拿大人，還有義大利人。他們的共同點是大夥兒結黨作惡。他們是「荒地」的常客，特別是船板胡同二十八號。

威納最先找的人是平佛，但看來這位當過傭兵的加拿大人在一九三七年一月獲釋後不久，就逃離北平。此刻他的行蹤成謎。威納的探子聽說，在凶案發生前後那一段時間，平佛都住在普倫提斯的公寓裡，但是他們倆在大吵一架過後就鬧翻了。據說普倫提斯給了平佛一筆錢，要他別再回北平。

普倫提斯在被警方偵訊過後，就拒絕和人討論凶案與其調查情形。不管那些虛實參半的傳聞與流言蜚語以及猜測之詞傳得有多凶，這位牙醫總是閉口不談。到了一九三七年三月，因為有關他的謠言實在太多了，一群與他同為專業人士的人邀他共進晚餐，據威納聽到的消息指出，他們要他「於席間把話講清楚」，為他自己辯白，解釋那些有關他的謠言究竟是怎麼回事。普倫提斯答應赴宴，但始終沒有現身。

在接受韓署長與丹尼斯偵訊後不久，天津的一位美國副領事聽見這位牙醫因為凶案而被調查的傳聞，於是要求與他見面。普倫提斯拒絕了，完全不願與那位副領事討論案情。

北平的洋人圈實在就像個金魚缸一樣小，威納偶爾還是會在街上看到普倫提斯，但奇怪的是，儘管他們倆都久居北平，普倫提斯又曾治療過潘蜜拉，但兩人卻不曾在正式的場合中見過面。她遇害後，每逢兩人偶遇，普倫提斯一定盡力獻殷勤。據威納自己的回憶：那位牙醫的表現「是如此客氣，簡直到了卑躬屈膝的地步，而且總是以誇張的神態向我表達其哀悼之意」。

但是，如今威納決定直接與普倫提斯對質，於是他便去了普倫提斯位於使館路上的公寓一趟。

那是一棟時髦的現代化公寓樓房，普倫提斯的同夥們暫時的住處與它相比，實在天差地別，而且他還是過著非常舒適的日子，至少這一點是極為明顯的。儘管北平在遭到佔領後，大家的生活條件都變差了，他的衣著卻光鮮依舊，看來也仍然健康。美國使館的亞瑟．凌華德曾警告過威納，普倫提斯與某些日本官員的關係非常密切。有人懷疑他可能接受了日方提供的食物與匯兌優惠，其回報則是對佔領勢力表達支持。換言之，他是個合作主義者。

威納知道，當丹尼斯總探長與托馬斯署長到普倫提斯的公寓去把他帶回區署偵訊時，丹尼斯注意到公寓裡有剛剛粉刷過的味道。這又是另一個警方未曾繼續追查的線索。沒有人追問房東，既然必須要開窗通風才能把那油漆味排掉，害得公寓變成一座冰宮，為何要選在隆冬之際重新粉刷公寓。也沒有人把油漆工找出來，問他們用油漆把什麼東西給蓋了過去。

普倫提斯在大樓中庭與威納談話，他還是為了威納失去潘蜜拉而表達哀悼之意。但是他問說，不是已經結案了嗎？他承認自己光顧過船板胡同二十八號，但只去了一次，並且宣稱那是凶案發生之前整整一年的事了。還有，他跟喬伊・諾夫常常一起去打獵，還有那個他只知道名叫傑克的人。有時候亞胥卡・歐帕里納、約翰・歐布萊恩，還有卡普佐醫生也會加入他們。這又妨礙了什麼人？

普倫提斯拒絕與他討論那個如今已經停辦的西山天體營，或者別人所說的什麼裸女舞會。但是他承認，他的確是把公寓鑰匙給了幾個好友，讓他們在生活困頓時可以去住。畢竟，這不就是朋友的道義嗎？然後他結束這次的對話，退回他的公寓內。

車夫孫德興與妓女瑪莉都看過那一晚停在船板胡同二十八號外面的那一輛車，只是兩人都無法說出其品牌與車款，但是孫德興幫威納把車子畫了出來，而且他與瑪莉的描述也都與普倫提斯當時擁有的那輛車相符：一輛黑色車身、棕褐色車頂的福特轎車。很多從外國進口的車子都是那種款式，但是整體來講，轎車在中國還不是那麼常見。

於是威納開始尋找普倫提斯的車子，結果發現凶案發生後不久，車子就已經轉賣給一位身分不明的買家。他試著要把買家找出來，但時間已經過去太久了。北平遭佔領期間，為了把汽油留給日本軍隊、少數的警車以及外交車輛，日方下令所有的私家車都不能開上路。私家車不是被賣掉、閒置，就是被徵收了，而且車身一定會重新烤漆，換掉車牌。事實證明，不管是那一輛福特轎車，或者是有人目睹的那一位中國籍司機，都已無法追查。他跟數以百萬計的中國人一樣，在日本人入侵北平之後就消失無蹤了。

威納只好把注意力轉移到當晚曾出現在船板胡同二十八號的那一位義大利海軍陸戰隊軍醫，以及那些前一天晚上被看見出現在隔壁酒吧的陸戰隊隊員。威納聽說那一群士兵即將離開北平，被輪調回義大利，而且在與義大利使館侍衛隊的戴爾．葛瑞科指揮官（**Commandant Del Greco**）聯絡後，發現連他都要被調走了。指揮官否認一九三七年一月六日晚間他有任何手下離開了營區，隔天晚上也不可能到船板胡同，因為那是他嚴令禁止前往的地方。

威納請求亞契領事透過官方管道幫他詢問。令人訝異的是，亞契還真的幫他問了，但是戴爾．葛瑞科的口徑一致：他沒有任何手下去過船板胡同。威納建議亞契，把車夫孫德興帶去義大利軍營認人。而且，因為戴爾．葛瑞科即將離開，也許應該下令暫時把他留著。但亞契搪塞應付，任憑關鍵時刻流逝，在他回覆威納之前，戴爾．葛瑞科與那些士兵早已離開北平，回義大利去了。

威納知道指揮官是在保護自己。假如他承認自己的手下曾去了那些不應該去的地方，他也可能惹上麻煩。所以威納直接找上了他知道當晚一定在場的那個義大利人：卡普佐醫生。這位醫生已經結婚，有一大家子，但據說他是船板胡同的常客，與麥克·康席格里歐和普倫提斯都是朋友。卡普佐他家位於義大利使館的義大利街，走路到普倫提斯的公寓只要十分鐘。

威納前往王府井大街上北京飯店附近的義大利醫院，直接進醫生的診療室去找他。他站在擁擠的候診室裡，表現出跟候診病人一樣的憂心神態。他先問了卡普佐一個無關的問題，提到的是卡普佐認識的一個家庭。卡普佐醫生是否知道他們打算要回北平？卡普佐說，他們應該不會回來，然後問威納的名字。

知道來者是誰之後，他立刻說：「你女兒遇害時，我人在香港。」

威納不希望讓卡普佐知道自己在懷疑他，於是便離開了。在走出去的路上，他問醫院的門房說：他知不知道卡普佐先生是否去過香港？門房說，就他所知，卡普佐醫生已經有好幾年沒有離開北平了。

威納把卡普佐幾位同事的底細搞得一清二楚，其中包括一個多年來一直為卡普佐與醫院提供藥品的希臘商人。這個人也說，卡普佐已經多年未離開北平了，其他同事也確認了此事。威納的探子問過了北平所有的外國旅行社，每一間都沒有卡普佐醫生離開北平、前往香港的記錄。

威納本來打算與名單上的下一個人聯絡，但已經有人幫他與那個神祕的「傑克」搭上了線。先前亞瑟．凌華德曾針對北平的美國慣犯製作了大量檔案，事實再次證明那些檔案有多重要。結果，傑克是一個已經歸化為美國籍的義大利人，加入海軍陸戰隊時，為了掩飾自己的血統，特意改名為湯瑪斯．傑克（Thomas Jack）。跟麥克．康席格里歐一樣，他也是在北平獲招聘為海軍陸戰隊隊員，退役後就一直浪跡東交民巷，擔任技工。亞瑟．凌華德的一個線民表示，「有個海軍陸戰隊員知道整件事的始末，而且願意說出一切。」某個汽車技工涉案的傳言，也讓威納的探子知道了。凌華德無法確定技工的名字，但相信那可能就是傑克，而他有傑克目前的住址。

當威納找上門時，凌華德認為不管那名技工自稱什麼，都無法掩藏自己的血統，因為他說的英語有義大利口音。矮矮胖胖的他看起來很壯，一開始他在威納面前還能暢所欲言。他曾在東交民巷最大的車商米納汽車公司（Mina Motor Company）工作，但已經辭職了，如今要開始自己的夜店事業。他把自己正在進行的夜總會計畫拿給威納看。

根據凌華德的情報指出，傑克最近籌到了足夠的錢，把喬伊．諾夫過去擔任經理、普倫提斯是常客的奧林匹亞夜總會買了下來。如今傑克要開第二家店，是一個樓上有許多臥室的酒店。無疑的，樓上才是酒店真正用來賺錢的地方。

但是一說到潘蜜拉的凶案，他就語帶保留了。他宣稱自己只是在報上看到相關消息，他說兇手一定是社會底層的中國人，像是人力車車夫之類的。對於普倫提斯有可能涉案的說法，他則是嗤之以鼻。即使警方的記錄顯示諾夫過去有暴力傾向，他也不相信。

威納並不死心。他堅稱，那個案子不可能是一個人力車車夫自己幹的，而且有人看到當晚那裡出現了一輛車與一些外國男人。傑克宣稱自己只去過船板胡同二十八號一次，那已經是兇案發生一年以前的事了，但是威納注意到，當他提到車子時，傑克出現了煩躁的神情。

當被問及是否認識卡普佐時，傑克說自己常跟他還有諾夫一起去打獵，但是此話一出，又似乎覺得自己說得太多了，就把威納趕出公寓，砰一聲把門關上。就算傑克是那個「知道整件事的始末，而且願意說出一切」的海軍陸戰隊員，他也已經改變主意了。

接下來威納尋找的是喬伊．諾夫。因為諾夫容易被激怒的個性與暴力傾向是有名的，所以威納把他留到後面。據說，諾夫是那種動不動就會掄拳亮刀的傢伙。縱使威納是個意志堅強的人，但他也已經七十五歲了，而且個性小心翼翼。普倫提斯是個有名的牙醫，卡普佐則是在義大利使館服務的內科醫生，他非常確定他們倆都不會對他動粗。但是，諾夫卻完全是另一回事了。

亞瑟．凌華德為喬伊．諾夫建的檔案裡面有很多資料，其中包括他曾多次威脅奧林匹亞夜總會的顧客。當諾夫擔任經理時，美國人密切盯著奧林匹亞夜總會，因為懷疑他除了拉皮條與販賣海洛因外，同時也進行非法的軍火交易。也有人說，他曾經在他住的出租旅店裡赤身裸體，顯然是喝醉或者嗑了藥。旅店的中國房東們都很怕他，也知道他曾被好幾間出租旅店趕走過，事後房東們都曾遭到他的暴力攻擊。

威納到東交民巷邊緣的一間破爛房屋去找住在裡面的諾夫，門房說他出去了。威納留下名片，說他稍後會回來。他在五點半左右又去了一趟，身子跟往常一樣疲累。老人家的心臟本來就很弱，此刻更感到極為緊張。

當他接近那棟屋子時，看見諾夫正透過傳統紙窗上一道長長的裂縫往外凝望著他。稍後威納描述那一刻的情況時，他寫道：

……我的第一印象是，我看到的是一隻動物，而不是人。他的臉很長，有一雙大眼睛，長了一個大大的鷹勾鼻（這跟那位人力車苦力在凶案當晚注意到的一樣），身體上顯然布滿了濃密的黑毛（他的身體半裸，只按他的習慣穿著一件和服）。

諾夫派他的小廝下去帶威納上樓。當威納穿越有如迷宮的一道道走廊時，他注意到裡面的居民，不管是中國人或外國人，都有一個很怪的動作。當他們要走進房間時，會先開鎖，然後趕快把房間鎖起來。離開時，他們也會很快地關上門，匆匆鎖起來。他不知道理由何在。是因為跟淩華德說的一樣，這裡是海洛因交易頻繁的地方，所以治安很差嗎？還是因為房間裡住著許多妓女，而且可能是被關在裡面的，只有晚上在皮條客的陪同下才能出門。

諾夫的房間幾乎跟平佛的一樣，北平許多底層社會人士往往就是投宿在這種廉價、破爛的出租旅店——房間很小，只有幾件老舊家具，夏天時又熱又悶。他看來不像是在這裡長住的人，僅有的財物可以在匆忙間就被攏進一只行李箱裡。

一開始他展現出敵意，儘管透過威納留給門房的名片，他一定知道來者何人，但還是要威納報上名來。而且他剛剛就已經透過紙窗往外看，等待著威納的到來。他認為這位老人家是來指控他犯下潘蜜拉的凶案，因為底層社會裡也廣為流傳著威納在進行調查的消息。他大聲說話，聲調極具侵略性，威納說自己是去找線索，不是去指控他的，這才讓他感到安心。

諾夫的說法跟其他人一樣，威納開始覺得他們一定是串好供了。諾夫說他不認識潘蜜拉，也只去過船板胡同二十八號一次，而且那是凶案發生的一年以前，他否認自己是常客。他只知道從報上看來的那些案情。他的確常常跟歐布萊恩、卡普佐與湯瑪斯·傑克一起去打獵。同時他也承認自己與普倫提斯有深厚的友誼，因為他們不只一起去打獵，都是西山天體營的成員，也常常在「荒地」裡鬼混。

諾夫想要為自己的名聲辯解。使館界巡捕房與美國使館對他的諸多看法都是誤解，因為他在奧林匹亞夜總會工作，總是會惹上一些無可避免的麻煩。諾夫是洋人圈的一分子，在日本佔領北平之前，他曾為當地一個運動俱樂部的美國男孩充當比賽的裁判（至少這句話是真的：凌華德曾跟威納說過這件事，還有諾夫對男孩們大吼大叫，盛怒之餘揍了其中兩三個，因而被趕出俱樂部）。

威納質疑他，為什麼在凶案發生後不久去了一趟天津？是為了怕普倫提斯被控殺人而去找律師嗎？

諾夫宣稱，根本不是那麼一回事。他去找律師是為了討回普倫提斯欠他的錢。

威納不相信——找律師來對付他的好友普倫提斯？

他毫不死心，直截了當地問諾夫是不是個皮條客？諾夫壓根兒沒想否認，他為拉皮條這種工作辯護，表示如果沒有皮條客，那些女孩們會餓死。諾夫宣稱自己只是把拉皮條當成工作，自己不會與那些女孩上床，只跟「一個韓國小女孩」在一起。

諾夫也想從威納口中套出他辦案的情形，便自己開口問：「如果凶案是發生在普倫提斯的公寓裡，使館界巡捕房一定會看過那輛車，並且知道出事了。」

威納回覆：「在那樣的晚上，他們不會的。」

威納沒有跟諾夫提到他在懷疑普倫提斯，而且他認為諾夫如果不是要試著保護普倫提斯，就是要誤導他。

接下來，威納問諾夫知不知道歐帕里納夫人的行蹤，他一聽，態度瞬間大變，臉色突然變得慘白，再次出現敵意。也許他認為是歐帕里納夫人把他的名字告訴威納。基於某個理由，他宣稱自己不認識船板胡同二十七號的老闆。

威納說：「不，你認識，你跟她曾經合夥經營一家妓院，後來你跟她吵了一架。」

此刻諾夫的脾氣爆發了出來，開始用威脅的語氣對他吼叫。他把小廝叫來，吩咐他帶威納出去，要小廝跟門房說，絕不能再讓威納回來。這就是威納與喬伊．諾夫見面的經過了。

在普倫提斯的友人裡面，被認出當晚曾出現在船板胡同二十八號的只剩一個：約翰．歐布萊恩，在天津迷上了潘蜜拉的那個中葡混血青年。威納的探子聽說，普倫提斯也把使館路上公寓的鑰匙給了歐布萊恩，而且他也常常去那裡參加宴會。但是這次他們的運氣就沒那麼好了，一直無法找到他。據他們所知，他的最後一個地址是使館路六號，他在那曾是德國軍營的房子裡租了一個房間，普倫提斯的公寓大廈幾乎就在隔壁。一月七號過後不久，歐布萊恩就前往上海了，根據威納的情報指出，他跟普倫提斯借了一筆錢。威納只能這麼想：普倫提斯一定不希望歐布萊恩繼續待在北平，以免遭到偵訊。

這個狐群狗黨是多麼噁心啊！這一群掠奪成性的傢伙不但一起到西山打獵，還鎖定女人當作他們的目標。他們追捕獵物，抓住後將其掏心挖肺。這回他們一起獵捕潘蜜拉，把她困在船板胡同的那一家妓院裡，一起殺了她。

狐狸精最常用來掩護自己的方式就是變成漂亮的女人。一個有辦法迷倒男人的女人，能擄獲他們的心，引誘他們，讓他們迷路——讓他們遠離妻子與家庭，連正事也不做了。女狐狸精總是承諾自己一定忠心不二，發誓做到忠實不欺，但卻總是背叛人類，在無預警的狀況下離開。不管是狡猾的格格、交際花、舞女，還是北平那些最為惡名昭彰的歡場女子，據說這一類女人的氣質與本性都帶有一點狐狸的味道，也許根本就是狐狸精。只有更厲害的妖精才能收服牠們。

20 獲邀赴宴

她到什麼時候才知道那是怎麼回事？她到什麼時候才發現那不是一種冒險，也不再被禮遇，歡樂的調情也變了調？身為一個高中女生，她本來以為那一晚自己有機會初次體驗那看來充滿魅力的成人世界，但是到什麼時候才發現即將發生的是一些齷齪事？潘蜜拉到什麼時候才開始害怕了起來，知道即將面臨悲慘的遭遇？她什麼時候才看出身邊那些男人的真面目？她到什麼時候才緊握拳頭，把大拇指收進拳頭裡，準備好保衛自己與反擊？她到什麼時候才發出尖聲驚叫？她到什麼時候才知道自己死定了？

潘蜜拉不知道當晚自己會被帶到一家聲名狼藉的妓院裡。她以為自己只要參加一個宴會，或者是去吃晚餐，所以她有什麼理由不去呢？她再過幾週就要回英格蘭，把天津英國文法學校的那些討厭事全拋諸腦後，如果想要在北平找樂子的話，這是她最後的機會了。她當然不知道自己的那一群男伴是如此暴力，把年輕女孩當作獵物，逼她們做一些苟且之事。她不知道他們會把她帶到「荒地」，想要在妓院的骯髒房間裡強暴她。

但這就是普倫提斯他們那一夥人的作案模式。那些獲邀參加宴會或共進晚餐的，都是一些剛剛開始體驗人生的年輕白人女性，仍然不知道這世界危機四伏。她們認識那些男人的地方，可能是在普倫提斯的牙醫診所，是法國俱樂部的溜冰場，是北平的電影院與百貨公司，是東交民巷那些飯店的餐廳，或者是大家都表現得溫文有禮的酒吧。

那些男人故作神祕，傳字條給女孩們，或者是在街上與她們「不期而遇」，邀她們到普倫提斯的公寓去，那裡的主人可是一個專業人士，一個有家室的男人，而且地點就位於安全無比的使館區核心地帶。

普倫提斯曾表示，他的家人是因為健康問題而回美國去。雖然美國政府擔心他女兒如果繼續跟他住在一起，對她沒有好處，但是此事並未被外界得知。事實上，愛德娜·普倫提斯把三個年幼的孩子帶離北平，再也沒有回來。也許愛德娜離不了婚，但是她確保了丈夫再也碰不了那三個孩子。

普倫提斯就此展開了他在北平的新生活，成為一個過著雙面人生的花花公子。也許這就是他夢寐以求的日子：一方面，在北平那個正直而體面的洋人圈裡面，他是個有名的專業人士，另一方面則是「荒地」的常客，他舉辦宴會，花錢找妓女去跳裸舞，北平底層社會裡的白人都是他的座上賓。但是，還有誰會去參加他的宴會？誰的影響力足以讓凶案的調查停擺？

後來，普倫提斯盯上了潘蜜拉。他一定是透過葛曼或歐布萊恩得知了潘蜜拉回到北平的消息，又或者是透過其他在聖誕假期期間見過她的人。在她遇害前一晚，普倫提斯可能是到溜冰場跟她見面的。她或許也曾跟湯瑪斯．傑克一起溜冰——有目擊證人指出，那一晚看見她跟一個矮子在溜冰。

當然，潘蜜拉早在牙醫診所裡就認識了普倫提斯，他是一個住在溜冰場對面的迷人男性，常常提起住在洛杉磯的家人，在洋人圈裡，他算是有錢也有地位。他的穿著整潔時髦，同時也認識喬治．葛曼與艾瑟兒．古瑞維奇，所以他們倆有共同的朋友。他過來跟她，或許也跟他的朋友傑克打招呼，所以那不過是一次有趣的偶遇。

他知道她住在哪裡——前一年他曾開出一張她的診療收據，更何況威納本來就是個名人。隔天，他派平佛到盔甲廠胡同去與她聯絡，讓她知道當晚有個宴會。他在六國飯店的接待櫃台留了一張字條給她，當作是正式的邀請。

在東交民巷舉行的宴會對潘蜜拉是有吸引力的。她被關在天津英國文法學校那麼久，悉尼．葉慈的事又令她感到一陣不悅，於是這一年的聖誕假期讓她覺得好痛快。她很享受自己在北平的最後一段日子，接下來就要踏上返回英格蘭的漫長旅程，並且重新開始。很快她就要將灰色運動服與英式籃球的學生時代拋諸腦後，迎向一個時時有華服可穿的未來了。潘蜜拉並非完人，許多女孩在剛剛發現自己充滿女性魅力，而且能獨自行動時，都會因為想要展現出有魅力而獨立的一面，而跟她犯下一樣的錯。她之所以會成為悲劇人物，是因為她機運不佳，遇人不淑。

那天下午離開盔甲廠胡同時，潘蜜拉身上穿著那件裙襬剛好落在膝蓋上方的方格花紋裙、絲襪、埃爾特克斯牌棉質襯衫、羊毛衫，腳上則是一雙黑鞋。接著她再套上一件有腰帶的藍色大衣。她的包包裡擺著一條手帕、一點錢、一張新辦的法國俱樂部溜冰場會員卡，同時她照例戴上了那支白金鑽錶。錶是用潘蜜拉從媽媽那邊繼承的錢購買的，讓她可以睹物思人。

最後，她又戴上黑色的貝雷帽與手套，拿起溜冰鞋，這才騎著腳踏車離開盔甲廠胡同，往南而去。她沿著明城牆騎車，進入東交民巷，最後抵達運河路與六國飯店。這是潘蜜拉的北平，是她熟知而喜愛的世界。

普倫提斯的邀約讓潘蜜拉感到很好奇。反正她跟艾瑟兒約在六國飯店見面，進去拿那一張字條只需要一會兒的工夫，所以她就進去了。在離開飯店前，她暫時停下來看看字條。那是個為了俄羅斯耶誕節而舉辦的小型聚會，普倫提斯希望她可以去。晚會將在八點左右開始，地點在他那一間位於使館路三號的公寓，就在溜冰場對面。

潘蜜拉先四處逛逛，然後再回到六國飯店，艾瑟兒已經依約在五點過後不久抵達了。兩個女孩騎著腳踏車穿過兩三條街，到了位於匯豐夾道上的古瑞維奇家，去溜冰前，她們倆先跟艾瑟兒的爸媽喝了一點茶。因為艾瑟兒才十五歲，所以潘蜜拉沒有跟她說自己受邀參加晚宴，因為她有可能不懂那種事。

那一天好冷，她們先在弧光燈下開心地溜冰，然後跟兩人共同的友人莉莉安．馬凌諾夫斯基閒聊了一會兒，到七點時潘蜜拉說她該走了。她們以為她是要回家，但是潘蜜拉還要到他處赴約。她不怕黑，然而孤獨讓她感到很厭煩。她不希望人生只有學校與功課，只有盔甲廠胡同的昏暗燈光與她那年邁的學者老爸。

她跟朋友們說：「我這輩子向來孤孤單單的。」

她先跟老友韓壽慶碰面——在父親那樣對他動粗之後，如今他們只能偷偷見面了。他的年紀跟潘蜜拉相仿，跟她一樣也是學生，儘管背景相差甚大，兩人交情卻不錯。

他帶著她到附近的東單牌樓胡同去，那裡是她很熟悉、而家裡的廚子也常去買東西的地方，兩人匆匆吃了一頓飯。事後韓壽慶陪著她一起騎腳踏車回到法國俱樂部的溜冰場，然後他就離開了。

當時大概八點，是晚宴要開始的時候了。

溫沃斯．普倫提斯的朋友們陸續來到東交民巷裡的整潔大街上，進入他那一間寬敞、高挑的現代化公寓裡。如果參與那次聚會的是普倫提斯平時的那一夥好友，那麼應該就包括湯瑪斯．傑克、平佛、約翰．歐布萊恩，還有歐帕里納夫人的兒子亞胥卡．歐帕里納。

也許還包括梁彼得。他是個靠自己致富的西化中國人，手頭擁有一個車隊，但是平時大都在「荒地」裡的酒吧與夜總會鬼混，常有人看見他跟普倫提斯在一起。無疑的，現場應該還有其他女人，其中一位非常有可能就是惡名昭彰的萊恩小姐——東交民巷一家外國貿易公司的祕書。據說萊恩小姐是個花癡，還有人謠傳，在潘蜜拉的凶案發生後，未婚夫跟她解除了婚約，因為他相信她「與發生於狐狸塔的那一樁凶案有關」。

但潘蜜拉完全不知道他們的背景，也不了解那些把他們串在一起的祕密與下流勾當。在牙醫的豪華公寓裡，她應該覺得自己很安全，也感到自己跟這些赴宴的人一樣是大人了。

在悠揚的爵士樂聲當中，他們開始喝酒，大家都陷入了那稍帶調情意味的氛圍裡。那溫暖而迷人的客廳中充滿了種種暗示，接著有人建議，既然還那麼早，為什麼不到幾家夜店去續攤，到一兩家夜總會去慶祝俄羅斯聖誕節？普倫提斯有車，還有司機，一點也不麻煩。

與天津英國文法學校的男友相較，這些新朋友比他還要世故與老練，潘蜜拉已經準備要好好玩一晚，於是她決定跟大家一起去。她認識的約翰．歐布萊恩也在場，其他男人都很注意她。也許普倫提斯答應要打電話給她父親，說她在他的公寓裡參加宴會。牙醫一定會好好安撫她，跟她說沒關係，他認識威納，他們之前有接觸過。而且這一切讓她感到受寵若驚，如此刺激。

但這些人不是她的朋友。潘蜜拉跟著三個男人一起走進船板胡同二十八號，其中一人肯定是普倫提斯。其他人也許是約翰．歐布萊恩與喬伊．諾夫。似乎卡普佐醫生已經在等他們了，他跟那些放假的義大利海軍陸戰隊員都在妓院裡。普倫提斯與諾夫分別架住潘蜜拉兩側的手臂，他們一起走進去。

看來她不是被脅迫的，但是因為只有那個人力車車夫目擊這一幕，誰知道當時她的神智是否正常。也許她根本就不知道自己身在何方，但她也有可能知道，只是到「荒地」這種貧民窟探奇，讓她覺得既頹廢又神祕，這一切好刺激。

從窄窄的入口進入院子裡之後，他們一行人從右邊的一個側門進到屋內，直接通往威納後來看見的那個浴室與臥室。根據老人家自己的測量，這一段路只有五、六步之遙而已。

當然，到了這個時候，潘蜜拉應該已經知道等一下不會有什麼宴會，他們根本不是到夜總會去慶祝俄羅斯耶誕節。那是個灰暗的房間，地板髒兮兮的，只裝著一顆沒有燈罩的電燈泡，還有幾件家具。室內沒有裝潢，看不出有任何人住在那裡的痕跡，但是裡面有一張大床。這是一間用來接客的房間。

氣氛跟剛剛不一樣了。如果潘蜜拉本來以為公寓裡的其他人也跟了過來，此刻她應該已經知道自己其實正跟這些男人獨處一室，接下來他們要逼她做一些苟且之事。

當時他們是不是都在大笑？作弄她，要她別再讓他們心癢難耐了？他們幹過這種勾當，安排過好幾次這種娛樂。也許他們要潘蜜拉接受自己的命運，好好享受。也許她威脅說要去報案，但這種話只會讓他們笑得更大聲。她到底要跟誰說呢？難道她想說，她被人帶到一家「荒地」

裡的白俄妓院強暴嗎？有誰相信牙醫與義大利使館醫生這種專業的白人男性，還有她以前的一位追求者會涉案？

他們會推得一乾二淨，如果被抓了，也會說是她自己獻身的。他們最多只是聲譽稍稍受損而已，而潘蜜拉的名節可就完全毀掉了。中國警方也不會管這種事——這裡可是「荒地」，這種壞事可說是層出不窮。

但是潘蜜拉不願任人宰割。此時她的獨立意識逐漸高漲，就是因為這樣情況才會變得那麼糟糕。她開始大吼大叫。他們本來只是羞辱她，接下來卻演變成暴力相向。

幾個大男人把她逼到牆角。他們伸手去扯她的方格花紋裙，兩側的鉤釦被扯開了，順著褶邊扯破。他們也把她的襯衫給撕開。

當她沿著房間的邊邊躲避那些男人時，她的絲襪也被家具的角落給勾破了。她的雙手握拳，大拇指都收到拳頭裡去，出拳打他們，試著把他們逼開。那臥室只有一個出口，要先經過浴室才能走到外面的院子裡，任誰都難以想像當時在裡面的她有多麼絕望。出門後如果她想逃到街上，重獲自由，還要先擺脫兩、三個體型更高大的男人。

她開始尖叫，船板胡同二十八號的每間臥室都可以聽見那聲音，當晚在那裡的兩個妓女瑪莉與佩姬都聽見了。她又發出一聲尖叫。

也許是因為她抵抗，也許是她不願像先前那些女孩一樣乖乖配合，那幾個男人被激怒了。

他們已經習慣於得逞了。又或者是因為他們驚惶失措，只想讓她閉嘴。他們抓住她的手臂，因為她想掙脫而留下擦傷——根據驗屍報告指出，她雙手下臂的擦傷是在死前就出現的。他們有可能在此刻亮出獵刀，令她發出一陣又長又刺耳的最後尖叫聲，傳遍了船板胡同二十八號的屋內與屋外。

接下來，為了讓她閉嘴，其中一個人朝她靠近右眼上方的頭部用力一擊。也許凶器是剛剛掙扎時弄斷了的椅腳。驗屍報告確認，那致命的一擊所使用的是某種木製器具。那猛烈的一擊讓她的頭骨碎裂，腦部嚴重內出血。她的頭骨內冒出大量鮮血，將其腦部淹沒。潘蜜拉在兩、三分鐘後就死了，死在「荒地」裡一家妓院的髒汙地板上——一個她壓根兒就不應該來的地方。

他們幾個男人那一晚原本沒有打算殺掉潘蜜拉。嘶吼與尖叫聲，還有家具被砸爛的聲音，引來了列辛斯基夫人與妓院保鑣劉保忠，他們一起跑過來。列辛斯基夫人立刻控制住局面，也許她的男人麥克·康席格里歐也在一旁協助。她吩咐那幾個男人把屍體帶離她的妓院，遠離船板胡同。她吩咐保鑣，叫那些女孩們要待在房裡，並且也把客人，也就是把那些放假的義大利海軍陸戰隊隊員留住。剛好卡普佐醫生也在場，因此能確保他們不會亂講話，否則就向上級呈報他們違規來到妓院。

幾個男人看著潘蜜拉滿身是血的屍體，這才想起必須掩蓋這一樁罪行。他們先想一想該怎麼做，然後決定支解屍體。他們以亂刀切割戳刺屍體，然後將其毀容。他們打算把屍體大卸八塊，棄屍於東交民巷以外的地方，藉此洗脫自身的嫌疑，並且讓人認不出死者是誰。到時候一定會被認定為著魔的瘋人所為，很有可能是個中國人。

列辛斯基夫人與麥克·康席格里歐肯定會守口如瓶，他們也會確保女孩們不會亂講話。卡普佐醫生也可以設法讓那些海軍陸戰隊隊員不把有關那一晚的閒言閒語流傳出去。至於那些中國人，對他們來講，每個洋人長得都一樣，而且反正也沒有中國人願意被捲入老外的事情裡。只要好好處理，他們幾個都不會有事。

他們開始幹活了。他們都是獵人，每個人都有銳利的大刀，而且常常隨身攜帶，過去也有處理動物屍體的經驗。

第一件該做的，就是割喉放血。他們的運氣很好，因為臥室裡有一間浴室。找到血，就能找到兇手——丹尼斯與韓署長的想法是正確的，只不過他們未能找到潘蜜拉的血，因為其中大部分都流進了船板胡同二十八號那一間浴室的排水管裡。

放完血之後，他們把潘蜜拉的屍體帶到四合院的門口。他們拿妓院的一盞油燈來照明，也許又從陳清俊的地下廚房裡多拿了幾把刀。普倫提斯走到電話邊，撥一通電話給平佛，跟他說發生了什麼事，還有他必須跟他們碰面。

是誰提議選擇狐狸塔為毀屍的地點？威納一直相信是平佛，因為他當過中國軍閥的保鑣，那裡曾是他必須固定去巡視的地區。他一定也聽過那些有關狐狸精的傳說，所以很清楚晚上狐狸塔不會有人。

當然他也知道那裡沒有街燈，狐狸塔塔底是一片漆黑。而且不會有警察巡邏——事實上，那是全北平唯一在夜間沒有人看守的瞭望台，而且最近的警察崗哨亭位於將近半英里外的哈達門。此外，那裡是東交民巷外面，歸中國警察管轄。真是個完美的地點。

列辛斯基夫人在船板胡同二十八號門口叫來唯一一輛正在等待的人力車，車夫是孫德興。那是個漆黑的夜晚，已經過了午夜，天氣冰冷，寒風刺骨。他們把潘蜜拉弄上人力車，普倫提斯與諾夫在兩邊架著她，為此他們把衣服穿回她身上，用一塊布蓋在她頭上，遮住傷口。

孫德興以為自己聽見了喘氣聲，但那是因為潘蜜拉的身體在顛簸的人力車上跳動，她的肺部與喉嚨裡有空氣流動，才會發出那種聲音：威納曾向一位病理學家請教過這件事。因為接下來發生的事實在太慘了，如果威納能夠確定她的確是死在船板胡同二十八號那個髒兮兮的房間裡，對他來講會好過些。

孫德興拉著乘客們，從船板胡同前往明城牆邊的那一條路。沿著城牆走一小段之後，他越過石橋，穿越明城牆，到另一邊的狐狸塔去，那一帶杳無人跡。

孫德興被諾夫亮刀嚇走後，他們帶著潘蜜拉走過橋，抵達塔底。此刻平佛也來了，他們開始支解屍體。他們在油燈的照明下動手，也就是技工王世明、那位年邁木炭商以及開車的庫洛胥欽在星期五凌晨都看過的燈光。

他們切開潘蜜拉的胸膛，把肋骨往外拉斷。他們根據獵人對於解剖學的了解行事，用了至少兩種不同類型的刀。剛才他們卯起來猛刺猛割潘蜜拉的屍體，隨意敲打，但是此刻下手則是為了刻意達成毀容的效果，所以一再重擊屍體的左眼、太陽穴、頭頂與下巴，損壞其陰道。等到完成毀屍的工作，潘蜜拉的屍體跟這些人過去在森林裡獵殺過的那些動物殘骸已經沒什麼兩樣。

切開胸膛，把肋骨折斷後，他們可以開始處理胸腔裡的東西。他們把心臟與其他器官掏了出來，把胃跟食道、小腸連接的地方切斷。喉嚨上那一道大大的切口顯示，他們本來打算把她的頭砍下來，但終究沒有成功。他們甚至也沒辦法把她的右臂卸下來。

也許就是在這個節骨眼上有人打斷了他們。也許是某個人沒有留意到狐狸精的傳說，因此靠得太近，擾亂了這可怕的現場。又或者是庫洛胥欽的夜車從前門東大街開過來，繞過狐狸塔的角落，而他們幾個正在斜坡上毀屍，被上面打過來的車燈嚇到了。他們沒想到那麼晚了還會有車，而且他們可能也不會想到，從上面很難看到位於塔底的他們。又或者只是因為他們已經筋疲力盡了。

不管理由如何，他們並沒有謹慎地離開現場。有許多東西被他們留了下來，包括那一盞油燈、潘蜜拉的溜冰場會員卡，還有她的名貴腕錶。如果這幾樣東西沒有被人發現，而且他們也順利地將她分屍，將會大幅提升認屍的難度。

潘蜜拉的心臟、膀胱、腎臟與肝臟被丟到哪裡去了？也許就只有一點，還真被那些謠言說中了：被黃狗吃掉了。也許已經被丟進那一條臭氣沖天的運河——就是那一條把狐狸塔與盔甲廠胡同所在的「紙匠坊」分隔開來的運河。

他們幾個匆匆離開了，循著原路越過石橋，沿著牆邊的路一直走，進入東交民巷後，回到使館路三號的公寓裡。在普倫提斯的公寓，他們把自己身上的血跡清洗掉。普倫提斯知道他們有可能留下痕跡，為了保險起見，隔週就把整個地方重新粉刷一遍。他們也很快地處理掉潘蜜拉於週四晚上留在那邊的腳踏車與溜冰鞋，也許賣到北平的某個跳蚤市場去了，或者是丟進了狐狸塔旁邊的運河裡。

事後他們發現，這一切都已經完成後，警方又過了一個多禮拜才終於找上普倫提斯。既然所有蛛絲馬跡都已經清理掉了，他們什麼也不能做，只能等待。在等待的同時，他們知道列辛斯基夫人、麥克．康席格里歐，還有他們手下的妓女們都不敢聲張，卡普佐可以確保那些義大利士兵永遠不會把那件事說出來。至於在船板胡同二十八號關閉並且結束營業之前，也會有人把那一間浴室徹底清理乾淨，不留任何可怕的痕跡。

他們等待著，知道列辛斯基夫人與她丈夫離開了北平，那些妓女們則是收到了封口令，後來便流落到全中國各地去了。

在此同時，潘蜜拉仍然躺在狐狸塔旁的冰冷地面上，她的頭部面向西邊，腳朝東邊，手錶停在午夜過後兩三分鐘的地方。

21 好不了的傷口

即便是第二次世界大戰爆發，而且經年累月地打個不停，威納也沒停止把他透過調查取得的證物寄給英國政府。他不只把東西寄給白廳的外交暨聯邦事務部，寄給中國的亞契領事與卡爾大使，還寄給英國外相愛德華·腓特烈·林德利·伍德（Edward Frederick Lindley Wood），也就是大家比較熟知的哈利法克斯伯爵（Viscount Halifax）。他同時也把副本寄給了主管外交事務的國會政務次官艾佛·邁爾斯·溫莎—克萊夫（Ivor Miles Windsor-Clive），也就是第二代普利茅斯伯爵（Second Earl of Plymouth）。

至於在中國政府方面，北平已經沒有獨立的警察機構可言。前門警察局總部的局長已經不再是陳繼淹，繼任者是個像傀儡一樣的中國籍市長兼警察局長，他故意不理會威納的一再請求。

他寄給外交暨聯邦事務部的信件有一部分並未寄達，因為戰時的郵務難免受到阻礙。但是，到了一九四三年一月，白廳裡終於有某人看到了威納寄出的某一份報告，一份檔案中的備忘錄裡有這樣一段文字：

> 如果英國的駐華司法部門想要恢復其清譽，就不能只是把這可怕的案件束諸高閣，將其「停辦」，並且遺忘。無論如何，等到適當的時機來臨，應該將完整詳細的案情公諸於世。

但是，那些證物的命運的確就是遭人束諸高閣與遺忘。它們被收藏在外交暨聯邦事務部地下儲藏室的深處——此刻倫敦正遭受戰火摧殘，德軍的閃電攻勢毫不手軟，因此無數寄到此處的文件最後都是這樣處理的。威納的信件寄出後，沒有任何人回信給他，也沒有人重新調查他唯一女兒的凶案。

所以，她就這樣被歷史遺忘了。北平的外國人早已流落四面八方，逃往世界的各個遙遠角落，而中國與日本的角力戰持續進行著，一場世界大戰把所有知道潘蜜拉的人都給吞噬了。

本案許多相關人士的遭遇其實就是世態的縮影。潘蜜拉的天津男友米夏·何葉爾斯基加入美國空軍，在德軍佔領的歐洲各地執行空襲任務，直到他於空戰中捐軀。一九四三年夏天，他在羅馬尼亞上空參與一場大規模空襲行動，目標是納粹掌控的普洛耶什蒂市（Ploest）油田，結果飛機被擊落。與潘蜜拉共進人生最後一餐的韓壽慶則是回到奉天市的老家，加入了中國反抗軍。他在一九四〇年遭到可怕的日本憲兵隊逮捕，並且遭到處決。

在天津，許多人一直相信潘蜜拉就是悉尼．葉慈殺的。當葉慈校長與其家人匆忙離開中國時，他們甚至沒有等下一班前往倫敦的船到來，而是先搭船前往神戶，然後轉往舊金山，接著走陸路到紐約，再搭船到英格蘭去。他們在三月抵達普利茅斯市，既無家可回，葉慈也沒有了工作。他沒再教書，只是低調地到牛津市立男子中學（City of Oxford Boys School）擔任校長祕書一職，此後未曾離開該校，直到一九五五年才以六十一歲的年紀去世。

日本人佔據北平後，海倫與埃德加．斯諾夫婦的激進期刊《民主》也收攤了。稍後海倫於其回憶錄中寫道，潘蜜拉．威納的「神祕凶案未曾偵破，甚至沒有人提出合理的猜測……我從未真的深信埃德或我是兇手的目標，不過也一直存疑在心頭。」埃德加的《西行漫記》於一九三八年出版，轟動全世界，一年後海倫也以《續西行漫記》I之名，出版了她自己採訪共產黨基地的所見所聞，成為重要的歷史記錄。

日本佔領北平後，斯諾夫婦的婚姻關係日趨緊張。海倫於一九四〇年返美，兩人於一九四九年離異。她的餘生都待在康乃狄克州，於一九八四年出版其自傳。到一九九七年她才以九十歲的高齡去世。戰後，埃德加的事業未曾重返過去的巔峰，他先後住在美國與歐洲，財務始終很吃緊，一九七二年在瑞士去世。

波森探長遭指控於停留北平期間酗酒，與妓女廝混，同時還破壞證據，回天津後不久，就遭到丹尼斯總探長開除。於是他跟妻子就回英格蘭去了。畢內茨基小隊長的妻子遭日本人囚禁於華北，而他則是跟一群白俄人逃出天津，前往仰光。他們加入了英軍，據說在戰場上表現極為英勇。畢內茨基似乎是在緬甸與日本人戰鬥時捐軀了，時間是一九四三年十月。此外，托馬斯署長也在一九四一年去世，享年六十二歲，當時他仍然是管理使館界事務公署署長。

韓署長的遭遇則是一個謎團。日本佔領北平初期，他仍然是王府井大街區署的署長，但是後來在一九三八年三月發生了日方傀儡政權「中華民國臨時政府」行政委員長王克敏遭人刺殺的案件，他在受命調查此案期間，與偽北京特別市公署警察局鬧翻了。儘管王克敏並未受傷，但同車內坐在他身旁的日籍顧問卻於遭受攻擊時身亡。大家都知道戴笠下令刺殺他，藉此對其他漢奸「殺雞警猴」。因為韓署長沒辦法找出該案的任何事證，也沒能抓到任何嫌犯受審，日方認為他是國民黨政府的內應。

威納一直認為韓署長接受賄賂，因此設法讓潘蜜拉凶案的調查工作避開船板胡同二十八號。不過，在威納看來，韓署長的確有將兇手繩之以法的決心：除了更改人力車車夫的證詞之外，不管他還做了什麼保護那間妓院的事，他畢竟曾把平佛與普倫提斯抓去偵訊。而丹尼斯總探長也相信他是個能幹的警探。一九三八年，威納與韓署長在街上偶遇，兩人曾短暫交談，韓署長還向威納致歉，因為他始終無法為潘蜜拉伸張正義。這個人在本案中呈現出兩種面貌，威納不曾搞清楚他的真面目到底是什麼。

至於迪克・丹尼斯總探長，經過一九三九年的天津事件後，他發現自己被日本人盯上了。日本於一九四一年十二月七日偷襲珍珠港，英國政府為了支持美國，立即對日宣戰，到了十二月八日清晨，丹尼斯於自家遭到日本士兵逮捕，帶往維多利亞道的巡捕房去，被迫交出辦公室鑰匙。他那些散居天津各地的同僚們也都被捕，跟所有資深的英國外交官、英租界工部局官員以及陸軍人員一起被拘留在戈登堂。

丹尼斯遭人軟禁於家中，日本政府命令他每天都要去報到。到了十二月二十日，他正式遭解除警職，不能繼續當警探了，但還是被軟禁於家中。所以他就留了下來，被關在香港道的屋子裡。在情勢惡化之前，他的妻兒早已於一九三九年先回到英格蘭去了。

丹尼斯在一九四二年五月四日又遭到逮捕，這次被囚禁在日本憲兵隊總部，那裡的牢房之可怕，是遠近馳名的。接下來的九十四天他被獨自囚禁，不能與任何獄友交談聯絡。身高六尺以上的丹尼斯被鎖在一個十二尺乘以十二尺的木頭牢籠裡面。裡面沒有任何家具，只有一個粗糙的便器，每次都必須在其他獄友的旁觀之下使用它。他不能洗澡或刷牙，只能吃乾麵包與喝水，而且吃麵包時不能喝水，日本人不想讓他有機會把麵包沾水，變得比較好下嚥。他一天只獲准「放風」十分鐘。

他長期接受拷問，日本人一再問他同樣的問題。跟許多囚犯一樣，當他沒被拷打時，他的牢籠上方裝著一顆不分晝夜始終亮著的燈泡，讓他一直沒能好好睡一覺。他的牢籠被安排在偵訊室旁邊，因此不時可以聽見犯人遭嚴刑拷打的尖叫聲。

一九四二年七月，有好幾週氣溫都飆高到攝氏三十八度以上。此時丹尼斯渾身髒兮兮的，鬍子完全沒刮，身上到處是跳蚤，日本人幫他拍了一張照片，並且刊登在一本叫作《當地罪犯相本》的書裡面。某次他與長期擔任其手下的比爾．葛林史雷德總稽查被帶出牢房，戴上腳鐐，髒兮兮的他們被迫站在一輛平板卡車後面。接下來他們被載到天津各地遊街，藉此強化日本人的「崇高地位」。一群又一群的中國人停下來看著他們，不發一語，任由這兩個名人遭人羞辱。

丹尼斯被控犯下了間諜罪。他提出抗議，表示自己是無辜的。他不斷遭到偵訊，始終拒絕認罪，也不願出賣自己舊日的同事，接下來被關在牢裡好幾週，幾乎都沒有食物可吃，這才簽下了自白書。供詞是以日文寫成的，沒有任何人翻譯給他聽。

到了八月初，駐天津的瑞士領事設法把丹尼斯弄了出來，遣送回國。他的身體極為虛弱，被帶往上海後，有人把他弄上一艘人滿為患的撤退船艦，前往葡萄牙的東非屬地洛朗索．馬克（Lourenço Marques）[2]。接著他再改搭另一條船回到倫敦去。此時他已經虛弱到無法站立，體重掉了三十四英磅。

等到他返抵倫敦時，他已經不適合從事勞動工作，於是被分發到戰爭期間的食物配給部（Ministry of Food），只需處理辦公室事務。戰後他被派往聯合國戰爭罪行調查委員會（United Nations War Crimes），奉命重返遠東地區，負責一些高階日本軍官的起訴工作，其中包括那些在天津曾關過他的人。

審判過後，他又回到英格蘭，離婚後又再婚，在倫敦西區開了一家「丹尼斯旅館」，在旅館中成立了一個非常活躍的橋牌俱樂部。最後他在那個地區開了幾家酒吧，常有人看到他在諾丁丘大門（Notting Hill Gate）附近一家叫作「卻普托勳章」的酒吧喝酒。迪克．丹尼斯於一九七二年逝世，享年七十五歲。

回頭看看北平的「荒地」，包括船板胡同二十八號在內，大家的生意還是照做。即使在戰況激烈、物資缺乏之時，還是有人會想要買春吸毒，許多流亡北平的洋人總是能藉此找到大發利市的方法。曾有一段時間，日本人保護著底層社會裡的那些白人，一方面享受他們提供的服務，另一方面則是要他們持續賣毒給中國人。

儘管如此，喬伊．諾夫與湯瑪斯．傑克似乎還是溜掉了，他們逃離了日本人的掌握，也從歷史消失。卡普佐醫生被威納當面質問後不久，就回義大利去了，他的國家與英國宣戰，再也沒有人聽過他的消息。威納或其探子都未曾找到約翰．歐布萊恩，但後來聽說他在上海法租界過著窮苦的生活。瑪莉與佩姬兩個妓女在還沒有被日本人拘留之前就都去世了，瑪莉的死因是服用過量海洛因，而佩姬則是死在哈爾濱的一家精神病院裡。

列辛斯基夫人與麥克．康席格里歐離開上海，前往日本人佔領的青島市，據說當時列辛斯基已經快死了。為了保護普倫提斯而在報上撰文作偽證的喬治．葛曼，還是繼續擔任《北京時事日報》主編，公開為日本軍國主義喉舌，直到一九四三年被遣返英格蘭。回國後，他立即遭到逮捕與監禁，因為早在一九三九年英國就已通過「緊急授權法」（Emergency Powers Act），根據法案中有關國防的第十八B條規定，政府可以拘禁任何疑似支持納粹的人。

白俄雙性人秀拉也躲開了日本人的監禁，據報他最後的行蹤是在上海法租界一家妓院裡，當時她用的是女人的身分。秀拉可說是底層社會的傳奇人物。根據上海巡捕房的說法，他涉嫌犯下一九三七年年初的一起重大銀行劫案，同時有人認為他利用一些容易受騙的白人女性，把毒品從日本人控制的地區走私到上海。據悉，他也一直是個大膽的珠寶賊，雖然是慣竊，但卻只在北平的牢房裡待過幾個月，往後再也沒被逮捕過。儘管有人謠傳，秀拉帶著大批偷來的珍貴寶石逃往香港，不過他最後的命運則是跟他的性別一樣，始終是一個謎。

威納還是一直住在盔甲廠胡同，直到珍珠港事變後，他被迫搬進英國使館。當初他以實習譯者的身分到那裡工作，等到五十多年後他再進去時，已經變成一個難民了。

後來，到了一九四三年三月，北平僅剩的同盟國國民都被日軍逮捕拘禁了，根據日本的官方說法，「這是為了讓他們的生活能比較安全與舒適」。但是日方的拘留營既不安全也不舒適。威納跟其他人一起被帶往南方兩百英里的山東省，被關押在日方所謂的「濰縣敵國人集團生活所」。

當北平的洋人列隊等待火車時，日軍安排北平的中國居民站著旁觀，因為這象徵著西方在中國不再擁有往日的權勢與威望。某些被拘禁者難以承受這一切，其中一人當場心臟病發，倒地身亡，日方就任由他陳屍在那裡。威納自己的心臟也不好，他被迫必須把自己這輩子累積的東西拋諸腦後，包括他那些書、論文、古董、傳家珍寶，還有各種紀念品。他的凶案調查工作也必須暫停，同時他再也無法寫信請求英國外交暨聯邦事務部重啟調查。

濰縣敵國人集團生活所佔用的建築，本來是一家美國長老教會成立的慈善機構。生活所的周遭被高粱田包圍，裡面除了營房、警戒塔、機關槍崗哨與帶電的有刺鐵絲網之外，還有一間英王愛德華時代風格的教堂。兩千個外國人被擠在這個沒有馬桶的地方，裡面瀰漫著化糞池的臭味，蒼蠅到處飛舞。大家排著長長的隊伍領取食物，下雨時生活所裡一片泥濘，牆壁倒塌，屋頂漏水，還有各種害蟲與臭蟲，到處髒兮兮。山東省的冬夜酷寒，夏天則是又濕又悶。

威納被分配在K號營房的四十七區，他的床長十二尺，寬九尺。同房的牢友裡面有個暴躁的退役美國海軍陸戰隊隊員，脾氣一來常常動粗，一個叫作布里格斯的毒蟲，入營後再也不能吸毒，還有一段時間來了一個年輕人，他曾是天津英國文法學校的學生，也認識潘蜜拉。

因為年紀老邁，威納不用工作。同時他也獲頒一枚綠色徽章，在排隊領食物時有優先權。他一安頓下來後，就開始每天講課，當作生活所內活動的一部分。所內一名牢友就記得曾經聽過他主講的「從社會學家的觀點看中國歷史」。

生活所拘留的人來自三教九流，有美國傳教士、退役海軍陸戰隊隊員、教師，還有少數北平底層社會人士，如今終於被逮捕了，其中至少有一位「荒地」的妓院老鴇跟她幾個在妓院中接客的女兒們。此外，還有幾個曾在丹尼斯總探長手下工作的天津巡捕房員警，以及幾個曾經一起開會討論如何處置悉尼．葉慈的天津英租界工部局成員。

濰縣生活所的大多數成員都知道威納是誰，也都知道潘蜜拉的事。其中有一人特別清楚，那就是溫沃斯．包德溫．普倫提斯，他是生活所的牙醫兼犯人。

普倫提斯在所裡忙個不停。營養不良導致很多人牙齦紅腫，而犯人使用的牙膏其實是磨成粉的墨魚乾。他用銅汞合金來當作填充材料，不過大部分的蛀牙都只是拔掉而已。普倫提斯的鑽子以腳踏板供電，他每天都要踩好幾個小時，也需要花很多時間來幫設備消毒。

威納居然要跟他懷疑的殺女兇手關在一起，實在難以想像當時他的心裡會有多難受。有些牢友們事後回想當年，還記得他指著普倫提斯說：「是你殺了她，我知道是你殺了潘蜜拉。是你幹的。」

有時候他似乎是隨便指著他人說這句話。有些人擔心他是不是瘋了，但是大家都不介意他的奇怪行徑。對於大多數人而言，他已經那麼老了，又有那麼悲慘的過往，再加上如今被關了起來，也難怪他會這樣。

普倫提斯還是不願談論任何有關凶案的事。也許他在宗教中尋獲慰藉。的確，有幾個小夥子造訪他那間克難的牙醫診所時，曾經拿到他贈送的宗教書籍。這是因為他真的開始信教？還是因為他沒有別的書可以看？又或者是可以證明他的良心受到譴責？

美國政府的確未曾相信普倫提斯是個規規矩矩的人。一九四二年八月，剛剛成立的戰略情報局（Office of Strategic Services），也就是美國戰時的情報機構，為普倫提斯建了一個檔案，調查他住在北平期間是否曾與日方合作過。但是他們從未取得任何具體的事證。普倫提斯再度全身而退。

到了一九四五年八月，慘敗的日軍倉皇撤離中國，濰縣被美國部隊收復，他們看見一個個囚徒營養不良而且不成人形。牢獄生活讓許多人變得非常悲慘，其中有些人原本非富即貴，也有些是因為職責在身而無法離開中國的官員，更有人只是因為不敢相信日本侵華後居然會有如此殘暴的惡行。他們被剝奪了原來的生活與豪宅，被人從北平與天津的高位上拉了下來，不曾適應過擁擠營舍裡的生活，還有那惡臭的廁所、排隊領取的少量食物，以及破破爛爛的衣服。許多年紀較大的囚犯因病去世，又或者只是撐不過去就死掉了。

但是威納撐過去了。儘管已經年屆八十，但他走出了生活所，搭火車回北平，又住進了盔甲廠胡同的老家，多虧了他那些忠僕們的守護，他的財物才沒有被洗劫一空。

他發現中國的人事已非，而且內戰仍然在進行著。雖然日本人走了，但是國共依舊敵對著。北平已經把潘蜜拉給忘掉了，英國使館也忘掉了威納。他再度寫信給英國外交暨聯邦事務部與使館，但是完全沒有回應。對於駐華的英國使節與官員而言，威納的發現有可能令他們蒙羞，因為過去他們曾經如此費力地阻止凶案重啟調查，並且毀謗他。他們在這上面所下的工夫遠比查案時付出的還多。

後來他不再與他們聯絡。是因為過去那一股想要把兇手繩之以法的毅力耗盡了嗎？還是因為他認為必須直接為其女之死負責的普倫提斯已經死了？

離開濰縣後，普倫提斯也回到北平去了，後來於一九四七年七月死於他那一間位於使館路上的公寓裡，得年五十四歲。也許唯一能讓威納感到欣慰的是，他居然那麼年輕就死了。

多年的國共內戰期間，儘管蔣介石的軍隊持續節節敗退，威納仍然固守北平。國軍終於被擊潰，其殘部在蔣委員長的率領下逃往海隅小島台灣。一九四九年一月，毛澤東代表共產黨宣布奪下了北平，到了十月，威納成為新成立的中華人民共和國之外國居民。新政權很快地永遠關閉了「荒地」裡所有的妓院、鴉片煙館與賭場。

一九五一年一月，包括威納在內，全城只剩下七十個英國居民，到了十月更是縮減為三十人。威納生性固執獨立，他實在是看不慣新中國的共黨領導人，終於決定離開。

回國時，他幾乎已經認不出英格蘭了，因為上一次他回去時是一九一七年。他沒有任何家人——與他最親近的姊妹愛麗絲早已於一九三五年辭世。最後，愛德華．威納在一九五四年二月七日撒手人寰，被安葬在肯特郡的倫斯蓋特鎮（Ramsgate）。似乎所有認識他的人都已經不在人世，所以都沒能參加那一場匆促的葬禮。

去世時已經八十九歲的他曾經見識過中國皇帝的王朝，蔣委員長統治的民國，以及一場為了求生而進行的民族之戰，到了最後，他所目睹的則是一個獨裁者掌控的中華人民共和國。二月十六日的《泰晤士報》刊登了一份很長的訃聞，詳述其一生行止，強調他曾長期擔任外交官，許多著作促進了西方人對中國之了解，還有他與葛蕾迪絲·妮娜的婚姻。該文末尾附記了一行字：「他們的養女潘蜜拉於北平遭人謀殺，得年僅僅二十歲。」

潘蜜拉·威納的屍體如今深埋在北京的二環路上，那裡的某處曾是英國公墓的所在地。過去七十幾年漫長歲月，她始終如自己所說的，過著「孤孤單單」的日子。

如今狐狸塔仍在盔甲廠胡同附近矗立著，而鄰近「荒地」裡那些混亂交雜的胡同已經所剩無幾。狐狸塔旁邊還有歷史悠久的明城牆，一九三七年一月那個寒冷的清晨，潘蜜拉的屍體就是在那牆邊被發現的。如今只有年邁的老北京才會稱它為狐狸塔，才能述說那些有關狐狸精的傳說。如果真的還有人記得當年曾有個外國女孩遭人支解，陳屍在那裡，應該也只有寥寥幾人了。

譯註

1 *Inside Red China*：該書以海倫的筆名尼姆·威爾斯出版。

2 洛朗索·馬克：即今日莫三比克的首都馬布多（Maputo）。

根據中國神話的傳說，每當狐狸精離開塵世時，其身影會開始閃爍顫動，直至消失。狐狸精的影響也會逐漸退散，此後凡人的世界才能開始療癒的過程。傷痕漸淡，然後消失，其所留下的汙點與痕跡也會逐漸褪色，直到所有蹤跡煙消雲散，生活才能恢復正常。但這只是幻覺而已，因為實際上一切都已經改變了，沒有任何東西能恢復原來的樣貌。

譯後記

陳榮彬

從事翻譯工作十餘年，翻過的書籍已經將近三十本，但是像《午夜北平》這麼吸引我的書還真是少見。

我的翻譯工作涉獵範圍甚廣，歷史書籍、純文學作品、偵探小說、傳記等各種類型的書我都翻譯過，但《午夜北平》可說集上述各種文類的特色於一身，讓人怎能不喜歡？此外，最重要的是，作者保羅．法蘭奇雖非專業史家與偵探小說，但是這本作品能夠獲得二〇一三年愛倫坡獎的肯定，絕非僥倖。少時喜讀史書，尤愛已故史家黃仁宇先生的論著，對其提出的「歷史的長期合理性」概念與「大歷史」史學架構極為欽佩。簡言之，個人對於「歷史的長期合理性」與「大歷史」的解讀乃是：歷史無偶然，歷史中千千萬萬的事件環環相扣，任何歷史現象與趨勢之出現皆非一朝一夕之功，乃是長久積累而成，因此治史不能從單一事件下手，而是必須窺見其背後的長期發展脈絡。

法蘭奇的敘事手法可以說深得這種史論架構的精髓。他在寫潘蜜拉．威納的凶案之前，把當時中國的歷史脈絡先交代清楚，從世界而論中國，從中國而論北平，從北平而論東交民巷裡的洋人世界，然後擴及威納父女倆所居住的東交民巷外的北平盔甲廠胡同地區，還有兩者之間的「荒地」——也就是潘蜜拉．威納遇害的地點。作者長期居住在中國地區，嫻熟國際事務與歷史，因此把凶案發生前後，也就是一九三七年一月前後的中國歷史與中、日、英三國關係交代得清清楚楚（包括西安事變與國共之間的矛盾等等），在某種程度上，這本書讀來就像是一本歷史小說，就連蔣介石、戴笠與毛澤東等人，都在書中留下了或多或少的蹤跡。

從大歷史的角度言之，潘蜜拉．威納的凶案到底為何沒有偵破？這個問題背後有各種複雜的因素，包括北平警察與地方黑社會的勾結、中國人對於洋人的畏懼、西方列強在中國的長期威勢，還有駐華英國當局在大英帝國於遠東的權勢漸失之際，仍然想要維持一定的體面，它們彼此環環相扣，加總之後，導致這個凶案在當年注定要成為一個冤案，一個不解之案。

法蘭奇在本書卷首題詞中寫道：「獻給無辜受害者，獻給潘蜜拉」——從這寫作的初衷就可看出，為什麼《午夜北平》一書要花費那麼多篇幅介紹潘蜜拉的身世背景。潘蜜拉曾在遇害前不久對其友人說過：「我這輩子向來孤孤單單的。」她出生不久，即遭生母遺棄（應該是一名年輕的白俄女子），五歲時養母病逝，其後父親常不在身邊，迫使她必須與一群中國奴僕一起過著孤零零的日子，不難想像這樣的女孩看來乖巧，但實際上在學校卻會表現出叛逆的一面。也許她只是缺乏家庭溫暖。

孤女潘蜜拉原本即將在父親的帶領下，回到她始終未能踏上的英格蘭故土，涉世未深的她卻遭人算計，慘遭奸人殘殺，也許這一切冥冥之中早已命定。或者是出於彌補他在潘蜜拉生前的疏於照顧，威納在凶案發生後，始終對追兇一事鍥而不捨，只可惜凶案發生六個月後，爆發了七七事變，北平城易手，不管是洋人或中國人都只能於夾縫中求生，遑論要以一己之力查案。然而威納還是查出了許多證據（主要是人證與證詞），但是因為英國政府拒絕幫忙而無法替亡女伸冤——要不是保羅·法蘭奇在寫書過程中湊巧找到了威納的那些查案資料，本案也不會有重見天日之時。在這個悲慘故事的背後，我們看見了一個父親堅強的身影，一個始終不肯放棄的英國老人，一個被本國人排擠、但卻熱愛也深深了解中國的漢學家。

翻譯本書的最大挑戰之一，在於要把東交民巷、天津英租界與上海法租界裡的地名與單位名稱，從英文還原成當時的慣用中文措辭，例如「英租界工部局」（類似市政府的組織）、「英租界巡捕房」（警察局）、「管理使館界事務公署」（東交民巷裡的事務性跨國單位），還有北平與天津兩地的許多公司名、地名與街道名稱等等，往往需要花費一番查證工夫，但如果想要了解當時那個華洋雜處的舊中國，這也不失為一個絕佳途徑。只是本人才識有限，翻譯時疏漏難免，如有任何錯誤，當由己身肩負全責。

資料來源

24「水族箱裡的魚」：Peter Fleming, *News From Tartary*, Jonathan Cape, London, 1936.

60 有關潘蜜拉屍體解剖過程細節：*North-China Daily News*, 30 February 1937, and *The China Weekly Review*, 13 February 1937.

66「無可奉告」：同前。

70「報案櫃台警官：『你犯了什麼案子』」：Anthony Abbot, *These are Strange Tales*, John C. Winston, Philadelphia, 1948.

83「妳自己一個人騎車回家不怕嗎」、「我這輩子向來孤孤單單」：*The China Press*, 9 January 1937。

93「到處打探一下」：*The Times* (London), 11 January 1937。

115「在社交生活中受歡迎者」：Anthony Abbot。

117「往南到天壇與相鄰的公園」：同前。

119「本來我們過沒多久就要回英國去了」、「我還以為你已經知道了」、「她在天津的學校過得不愉快」：同前。

129「不幸的是，我們在九江有一個非常差勁的領事」：Lo Hui-min, *The Correspondence of G.E. Morrison* (2 vols), Cambridge University Press, Cambridge, 1976。

135「驚弓之鳥」：Anthony Abbot。

137「當帷幕之外的你我」：同前。

138「上帝親手促成」：E.T.C. Werner, *Autumn Leaves*, Kelly & Walsh, Shanghai, 1928。

139「樹林與花叢之下」：同前。

141「我們必須鍥而不捨地尋找動機」：Bloomfield, Jeffrey, 'The Rise and Fall of Basil Thomson, 1861-1939', *Journal of the Police History Society*, Volume 12, 1997, pp. 11-19。

144「不願多談」：The Times (London), 13 January 1937。

146「大家對本案之前景都感到很樂觀」：*North-China Daily News*, 13 January 1937。

147「我會盡全力」：*North-China Daily News*, 11 January 1937。

148「他們抓到了一個衣服上有血跡的外國人」：*The China Press*, 14 January 1937。

153「你可以跟我們說說」：同上。

154「將英國女孩支解的兇手」：*The China Press*, 11 January 1937。

165「我們來談談在西山的天體營吧」：Anthony Abbot。

165「身世令人存疑」：*North-China Daily News*, 14 January 1937。

172「爽朗」：Jacob Avshalomov and Aaron Avshalomov, *Avshalomov's Winding Way: Composers Out of China-A Chornicle*, Xlibris Corporation, 2001。

176「潘蜜拉可不是什麼乖乖牌」：*The China Weekly Review*, 20 March 1937。

177「天津英國文法學校的校董」、「他在一九二七年成為校長」：*Peking and Tientsin Times*, 23 March 1937。

182「是那個老傢伙自己幹的」：Anthony Abbot。

188「在這個國家，沒有任何社會學學說」：同上。

188「有鑑於民眾已知道案情與相關資訊」：Document F3453/1510/10 (Far Eastern), the National Archives, Kew。

190「切記，你在這裡沒有權力」：同上。

192「普倫提斯小姐——一九三一年十一月二十八日」：US State Department Document 393. 1115/14, National Archives and Records Administration, Washington DC。

194「我不是她的牙醫」以及普倫提斯受訊內容：Document F3453/1510/10 (Far Eastern), the National Archives, Kew; *teeth-healthy-26 present-North China Daily News*, 3 February 1937。

195 喬治．葛曼所撰的文章刊登於 *Peking Chronicle*, 13 January 1937。

203「不是個一般的性虐待狂」：*North-China Herald*, 10 February 1937。

204「就好像住在火山口上面」：John B. Powell, *My Twenty-Five Years in China*, Macmillan, New York, 1945。

206「他們的對象是我」以及海倫．佛斯特．斯諾與丹尼斯會面內容：Helen Foster Snow, *My China Years*, William Morrow & Co., New York, 1984。

221「沒證據可確認兇手的身分」：*North-China Herald*, 30 June 1937。

226「只要我一息尚存」：The National Archives, op. cit.。

227「在那可怕的清晨裡」、「與眾不同」：*The Times* (London), 16 February 1954。

232「在此確認我的聲明無誤」：Document F3453/1510/10, op. cit.。

234「求愛」：Document F5480/1510/10 (Far Eastern), the National Archives, Kew。

235「你搞錯方向了」：同上。

236「你是威納先生嗎」以及威納和白俄女孩的見面內容：Document F3435/1510/10, op. cit.。

243「蛙行」：Document F5480/1510/10, op. cit.。

246「讓他覺得是真的」：同上。

250「威納先生也深知」：同上。「我感到受寵若驚」、「已試過所有的辦案方向」：Document F3435/1510/10, op. cit.。

251「將威納先生信中所有附件讀完是沒有必要的」：Document F3435/1510/10, op. cit.。

252「受關切人士」：Document F9120/1510/10 (Far Eastern), the National Archives, Kew。

256「你聽過潘蜜拉・威納的凶殺案嗎」以及威納與蘿絲・葛伯特的見面內容：Document F12367/1510/10 (Far Eastern), the National Archives, Kew。

258「是那個肥胖的俄羅斯女人」以及威納與劉保忠的見面內容：同上。

260「這一定是發生在底層社會的凶殺案」：同上。

266「非常嚇人的砰然聲響」以及有關瑪莉的內容細節：Document F8038/1510/10, op. cit.。

272「這裡有人姓陳」：同上。

274「潘蜜拉・威納凶案」：同上。

274「普倫提斯殺了她」：Document F12367/1510/10, op. cit.。

275「於席間把話講清楚」、「是如此客氣」：同上。

278「你女兒遇害時」：同上。

279「有個海軍陸戰隊員」：同上。

281「我的第一印象是」：Document F9120/1510/10, op. cit.。

283「一個韓國小女孩」以及威納與諾夫的見面內容：同上。

291「與發生於狐狸塔的那一樁凶案有關」：同上。

301「如果英國的駐華司法部門」：Document F714/714/10, op. cit.。

302「神祕凶案未曾偵破」：Helen Foster Snow。

307「這是為了讓他們的生活能比較安全與舒適」：Greg Leck, *Captives of Empire: The Japanese Internment of Allied Civilians in China 1941-1945*, Shandy Press, Philadelphia, 2006。

309「是你殺了她」：Desmond Power, former internee at Weihsien Civilian Assembly Centre, in email to the author。

圖片來源

V-I Reproduced by permission of Surrey History Centre

IX-I/II Photo courtesy of Diana Dennis

X-I/II & XII-I Reproduced by permission of Desmond Power

XIII-I/II Courtesy of the John Woodall Archives held at the School of Oriental and African Studies (SOAS), University of London

XIV-I/II Copyright Corbis Images

XV-I Courtesy of Greg Leck

XV-III Courtesy of Jo Lusby

XVI-I/II/III Courtesy of Jo Lusby

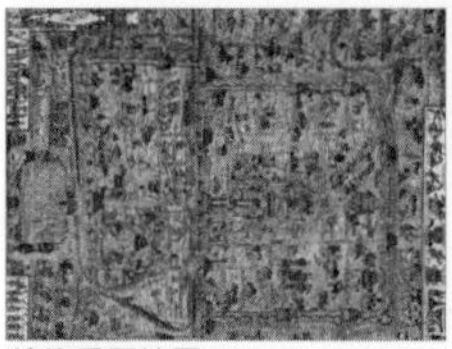

前後扉頁地圖

By Frank Dorn, sourced from National Library of Australia

雖已盡力尋找本書所使用之照片權利人，但仍有部分照片權利人不詳。如有主張權利之事宜，歡迎與本公司聯繫。

矗立在北平城城東的狐狸塔；這一座高塔與潘蜜拉居住的盔甲廠胡同之間只隔著一條窄窄的溝渠。

上：三歲時的潘蜜拉．威納，當時她在北平過著無憂無慮的生活。
右下：三十五歲時的愛德華．威納，照片拍攝於 1900 年。
左下：六十歲時的愛德華．威納，照片拍攝於 1924 年。

上：1900 年庚子拳亂後重建的東交民巷使館界；圖中的操練場沒多久就被填平了，發展成後來的「荒地」。
下：圖為使館路，使館界裡面的主要道路。

上：北平中央火車站——到站後，乘客們即可感受到皇城的威嚴。
下：六國飯店。

上：北平英國使館的內部。
中：法國使館的大門口；本書所提
　　及的那一座溜冰場就在旁邊。
下：北平協和醫學院。

上：哈達門，進入內城的主要城門。
下：內城街頭的小販。

上：前門大街，北平公安局總部的所在地。
下：內城，它與東交民巷近在咫尺，但是街景卻截然不同。

上：葛蕾迪絲・妮娜・瑞文蕭。
下：葛蕾迪絲・妮娜與威納於結婚典禮後在聖約翰座堂階梯上的留影，當時為 1911 年。

上：丹尼斯總探長與其妻兒在天津留影，時為 1935 年。
下：丹尼斯總探長（右）與英國駐華大使一起巡視天津英國租界巡捕房的警察。

以下照片皆攝於 1936 年。

上：穿著天津英國文法學校制服的潘蜜拉。
下：潘蜜拉與英式籃球校隊隊友留影（左二）。
左頁：潘蜜拉於相館攝影棚裡拍的照片，照片公開後備受各界討論。

XI

上：天津英國文法學校——號稱「蘇伊士運河以東最好的學校」。
下：學校宿舍，也是潘蜜拉在天津的住處。

上：米夏．何葉爾斯基（後排右側）。
下：天津英國文法學校校長悉尼．
葉慈。

上：海倫．佛斯特．斯諾與埃德加．斯諾。
下：北平城內的日軍部隊，照片攝於 1937 年 9 月。

右上：溫沃斯．普倫提斯。
左上：女兒遇害時的威納。
下：使館路三號的公寓樓房，迄今仍沒有多大改變。

右上：從這一道門可以進入威納位於盔甲廠胡同一號的舊宅，但過去的庭院早已被隔開了。
左上：「荒地」裡船板胡同的現狀。
下：狐狸塔的現狀。

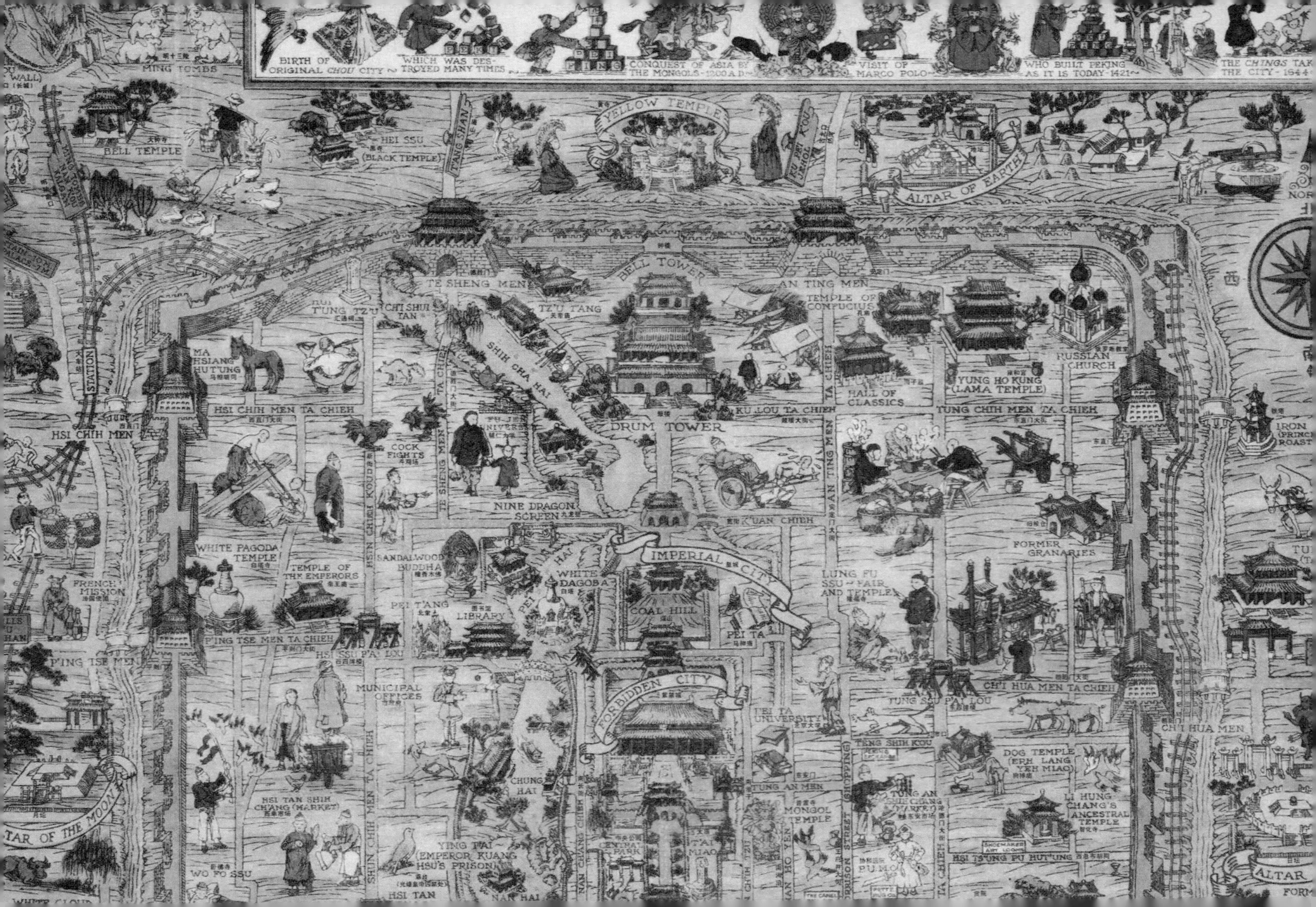

BIRTH OF ORIGINAL CHOU CITY ~
WHICH WAS DESTROYED MANY TIMES
CONQUEST OF ASIA BY THE MONGOLS - 1200 A.D.
VISIT OF MARCO POLO
WHO BUILT PEKING AS IT IS TODAY - 1421 ~
THE CHINGS TAKE THE CITY - 1644
MING TOMBS
BELL TEMPLE
HEI SSU (BLACK TEMPLE)
T'ANG SHAN
YELLOW TEMPLE
KU PEI KOU JEHOL
ALTAR OF EARTH
STATION
BELL TOWER
TE SHENG MEN
AN TING MEN
TUNG TZU
CHI SHUI TAN
TZ'U TANG
TEMPLE OF CONFUCIUS
RUSSIAN CHURCH
MA HSIANG HUT'UNG
SHIH CHA HAI
YUNG HO KUNG (LAMA TEMPLE)
HALL OF CLASSICS
HSI CHIH MEN TA CHIEH
KU LOU TA CHIEH
TUNG CHIH MEN TA CHIEH
DRUM TOWER
HSI CHIH MEN
COCK FIGHTS
HSIN CHIEH KOU
TE SHENG MEN TA CHIEH
AN TING MEN TA CHIEH
IRON (PRINCE) ROAST
NINE DRAGON SCREEN
K'UAN CHIEH
WHITE PAGODA TEMPLE
TEMPLE OF THE EMPERORS
SANDALWOOD BUDDHA
IMPERIAL CITY
LUNG FU SSU ~ FAIR AND TEMPLE
FORMER GRANARIES
FRENCH MISSION
WHITE DAGOBA
PEI HAI
PEI T'ANG
LIBRARY
COAL HILL
PEI TA
P'ING TSE MEN TA CHIEH
HSI SSU P'AI LOU
P'ING TSE MEN
MUNICIPAL OFFICES
FORBIDDEN CITY
TUNG SSU P'AI LOU
CH'I HUA MEN TA CHIEH
PEI TA UNIVERSITY
CH'I HUA MEN
TENG SHIH KOU
DOG TEMPLE (ERH LANG YEH MIAO)
CHUNG HAI
TUNG AN MEN
MONGOL TEMPLE
TUNG AN SHIH CHANG (MARKET)
LI HUNG CHANG'S ANCESTRAL TEMPLE
HSI TAN SHIH CHANG (MARKET)
SHUN CHIH MEN TA CHIEH
YING T'AI (EMPEROR KUANG HSU'S PRISON)
CENTRAL PARK
T'AI MIAO
MORRISON STREET (SHOPPING)
HSI TSUNG PU HUT'UNG
ALTAR OF THE MOON
WO FO SSU
HSI TAN
NAN HAI
NAN CHANG CHIEH
ALTAR

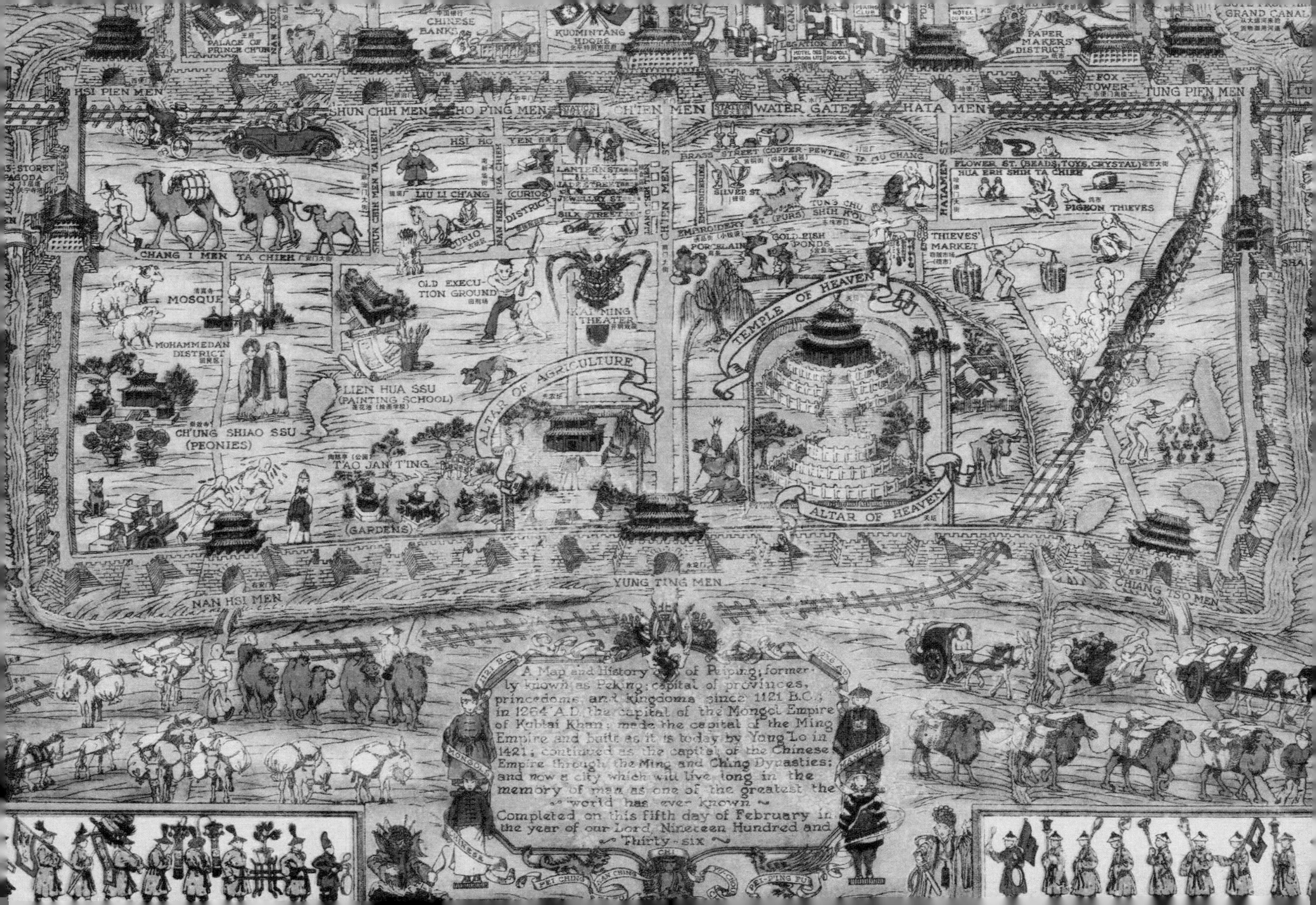
CHINESE BANKS
PALACE OF PRINCE CH'UN
NAN KOU
KUOMINTANG HDQRS
LEGATION ST.
PAPER MAKERS' DISTRICT
GRAND CANAL
HSI PIEN MEN
FOX TOWER
TUNG PIEN MEN
SHUN CHIH MEN
HO P'ING MEN
STATION
CH'IEN MEN
WATER GATE
HATA MEN
HSI HO YEN
BRASS STREET (COPPER, PEWTER) TA MU CHANG
FLOWER ST. (BEADS, TOYS, CRYSTAL)
HUA ERH SHIH TA CHIEH
5-STOREY PAGODA
SHUN CHIH MEN TA CHIEH
LIU LI CH'ANG
CURIOS
NAN HSIN HUA CHIEH
DISTRICT
CURIO
LANTERN ST.
JADE STREET
JEWELLRY ST.
SILK STREET
CH'IEN MEN ST.
EMBROIDERIES
SILVER ST.
EMBROIDERY ST. (FURS)
TUNG CHU SHIH KOU
HATAMEN ST.
PIGEON THIEVES
PORCELAIN
GOLD FISH PONDS
THIEVES' MARKET
CHANG I MEN TA CHIEH
OLD EXECUTION GROUND
MOSQUE
KAI MING THEATER
TEMPLE OF HEAVEN
MOHAMMEDAN DISTRICT
LIEN HUA SSU (PAINTING SCHOOL)
ALTAR OF AGRICULTURE
CH'UNG SHIAO SSU (PEONIES)
TAO JAN T'ING
(GARDENS)
ALTAR OF HEAVEN
YUNG TING MEN
NAN HSI MEN
CHIANG TSO MEN
1121 B.C.
MONGOL
CHINESE
MANCHURIAN
PEI CHING
PEI-PING FU
A Map and History of Peiping; formerly known as Peking; capital of provinces, princedoms and kingdoms since 1121 B.C.; in 1264 A.D. the capital of the Mongol Empire of Kublai Khan; made the capital of the Ming Empire and built as it is today by Yung Lo in 1421; continued as the capital of the Chinese Empire through the Ming and Ch'ing Dynasties; and now a city which will live long in the memory of man as one of the greatest the world has ever known ~
Completed on this fifth day of February in the year of our Lord Nineteen Hundred and Thirty-six

Inter-School Relay 1937
...koff Carruthers Kogelsky 1m. 34 3/5s.
...verdetto Steel-Murray Walker